天津大学法学院
北京大学国际知识产权研究中心 | 主办

易继明 / 主编
李春晖 / 副主编

中国科技法律评论
CHINA SCITECHLAW REVIEW

2024 第一辑　　　　　　　第一卷

习近平全面加强知识产权保护工作的基本思路　　　　/易继明

轴辐协议视角下专利联营的反垄断规制研究　　/宁立志　孙慕野

网络平台注意义务与著作权侵权类型化研究　　/龙卫球　李鑫悦

商业秘密保护单独立法研究　　　　　　　　　/李春晖　季冬梅

华中科技大学出版社
http://press.hust.edu.cn
中国·武汉

图书在版编目(CIP)数据

中国科技法律评论.第一辑.第一卷/易继明主编;李春晖副主编.--武汉:华中科技大学出版社,2024.9. -- ISBN 978-7-5772-1302-6

Ⅰ.D922.17

中国国家版本馆CIP数据核字第2025TW6523号

中国科技法律评论:第一辑 第一卷	易继明 主　编
Zhongguo Keji Falü Pinglun:Di-yi Ji　Di-yi Juan	李春晖 副主编

出 品 人:阮海洪
责任编辑:田兆麟　李可昕
封面设计:沈仙卫
责任校对:李　弋
责任监印:朱　玢
出版发行:华中科技大学出版社(中国·武汉)　　电话:(027)81321913
　　　　　武汉市东湖新技术开发区华工科技园　　邮编:430223
录　　排:华中科技大学出版社美编室
印　　刷:武汉科源印刷设计有限公司
开　　本:787mm×1092mm　1/16
印　　张:20
字　　数:346千字
版　　次:2024年9月第1版第1次印刷
定　　价:98.00元

本书若有印装质量问题,请向出版社营销中心调换
全国免费服务热线:400-6679-118　竭诚为您服务
版权所有　侵权必究

致谢

北京杰烁律师事务所

北京箴思知识产权代理有限公司

《中国科技法律评论》

编辑委员会

主　　编　易继明

执行主编　李春晖

编　　委（按姓氏拼音顺序排列）

崔国斌　冯晓青　管荣齐　管育鹰　郭　禾

何　悦　李　扬　吕　凯　宋河发　谭启平

王小理　薛　杨　俞晗之　朱　冬

《中国科技法律评论》

编辑部

主　　任　孙　那

副 主 任　倪朱亮

编　　辑（按姓氏拼音顺序排列）

蔡元臻　郭　锐　季冬梅　刘芳芳　钱子瑜

冉克平　滕　锐　吴柯苇　杨　帆　杨华权

执行编辑（按姓氏拼音顺序排列）

蔡元臻　季冬梅　杨华权

《中国科技法律评论》

学术顾问委员会

（按姓氏拼音顺序排列）

李学尧（上海交通大学教授）
罗玉中（北京大学教授）
马一德（中国科学院大学教授）
马治国（西安交通大学教授）
潘教峰（中国科学院研究员）
宋　伟（中国科学技术大学教授）
孙佑海（天津大学教授）
吴汉东（中南财经政法大学教授）
易继明（北京大学教授）
张俊艳（天津大学教授）
朱雪忠（同济大学教授）

中国科技法律评论

第一辑
第一卷

总序

Starting New Phase: Science and Technology Law as a Developing Subject for Legal Research
开创科技法学研究的新局面

易继明

《中国科技法律评论》付梓出版了。

2023年2月,中共中央办公厅、国务院办公厅印发的《关于加强新时代法学教育和法学理论研究的意见》提出,要"加快发展社会治理法学、科技法学、数字法学、气候法学、海洋法学等新兴学科","科技法学"赫然其中。本书传承既往之《中国科技法学年刊》,又顺应"加快完善法学教育体系"的新时代要求,肩负着建设和繁荣科技法学科的重大使命。事实上,早在二十世纪八九十年代法学学科重建和发展时期,科技法学就已然沉浮其间。今日科技法学再度兴起,不禁令人感慨于时代之变迁。

作为一名北京大学法学理论专业科技法学方向毕业的博士，罗胜华博士于2005年毕业之际，对"作为理念型的科技法学"发表了感想。他认为，科技法学是"科技活动的守望者"，是"社会变迁的思考者"，是"法学研究的拓疆者"，是"法学研究范式的革命者"。[1] 他提出"科技法学向何处去？"的问题之后，又饱含深情地写道："科技法学，作为一个默默的守望者、一个永不停息的思考者、一个奋斗不止的开拓者、一个无私的革命者，或许它的命运不会辉煌，或许它的命运注定了如同夸父、格瓦拉一般悲壮，但是在人类科技进步过程中，在法学发展过程中，我们却不能缺少它，更不能失去它。"[2] 他的这种情绪，或许包含了20世纪90年代后期法学学科合并中，作为法学一级学科下新兴的二级学科"科技法学"被撤销之后的某种失落。个中原委，我们可以部分地归结为科技法学在传统大陆法的部门法体系中不能找到合适的位置。于是，他从另外一个视角提出了"作为理论法学的科技法学"命题，将科技法学进行了二元分类。这一视角，其实是将"科技法学"作为一门学问，只是选择了一个观察或研究法律的角度。

20世纪80年代起，中国开始了专门的科技立法及其理论研究。《中华人民共和国专利法》《中华人民共和国技术合同法》《中华人民共和国科学技术进步法》《中华人民共和国促进科技成果转化法》等法律相继涌现，国家一级学会即"中国科学技术法学会"成立，时任全国人大教科文卫委员会副主任委员胡克实同志出任首任会长，《科技与法律》（第1期试刊定名《科技法学》）杂志创办，中国社会科学院法学研究所、北京大学法律学系、中国政法大学等科研机构或高等院校倡导科技法学研究，科技立法与科技法学研究看似呈现出一派繁荣的景象。不过，无论从科技自身的发展，还是从科技法治建设的角度看，当时的发展进程实质上并未锻造出科技法学发展的深厚底蕴。[3] 其时，在推进之中的青年学者、现为该领域资深教授的罗玉中先生曾经有过一个说法，他认为科技法学是"墙内开花墙外香"，指称在《中华人民共和国科学技术进步法》颁布之后，日本、越南等国家纷纷借鉴并出台相应的法案。按照这种说法，中国似乎是科技法学的首倡之地。如

---

[1] 参见罗胜华：《基因隐私权的法律保护》（代后记），科学出版社2010年版，页378—380。
[2] 罗胜华：《基因隐私权的法律保护》（代后记），科学出版社2010年版，页380。
[3] 时任国务院国务委员的方毅、时任国家科学技术委员会主任的宋健、时任中国社会科学院法学研究所所长的王家福、时任北京大学法律学系主任的赵震江等诸多有识之士积极推进，虽呈"繁荣"之表象，但今天看来，其并未带来实质意义上的科技法学之兴盛。

果单从研究的视角加以分析，科技法学其实是一门开放性的学问，研究对象即与科技相关的法律问题。从这一视角来观察，墙外的科技法学早已是"花开花香"，自有一番气象万千的景象。中国自改革开放以来，立法者和法学家往往将注意力集中在那些社会转型所必需的基本法律制度设计上，"科技法学"或者"科技与法律"的议题，总是被一种异样的眼光所端详；至少，在相当长的一段时间内，此种议题并没有引起人们的足够重视。因此，重新检视科技法学及其在传统法学中的地位，具有十分重要的意义。

一、被"肢解"了的科技法学

中国法学界——无论是科技法学界还是这一学科的外围学者们，首先在传统部门法体系的分析框架之下，进行了所谓的"科技法"与"科技法学"的区分。这种学科分类方法，继受苏联，围绕着国家立法和行政构架体系进行划分，在20世纪80年代前期曾经引发了一场大规模的讨论。[4] 不过，在20世纪90年代后期，学者们开始进行深刻反思。例如，李林教授就提出过一个问题："毋庸置疑，将法律体系划分为若干个'部门'，在学习、研究和实践上，都有一定的方便之处。但是，它也有一些令人不解之处。例如，为什么环境法、劳动法、社会保障法、权利保护法、知识产权法、科技法等是或不是一个独立的法律部门？"[5] 在此种疑问之下，中国法学界对于"科技法学问题"的研究呈现出了"先天不足"与"后天营养不良"的现象。所谓"先天不足"，正如"经济法"或"经济法学"一样，看似以"经济"而起，在部门法思维之下获得了一亩三分地，但迟早也会因为部门法思维下的"调整方法""调整对象"或"社会关系"上的不周延性，将研究的初心渐次丢失殆尽。罗玉中先生倡导科技法或科技法学时，就是从这个角度进行分析的："从部门法的角度看，科技法的调整范围比较窄一些，尤其是科技法与环境法调整范围的划分，至今还是探讨中的问题。"[6] 有些学者对于将科技法或科技法学作为

---

[4] 参见张友渔等：《法学理论论文集》，群众出版社1984年版。

[5] 李林：《中国特色社会主义法律体系的构成》，载刘海年、李林（主编）：《依法治国与法律体系建构》，中国法制出版社2001年版，页1。

[6] 参见罗玉中：《科技法基本原理》，中国科学技术出版社1993年版，页64—72。不过，近年来，笔者与罗玉中教授交流，发现先生的相关学术观点也在修正和发展之中。

一个部门法持否定态度,认为它同"经济法"概念一样,只是"一个领域法律规范系统",是"法学理论新概念的引入"。[7] 另外一种折中的意见,认为科技法或科技法学是一个相对独立的部门法。王家福先生认为,"所谓科技法,是指国家调整因科学技术所产生的各种社会关系法律规范的总称。"他认为科技法是"一个相对独立的包括科技行政法、科技民法、科技刑法、科技劳动法在内的综合法律"。[8] 其实,以部门法视角进行分析,虽然使得科技法学科获得了一定的地位,特别是在行政架构中获得了科技行政系统的一些资源,但动摇其根基的,也在于此。因为在部门法思维下,除了刑事、行政和民事三种手段之外,别无他途;而与科技行政体系结合之后的科技法或科技法学,必然与行政法或行政法学有千丝万缕的联系,且得益于行政资源也必将受制于行政管理,最终使得科技法或科技法学理论研究沦为纯粹的政策性或对策性研究,无法获得独立的学术发展与学科认同。当然,最为重要的原因是,这种以科技法"必须有"或"必然有"抑或"根本无"所谓部门法属性的分析方法,实际上会消减我们分析和理解法律问题的能力,让我们在固有的部门法分析框架下失去把握社会和适应社会变迁的能力。

而所谓"后天营养不良",就是因为在一个尚未完成基本法治秩序建构的社会里,基础性的规范体系建设依然是法律人的主要任务。20 世纪 70 年代末、80 年代初,中国提出"经济建设"与"民主法治"两手都要抓。时至今日经过 40 余年,中国特色社会主义法律体系基本形成。制度转型、治理模式转换及观念变迁,何其难哉!此间,基本法律制度尚未构建,譬之若婴幼儿身体尚待发育、体格尚未健壮,谈不上心智健全,自然也无法让其领略毕加索油画的艺术魅力。因此,20 世纪 80 年代后期,提出"科技立法""科技法"或"科技法学"范畴之时,中国尚缺乏相应的制度环境。同时,由于民用科技在当时没有普及,技术也没有切实地影响到人们的现实生活,也即缺乏相应的社会需求。事实上,20 世纪 90 年代中期,对于中国普通居民来说,发一封电子邮件还是一件很奢侈的事情。所以,彼

7　参见陈仲、张勇健:《科技法性质新探——法学理论新概念的引入》,载《科技法学》(后更名《科技与法律》)1990 年第 2 期。

8　参见王家福:《为科技法学的繁荣而奋斗》,载《科技法学》(后更名为《科技与法律》)1989 年第 1 期(总第 1 期)。与王家福教授的这种分析不同,罗玉中教授明确提出,这种"认为科技法部门是由科技基本法、科技行政法、科技民法、科技劳动法、科技刑法等构成的"观点,是欠妥当的。又参见罗玉中:《科技法——一个新兴的法律部门》,载《科技法学》(后更名为《科技与法律》)1990 年第 2 期。

时的社会迫切需要的是促进科技进步和科技成果转化。于是乎，我们的科技基本法，被旗帜鲜明地定名为"科学技术进步法"，我们也制定了中国独有的《中华人民共和国促进科技成果转化法》。及至 20 世纪 90 年代后期，国务院学位办进行法学二级学科重新规划与整合，将科技法（即科技法学）主体纳入行政法学范畴，也就是情理之中的事情了。

然而，科技发展一日千里，我们无法拒绝技术进步与社会发展，也不能总在别人后面亦步亦趋。西方社会今天所感受到的冲击，也就是我们正在面临或者至少明天必须面对的问题与挑战。许霆案、人肉搜索、网络赌球等，告诉我们的不仅仅是技术平台的价值中立，由此提出了一个重大命题：技术时代中，法律如何切入并进行有效的社会治理？因此，我们在进行基础性法律制度建构的时候，必须同时将"科技"元素纳入进去。更何况，科技对人类影响如此深入、彻底，在压缩我们生存的时间和空间的同时，又在拓展它自身，并在这两个时空维度上深刻地改变着我们的生活方式。其实，只要我们稍作观察就会发现，无论是在东京还是在马拉喀什，人们对全球气候变化、对知识产权保护、对核试验的后果、对新能源与新材料的开发与利用、对外层空间技术和深海技术的运用与规制、对电子商务的开展、对个人隐私和信息安全问题等等，都在进行广泛而热烈的讨论。在法律的忧虑与科技的乐观倾向之中，一切都在冲突中磨合、交融与融合。世界性的舆论共识和法律理性，正在为我们地球村搭建一个一体化的社会生活平台。因为单靠科技，它只是为我们生活——特别是以全球一体化为样态的生活——提供了某种"物理性质"的可能性，而且，有时还会附带着某种"离心力"。因而，要构建一个相对于原始的物理性质来说"有机的"现代性社会形态，这就有赖于法律和教育（包括直接关涉科技方面的）。这也是当代法国社会学家阿兰·图海纳（Alain Touraine）在谈论"现代性"的时候，试图向我们强调的问题。[9]

尽管我们很容易理解技术对于现代社会的意义，并可以简单地将现代性特征赋予技术社会，但是，应当注意到技术社会"有机性"的形成，有其社会学的理论动因。社会学理论中的批判结构主义（critical structuralism）是解释技术社会有机

---

9 参见［法］阿兰·图海纳：《我们能否共同生存——既彼此平等又互有差异》，狄玉明、李平沤译，商务印书馆 2003 年版，页 170—179。

性形成的第一个因素。技术进步及其运用，对于普罗大众来说，首先是被动地接受技术的某种安排，正如网络技术对人的生存方式的影响一样。科学技术作为生产力，构成了社会的经济基础，我们个体行动者成为"由历史之线操纵的木偶"[10]。但是，构成"历史之线"的因素又是双重的：当下的技术进步与往昔制度设计中的个体的利益表达或追求。由于人们总是不满足于被动地被技术安排，因而统合在"历史之线"中的两方面始终处于博弈之中。这就牵扯出了影响技术社会"有机性"之形成的第二个因素，即功利主义（utilitarianism）。功利主义在第一层次中所表达的是马歇尔的"需求"、个人欲望或目标；而帕累托的学说则阐释了一个问题，即对个人满足的追求能否生发出集体性的安排。这一问题，直接将个人利益表达与社会制度之间联系起来，在"我"与其他行动者之间、在个体与社会制度之间，建立了某种关联性。这一认识，构成了功利主义思想的第二层次。后续的功利主义者如霍曼斯等人，沿着第二层面思想和研究路径，致力于表明这样一个观点：从寻求实现目标的行动者之间的互动当中，可以形成稳定的、制度化的关系。[11] 从这种意义上讲，结构主义是从社会是一个整体出发的，带有浓厚的集体主义倾向；而功利主义则从个体出发，具有鲜明的个人主义特质。然而，在对功利主义的进一步追问中我们发现，没有"他者"的个体是不存在的，也是不可能实现或满足自己的欲望、利益的。这样，在客观意义上，批判结构主义和功利主义是一个问题的两极。

从功利主义出发，个人对技术的调试往往会运用传统的生活理念。以笔者经历为例，几年前笔者曾在某网站开设了个人收费邮箱，但2008年10月28日进入邮箱时，弹出一个对话框称：本收费邮箱今天到期，需要续费；如果12月28日之前没有续费，将删除原邮箱所有的内容。就在当天，笔者已经不能进入这个邮箱了。毫无疑问，这是该网站利用技术对人们生活的强制。几年前购买的一个收费邮箱，按照网络生活的常识，我们不会去关注几年之后的某一天会被突然关闭。显然，该网站应该被赋予提前告知义务，或者需要在期限届满之后提供一个适当

---

[10] ［澳］马尔科姆·沃特斯：《现代社会学理论》，杨善华等译，李康、杨善华校，华夏出版社2000年版，页11。

[11] 参见［澳］马尔科姆·沃特斯：《现代社会学理论》，杨善华等译，李康、杨善华校，华夏出版社2000年版，页10。

的延展期。笔者电话给该网站那一端的工作人员,告知正如网站不能在今天突然解雇他,他也不能在今天突然辞职不干一样,网站的这种义务是必须的。我们假设一下:该网站为了让原客户续费,继续采取了这种"突然袭击"的方式;而笔者因不满该网站这种营销网络邮箱的方式,改投其他网络服务商;但其他网络服务商均采取该网站模式。这样,我们对于网络生存环境就有了一个不好的评价:技术及技术垄断的暴力。

显然,无论是个人还是网络服务商,在此都是一个个体,而整个网络生活环境和秩序,却具有整体性。那么,随之而来的问题有两个:第一,这种网络生活环境是笔者或网络服务商所要构建的吗?第二,这种网络生活秩序符合我们技术进步的初衷吗?第一个问题涉及建构主义(constructionism),第二个问题涉及功能主义(functionalism)。构建主义因素是从个体主观出发的。无论是邮箱购买者(网络用户)还是网络服务提供者,他们都是网络社会的行动者,他们参与网络生活,有着自己主观上的动机和期待,都在积极主动地创造或者建构网络社会。而功能主义因素则是从整体的客观效果进行分析的。如果技术所构筑的网络生活环境在客观上背离了我们的初衷,那就使得我们在主观上与网络社会越来越疏离,乃至产生排斥心理。不过,构建主义在社会心理学上建立起了一种沟通理论,即米德的"符号互动论"(symbolic interactionism)。而功能主义分析在利益互惠与渗透中重塑了关系社会理论。而在"主观"与"客观"之间、在"整体"与"个体"之中完成"链接"的,就是那些裹挟了历史与文化的法律。从这个角度说,通向未来的技术世界,不仅仅是一些技术规则,更多的是需要法律去构筑的。否则,那将是一个充满技术暴力、人被物化的社会。

二、三类科技法律规范

那么,抛开"科技法"或"科技法学"是否为部门法之类的争论,我们考察一下:到底存在哪些科技法律规范呢?提出这个问题的角度,即要求我们放下这种"划地盘式"或"圈地运动式"的分析路径,从现有的法律规范(包括民法、行政法、刑法和劳动法等,也包括我们不能完全进行这种简单归类的法域)角度进行观察,看看科技法律到底包括哪些具体内容。

从历史上看，在20世纪60年代以前，尚未见到明确的"科技立法"或"科学技术法"（以下简称"科技法"）提法，有关科学技术方面的法律规范也大多零散地规定在宪法、民法、刑法等传统法律门类之中。1965年英国制定《科学技术法》，在法律文献中明确提出了"科技法"的概念。此后，世界各国开始制定科技领域内的一些专门性法律，如1976年美国《国家科技政策、组织和重点法》、1967年韩国《科学技术振兴法》、1967年奥地利《科学研究法》[12]、1985年法国《关于科研和技术发展的85—1376号法》和1985年墨西哥《协调和促进科学技术发展法》等。这些法律，在当时具有科技领域中的基本法性质，是科技活动领域里的"小宪法"。与此同时，各国加紧制定了一系列科技单行法，内容广泛涉及：科学研究、开发与应用；科研机构设置与管理；科技投入、教育与成果转化；产业技术政策；国际科技合作与交流；以及高技术发展等领域。

进入20世纪90年代，各国在不断完善科技法律体系的同时（例如1995年日本制定《科学技术基本法》[13]），也加紧在高技术领域展开激烈竞争，一些经济强国对基础科学、战略高技术和关键技术领域的研究与开发都予以高度重视，纷纷制定相应的法律予以保障与促进。[14] 这方面，在信息技术、生物技术和新材料技术方面表现得尤其明显。例如，面对生物技术的发展前景，大多数国家一方面通过立法为生物技术的研究开发创造良好的环境[15]，另一方面则限制某种生物技术的应

---

[12] 后于1980年更名为《科学研究组织法》。

[13] 日本1968年就拟定了《科学技术基本法（建议草案）》，但迟迟未获通过。1993年我国颁布《中华人民共和国科学技术进步法》以后，对日本影响甚大。1995年11月15日，日本法律第130号颁布《科学技术基本法》。

[14] 例如，美国前总统克林顿自上台以来，采取了一系列法律措施，如宣布研究开发的税收减免政策永久化，提出将之延伸适用于现有产品制造工艺的研究开发，企业主持的学术研究再附加25%的税收减免优惠，对新研究开发财团头两年再减税10%。同时，美国还对过去立法中的一些不适应当前科技发展需要的内容，作了修改。

[15] 生物技术在现阶段呈现出四个特点：一是研究成果辈出，创新浪潮迭起；二是商业化前景普遍看好；三是科技与伦理并存，热点争议不断；四是边缘学科崛起，用途更加广泛。面对发展中的生物技术，各国纷纷制定政策和法律，以促进生物技术的发展。美国于1989年和1994年对其植物品种保护法进行修订，还颁布了《基因工程生物与制品引进管理条例》等。德国则提出了成为欧洲生物第一强国的计划。近年来，德国除继续加大对生物技术的科研投入、引入新的资助方式以外，还相继修改了《基因技术法》《联邦大气污染保护条例》等，简化了生物技术研究开发设备的审批手续，为生物技术在德国发展营造良好的环境。此外，日本、法国、英国、印度、以色列、澳大利亚、新西兰、俄罗斯等国，也相应地修改或制定法律法规，大力促进生物技术发展。

用，以避免对生态环境和人类发展带来不良后果[16]。而对于大多数国家来说，如何在一定的物质条件下协调基础研究与应用技术研究，一方面跟进社会发展科技平台建设（如信息基础设施），另一方面保持和利用本国科技资源（如对传统知识、遗传资源和民间工艺等的保护[17]），就成了科技立法中必须考虑的问题。

当然，科技对社会的广泛影响，同样也体现在一些传统法律门类之中。许多国家都通过修改民法典、刑法典等方式，对科技发展带来的冲击予以回应，以适应现代社会的发展。例如，受到生命科学、遗传学和医学发展的影响，法国1994年7月29日第94－653号法律修改《法国民法典》，规定"法律确保人的首要地位，禁止任何侵犯人之尊严的行为，并且保证每一个人自生命一开始即受到尊重"（第16条）。这是关于"尊重人之身体"的规范。它实际上表明，现代生命科学和遗传学成就在运用于人们日常生活时受到如下限制：第一，任何人均享有身体受到尊重的权利，人体、人体各组成部分及人体所生之物，不能承载财产权利，具有不可交易的特性（第16—1条、第16—6条和第16—7条）；第二，捐赠身体之一部分或身体所生之物的，捐赠人和接受捐赠人的任何信息不得进行扩散（第16—8条）；第三，损害人之身体的完整性，仅以对该人的治疗有必要之情形为限（第16—3条）；第四，任何侵害人种的完整性的行为（如对人进行选择的任何优生

---

[16] 例如，许多国家对基因技术的安全性作出了一系列的规定；同时对克隆技术的应用加以较多限制，特别是在克隆技术应用于人类的问题上，多数采取了禁止的态度，以避免给人类带来灾难性后果。如澳大利亚2000年12月21日通过的《基因技术法2000》（*Gene Technology Act* 2000）规定，除非是已经豁免（已经评估其风险是非常小的）、已经告知其风险是非常小的、已经获得许可或注册，否则禁止所有与转基因组织（GMO）有关的活动；如果违反了《基因技术法2000》，视其情节轻重进行相应处罚，对个人最高处罚为22万澳元，对单位最高处罚为110万澳元。2005年2月18日，第59届联合国代表大会第六委员会（法律）以决议形式通过了《联合国关于人的克隆的宣言》（以下简称《宣言》），同年3月8日获联合国大会表决并批准。《宣言》要求所有成员国禁止任何形式的克隆人，"只要这种做法违反人类尊严和保护人类的生命原则"。中国、英国、比利时、法国、印度等赞成治疗性克隆的国家投了反对票，但相关法律与伦理问题都不容回避。关于澳大利亚基因技术立法，参见祝学华、王鼎：《澳大利亚基因技术管理、立法及启示》，载《科技与法律》2001年第2期。

[17] 在发展中国家推动下，世界知识产权组织（WIPO）从1998年起开始讨论传统知识、遗传资源和民间工艺等方面的知识产权保护问题，并在2000年设立了政府间委员会（Intergovernmental Committee on IP and Genetic Resources, Traditional Knowledge and Folklore），研究和协调这方面的法律保护。世界贸易组织（WTO）也将传统知识与生物多样性保护问题纳入2001年多哈部长级会议中形成的多哈发展议程（Doha Development Agenda），并在2003年9月14日举行的坎昆会议上重申了这一议题。这一方面是科技发展，特别是生物技术发展在法律保护中的体现，另一方面也是发达国家和发展中国家协调即南北合作的结果。

学实践活动、对人的遗传特征进行的任何改造），除为预防与治疗遗传疾病目的进行研究之外，均被禁止；第五，在征得当事人同意的情况下，可以仅限于医疗与科学研究的目的，对人之特征进行遗传学研究（第16—10条）；第六，通过遗传特征对人进行鉴别，仅以司法程序中规定进行的调查或预审范围为限，或者仅限于医疗与科学研究之目的（第16—11条）。[18] 这些规定，对人体器官移植、人体胚胎利用、优生学研究与实践、基因技术等活动所涉及的法律关系及其法律效力，都进行了严格规范。[19] 它们不仅是私法性质的，还具有维系公共秩序的性质。又如，我国1999年《合同法》第11条规定，"书面形式是指合同书、信件和数据电文（包括电报、电传、传真、电子数据交换和电子邮件）等可以有形地表现所载内容的形式。"这一规定，实际上赋予了电子合同与传统合同同等法律效力，也符合联合国贸易和发展会议（UNCTAD）"电子合同示范法"建议的"同等功能"原则。对于科技法而言，这些规范附属于其他法律门类，是科技立法中的附属性规范。

科技立法的兴起，开辟了一个新型的法律领域：科技法。从以上论述中，我们可以简单地将科技法律规范划分为三类：一是专门性的科技基本法；二是与科技基本法相配套（至少是不相冲突）的科技单行法；三是附属性科技立法。这三类规范构成了科技法律规范的基本结构，由此形成了系统化、有层次和相配套的科技法律体系。这里，将附属于宪法、行政法、民法和刑法等部门法中的科技法律规范，纳入了"附属性科技立法"中。诚然，这里的第二类规范即科技单行法，也可能是属于行政法、民法或刑法范畴，但我们以科技法为中心进行分析，如果它是专门性的，且与科技基本法相配套的话，就可以归纳为科技法范畴。这种交叉，并不妨碍，甚至会有助于我们对于科技法律问题展开研究。这里应该注意的

---

[18] 1994年《法国民法典》第1卷第1编第2章名称即为"尊重人之身体"（第16条至第16—9条），同编第3章"对人之特征的遗传学研究以及通过遗传特征对人进行鉴别"（第16—10条至第16—12条）实际上是第2章的延展。参见《法国民法典》，罗结珍译，北京：中国法制出版社1999年10月第1版。

[19] 当然，有的学者也对法国法有些规范持不同的看法。例如，德国学者梅迪库斯教授认为，人们以前将人体组成部分〔法律地位〕视同于尸体，但随着输血和器官移植行为越来越重要，现在已无法将这一法律上的禁令继续贯彻下去了。毋宁说，现在必须承认献出的血以及取出的、可用于移植的器官为物。这些东西可以成为所有权的客体，而且首先是提供这些东西的活人的所有物。对于这些东西的所有权移转，只能适用有关动产所有权移转的规则（《德国民法典》第929条及以下条款）。参见［德］迪特尔·梅迪库斯：《德国民法总论》，邵建东译，法律出版社2000年版，页876—877。

是，尽管这些分析也同样借助于业已形成的部门法分类，但对科技法律规范的这种分类，并不是严格意义上的。

当然，科技立法也旨在综合运用民事、行政、刑事三种手段，推动科技进步，并保障科技为人类谋福祉。这三种基本法律手段，主要通过建立相应的民事责任、行政责任和刑事责任制度来进行。对科技领域内的行为规范之所以要综合运用这三种手段，原因无外乎有三：其一，科技活动中的某一行为同样涉及多种社会关系，导致相应的权利与义务，自然会产生多种法律责任和法律后果；其二，单纯运用单一手段往往达不到规范或制裁的目的，自然需要采用多种制裁手段；其三，科技领域变动不居的发展往往不是相对稳定的民法、刑法或行政法某一个部门法所能及时适应的，需要通过法律的"综合治理"。这也就是许多国家在科技单行法中，同时出现了民事规范、行政规范和刑事规范这三种不同法律性质的规范的原因之一。不过，如何规范具体科技行为和选择何种手段，这又涉及科技法治中的精神与理念问题。

三、科技立法与法律变迁

科技法学研究，也主要是在科技立法的推动下进行的。科技立法也引发了传统法律的新变化。从宏观上看，这些变化主要表现在以下三个方面。

（一）行政权进一步扩张，传统法治原则衰落

这种变化表现为国家对科研及其成果推广的积极干预政策导致相应的行政权力扩张，法治原则出现衰落。具体体现在以下几个方面：

第一，科技立法改变了三权分立原则的传统平衡和立法精神，议会立法过程中出现了大量的授权立法或委任立法。因为科技立法往往因应科技发展，根据由此引发的经济社会问题而进行，不仅需要应付国内外危机之急，而且立法所涉内容日趋专业化和复杂化。[20] 结果是，虽然议会保留了形式上的立法权限，但实质意

---

[20] 罗玉中教授从科技法集中反映了科技发展的客观规律的特征出发，说明许多科技法内容涉及专门知识，导致出现更多的"授权立法"现象，同时也表现为：对于那些关乎国计民生的重要技术规范，也通过法律方式予以确立。参见罗玉中：《科技法基本原理》，中国科学技术出版社1993年版，页71—72。

义上的立法过程却已经向行政机构转移，甚至已经转向相应的具有一定学术色彩的团体或组织。例如，日本《关于防止辐射损伤的技术标准的法律》虽然一方面需要议会立法，但关于实质性辐射损伤技术标准问题，主要是由行政部门进行规范；而行政机关长官在制订标准的时候，又必须咨询放射线审议会。[21] 因之，在现代法出现"法学家法"和"官僚法"之后，科技立法中的"专家法"（或称"技术专家法"）现象，也值得引起重视。

第二，科技立法往往是作为单行法或特别法出现，它们改变了传统法典化（如民法典、商法典和刑法典）的"普通法"意义，而且还通过这些"特别措施法"对这些法典进行修订。例如，日本1999年《产业活力再生特别措施法》特设股票"例外措施"，对《商法》（1992年修订）进行修改。第一个特例是"新事业股利特例"。《商法》第280条第1款规定，对于新股东的新股红利偿还为十分之一；《产业活力再生特别措施法》第9条将它修改为，对于开办经主管大臣认定的新事业，公司对于股东或其新股持有人的股利偿还为四分之一。第二个特例是"无表决权股份的发行种类和数量特例"。《商法》第242条第3款规定，对于无表决权股份的发行种类和数量，不得超过已发行股份总数的三分之一；《产业活力再生特别措施法》第12条将它修改为，经主管大臣认定（的新事业），扩大为二分之一。第三个特例是"债务转化为无表决权股份的种类和数量特例"。针对《商法》第242条无表决权股份发行的规定，《产业活力再生特别措施法》第13条增设了债转股条款，规定对于按照主管大臣认定的新事业计划开业，为了减轻债务，经债权人同意，可以对债权人发行无表决权的股票，其数额不得超过已发行股份总数的二分之一。另外，《产业活力再生特别措施法》还设立了"公司营业的转让、受让之特例"。《商法》第245条规定，公司营业的转让、继承、接受以及对于股权的转让等，均需要经过全体股东大会决议通过方能实施。《产业活力再生特别措施法》第12条放宽限制，规定"若按（主管大臣认定的）新事业计划行事，只要转让额度不超过总

---

[21] 这部法律在形式是一项国会立法，但授权行政机关长官制订具体标准，而且在总理府内设置放射线审议会，作为其附属机关。其中，放射线审议会均由兼职委员组成。这些委员，由内阁总理大臣在有关行政机关的职员及具有关于防止辐射损伤理论知识和实践体验的学者和经验者中任命。该法正文共11条，1958年5月21日法律第162号制定，1976年1月16日法律第2号修改。所谓"放射线"，按照该法第2条定义，是指α射线、重轻核线、质子线、β射线、电子束、中子束、γ射线、Χ射线及其他在电磁波和微粒射线中具有直接或间接电离空气能力的物质。

资产额度的二十分之一，不受此限。"

第三，科技立法强化了一般法律条款的作用，改变了传统法律的机能。在讨论诸如合同法中的一般条款时，我们通常认为这是自19世纪工业革命以来的现象，是为了配合高度资本主义经济发展，在大量生产、大量交易情形下产生的现象。由于经济发展需要缔结大量的大众化合同，在此要求合同定型化、合理化和迅速化，同时还形成了新的合同形式；但传统民法、商法却无法与之相配合，由此产生了技术性的一般合同条款。因此，按照我国台湾地区学者刘得宽教授的说法，一般合同条款"乃是经济上之自成法也"[22]。但是，我们没有注意到，工业革命与经济发展的基础是技术革命，是科学技术革命改变了生产和交易的形态与规模，由此导致了这种一般条款。因而，隐含在刘得宽教授这句话背后的是，这种一般条款"乃是科技革命天作之合也"。

这种情形，在侵权行为法领域表现得尤为明显。侵权行为法作为一个独立的法律制度和体系，是在17、18世纪以过失责任主义建立起来的。但19世纪以来，产业技术革命突飞猛进，导致工业灾害、汽车事故、产品责任和公害等剧增，危险责任与责任保险应运而生，最终确立了无过失责任制度；同时，也建立起了相应的社会安全保障体制。这一变化，一方面强化了一般法律条款，另一方面也改变了传统侵权行为法的机能。前者比较容易理解，后者甚至出现了学者所呼吁的"侵权行为法的危机"[23]。因为传统侵权行为法的主要机能是填补损害和预防损害，但技术和相关产业导致的损害不仅使得对侵权行为过错举证困难，而且有些大规模的损害往往超过了行为人的预期和承担责任的能力，实际上也很难起到预防损害发生的功能。例如，1804年《法国民法典》关于侵权行为的5条规定（第1382—1386条），立法原意为过失责任主义（包括第1384条过失推定主义），但现代社会经济发展迫使法国最高法院通过两项判例改变了法国侵权行为法的结构，将第1384条所指"被保管之物"范围概括化，将火车、汽车、电器、瓦斯、臭气等包括在内，相应的铁索道、航空器之持有人和原子装置经营者的无过失责任也确立。最终，《法国民法典》不得不增加了"有缺陷的产品引起的责任"一章（第

---

[22] 刘得宽：《西德之消费者保护立法——以最近之民事立法及判例为中心》，载刘得宽：《民法诸问题与新展望》，中国政法大学出版社2002年版，页178。

[23] 参见王泽鉴：《侵权行为法之危机及其发展趋势》，载王泽鉴：《民法学说与判例研究》（第2册），三民书局2002年版，页147—184。

1386—1 条至 1386—18 条)。[24] 中国台湾地区学者王泽鉴教授由此观察到,在人身意外损害赔偿方面,各国其实已经发展了从"倒金字塔型"到"平方型"(平衡型)再到"金字塔型"的补偿体系,[25] 参见图 1。

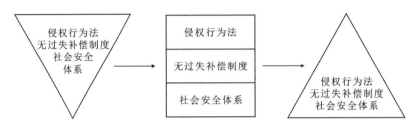

图 1　人身意外损害赔偿补偿体系发展

(二) 公法与私法的界限被打破,私权与公共目标在基本价值层面获得同构

当代法律出现的私法公法化和公法私法化现象,已经打破了公私法的界限,法律社会化运动成为重要的法律思潮。科技立法平衡私权和公权二者的价值取向,带有浓厚的社会法色彩。但是,科技立法和科技法学的兴起,并不是简单地印证了自 20 世纪以来的法律社会化运动,它实际上是在追求科技进步与社会发展中重新发现了作为人的基本价值。我们发现,大多数的科技法律规范都是旨在通过发挥个人的创造力来增长全社会的福利,在个人主义张扬和公共利益增长之间,二者相互通融并获得了同构。为了促进科技进步及其社会福利的增长,公权力会存在一定程度的介入,但在相应的科技立法中要强调公权力介入是以不影响或是旨在扩大个人权利的基础,并在根本利益上存在着权利与自由发展的一致性。事实上,如果我们更深入地加以分析,这一公私法价值同构的思想,可以在类似"尊重个性即是保护创造性"[26] 的命题中,得到进一步的阐释。因此,在公私法界限打破后,科技法又重新塑造了私权观念,并与公共目标达成了和谐一致。例如,美国 1996 年 12 月 11 日《全球电子商务政策框架》强调,在制定电子商务政策时应该是"非限制性的"(non-regulatory),"政府应该避免对此作不恰当的限制",因

24　参见《法国民法典》,罗结珍译,中国法制出版社 1999 年版。
25　参见王泽鉴:《侵权行为法(第一册):基本理论、一般侵权行为》,中国政法大学出版社 2001 年版,页 36。
26　宋惠昌:《尊重个性即是保护创造性》,载《党建文汇(上半月)》2004 年第 8 期,页 22。

为"创新活动、业务扩展和广泛参与以及低价位将有赖于使Internet仍然是一个市场驱动的竞技场,而不是一个受到限制的产业"。即使在某些方面有必要签订政府协定来促进电子商务的情况下,政府也应该是基于非集中化的法律合同模式(contractual model of law),而不是基于自顶向下的法律干预;其目的是建立一个可预测的、简单的法治环境。

可见,科技立法冲击了传统私法和公法观念。一方面,保护私权的理念已经不再是传统私法概念之下对个人权利的简单阐述,它更加体现为某种全社会的共同利益。美国促进技术转移立法的根本性转变,就在于这样一种认识:将个人的想象力和创造力作为一种全社会的重要的共同财富。[27] 在这种观念下,科研成果权利归属与利用就旨在维护以创作者和发明人为中心的权利构筑中。在这个意义上,传统私权保护的意义已经不仅存在于对个人权利的维护方面,同样也成为提高全社会福利的基础;个人的创造成果同样是社会进步的支撑和要素。

另一方面,在公法领域,私权及其价值目标成为一个重要方面。例如,2000年9月9日俄罗斯总统普京批准发布的《俄罗斯联邦信息安全构想》,确立了一种新型的国家安全观,提出在国家信息安全的框架内要完成的主要任务包括:① 保障遵守宪法规定的公民各项权利和自由;② 发展本国信息产业,保障本国信息产品进入世界市场;③ 保障信息和通信系统的安全;④ 为国家活动提供信息自由保障。这种信息安全框架,已经突破了传统公权力范围,将公民各种权利(如隐私权、名誉权等)免受侵害,总括在了国家信息安全体系之下。[28]

(三) 成文法成为促进科技进步与社会改革的主要形式,传统法律进化模式被改变

无论是大陆法还是英美法,在促进科技进步与社会改革方面,大多数都采取了简单明了的立法形式,成文法占据了主导地位。这一现象,也导致了传统法律

---

[27] 参见〔美〕霍华德·W. 布雷默:《大学技术移转:发展与革命》,王晓惠、袁苇、夏继红译,载《科技与法律》1999年第1期。

[28] 《俄罗斯联邦信息安全构想》(在中国台湾地区称为《俄罗斯联邦资讯安全构想》)于2000年6月23日由俄罗斯联邦安全会议通过。相关研究,参见易继明:《健全中国国家资讯安全保障体系——以〈俄罗斯联邦资讯安全构想〉为主进行考察》,载《清华科技法律与政策论丛》第2卷第3期,台湾清华大学科技法律研究所2005年版,页173—194。

进化模式的变化。大致而言，我们可以将传统法律进化归纳为法律发现模式。这一传统模式认为，我们不能创造法律，而只能在自然法、普通法、习惯法和民族精神等社会生活样态中去发现已经存在了的法律及其观念。但现在，事实上，科技立法使得法律进化理论从法律发现模式转向了法律创造模式。这种新的法律进化论建立在社会进化论基础上，认为社会生活状态是由人们创造出来的，特别是它将会随着人们对科技的认识与把握程度提高，而不断地被改变。在这种认识论之下，除了进步的理念之外，已经不存在什么永恒不变的东西。其实，这种认识论已经将科技法逼迫到了"绝境"，因为没有现成的传统法律资源可以利用，它也只能将促进科技进步或限制某些行为的规范交给成文立法。不过，好在经历近代法律变革之后，现代社会业已形成了法律至上的观念。"法律是真正的权威者，他们不必考虑君主、上议院、下议院或者这种三位一体是否成为国家的终极权力者。"[29]

四、结论：开创科技法学研究的新局面

如前所述，科技发展已让我们无处躲藏，也实质性地形成了三类科技法律规范，导致了法律的变迁。既如此，法学研究就不能对此无动于衷，而是需要重启科技法学的研究，开创科技法学研究的新局面。1999年《合同法》[30] 第11条规定，合同的书面形式是指可以有形地表现所载内容的形式，包括数据电文如电报、电传、传真、电子数据交换和电子邮件等。2009年《侵权责任法》[31] 第36条关于网络侵权问题，对于网络用户、网络服务提供者的责任分担进行了明确规定。应该说，从大陆法系传统的成文法典看，中国在民法典各编编纂过程中体现了技术进步和社会发展，是附属性科技法律兴起的一种表现。不过，从实质性研究和法律实践来看，自20世纪60年代开始，西方社会对于科技发展所带来的一些社会问题，已经开展了较为广泛的探讨，甚至逐渐形成了法学研究或司法裁判中的一道前沿的风景线。之所以如此，不仅是技术引发的社会问题吸引人们的眼球，究其

---

[29] John Neville Figgis, *The Divine Right of Kings*, Cambridge University Press, 1922, p. 230.
[30] 已被2021年1月1日实施的《中华人民共和国民法典》废止。
[31] 已被2021年1月1日实施的《中华人民共和国民法典》废止。

实质，是因为技术进步导致人们传统观念转变、行为模式变迁，进而引起了社会范式及社会关系的变化。

本来，法律作为一种保守的社会力量，总是在固守一个成熟社会的某些传统观念、行为规范及社会关系。但是，技术进步已然实实在在地改变了人们的行为及交往方式，而探讨由此引发的伦理冲突、价值背离、社会问题及其法律对策，就成为消弭社会进步与法律传统之间裂痕的重要议题。同时，以经验事实为基础下的法律演绎，又成为促进社会进化的催化剂。日本法学家穗积陈重先生有言："法律既为社会力，则社会变迁，法现象不能不与之俱变。"[32] 科技发展与社会变迁，自然也引起了法律现象的变化。特别是第二次世界大战以来，科技立法的发展，从某种程度上体现了当代法律发展的新趋向，也引发了传统法律的一些新变化。两者互为表里，又互为因果。

事实上，前面谈及中国科技法学作为法学一级学科之下的二级学科，曾获得了国家教委的认同。北京大学、华中科技大学和上海大学一度设立了专门的科技法学硕士点，北京大学在法学理论专业下还设立了科技法学研究方向。不过，由于20世纪90年代中后期的法学学科合并，科技法学被合并到行政法学学科中，作为一个独立的学科已经不复存在。我们在检讨传统部门法体系划分方式对其进行肢解的同时，或多或少也需要检讨那些早期积极倡导科技法学研究的学者们，他们将自己的主要研究集中在科技管理、科技政策以及科技行政法规等领域，而在国内部门法体系之下所培养出来的研究生和博士生，又在各自的研究中将自己有意无意地归入了其他领域。例如，早期北京大学赵震江教授培养的几位科技法学研究方向博士例如张平博士、袁泳博士等，大多数都转向专门的知识产权法的研究，成为民商法学学科中的成员。[33] 而就其研究内容来看，科技法学早期研究的一些内容，实际上是：一部分关于科技成果权的研究，作为知识产权被纳入民商法学学科；一部分关于科技行政法规、科技管理体制、科技政策等领域的研究，被

---

[32] ［日］穗积陈重：《法律进化论（法源论）》，黄尊三、萨孟武、陶汇曾、易家钺译，中国政法大学出版社1997年版，页53。

[33] 有趣的是，当时北京大学法律学系（后来的法学院）既无科技法学博士点，亦无民商法学博士点，报考知识产权法研究方向博士生，只有在导师所在的传统学科之下进行。时至今日，科技法学仍然只是法学理论专业下面的一个研究方向。科技法学合并到行政法学之后，北大科技法学教授（如赵震江、罗玉中）依然在法学理论专业下面招收科技法学研究方向的博士生，而科技法学研究方向的硕士生培养体系就跟知识产权法学合并，纳入了民商法学学科体系之下。

纳入行政法学；另外一部分关于科学证据、科技与证据学的内容，被纳入诉讼法研究领域（特别是刑事诉讼法学）。重启科技法学的研究，应该打破传统部门法体系对科技法学科的肢解，从科技与法律的互动中开启一个崭新的研究领域，以应对媒介技术所带来的社会关系及行为模式的变化。

目录

名家论坛

◇ 习近平全面加强知识产权保护工作的基本思路 ………………………… 易继明 / 3
◇ 轴辐协议视角下专利联营的反垄断规制研究 ………………… 宁立志　孙慕野 / 28
◇ 网络平台注意义务与著作权侵权类型化研究——兼评当贝市场提供"CCTV-1"
  节目侵权案 …………………………………………………… 龙卫球　李鑫悦 / 45

论　　文

◇ 商业秘密保护单独立法研究 …………………………………… 李春晖　季冬梅 / 77
◇ 科创领域包容审慎监管的理论逻辑、基本内涵与制度构建 ………… 初　萌 / 134
◇ 论药品试验数据排他权 ………………………………………………… 陈孟麟 / 158

评　　论

◇ 技术创新与科技法调整模式的转化——以数字内容产业为例 …… 孙　那 / 185
◇ 科学技术普及法的功能重释与内涵重塑 ……………………… 李晓鸣　岳　博 / 204
◇ 推动人工智能技术要素优化配置的政府科技治理机制 ……… 刘大勇　李　妍 / 218

前沿观察

◇ 外观设计立法模式研讨会 ……………… 北京大学国际知识产权研究中心 / 229
◇ 知识产权助力高质量发展——北京知识产权法研究会2024年会 ……………
　　　　　　　　　　　　　　　　　　　　　　　北京知识产权法研究会 / 243
◇ 知识产权转化运用促进高质量发展——第五届北洋知识产权校友论坛 ………
　　　　　　　　　　　　　　国家知识产权战略实施（天津大学）研究基地 / 262

◇ 《中国科技法律评论》稿约 ………………………………………… / 281
◇ 《中国科技法律评论》编校规范 …………………………………… / 283
◇ 《中国科技法律评论》注释体例 …………………………………… / 287

· 名家论坛 ·

习近平全面加强知识产权保护工作的基本思路[1]

易继明[2]

摘要：习近平总书记在十九届中央政治局第二十五次集体学习时发表了关于全面加强知识产权保护工作的讲话。该讲话体现了总书记全面加强知识产权保护工作的基本思路：走中国特色知识产权发展道路；通过知识产权促进国家强大；全面深化改革开放，形成知识产权事业发展新格局。知识产权发展道路之中国特色，体现于历史时空下的政府推进、知识产权大保护工作体系、部门协同、对利益平衡和产业协调的更多考虑以及在国际知识产权秩序上倡导包容、公正的理念。全面加强知识产权保护，通过知识产权促进国家强大，是我国的内生需求，也是应对国际形势所需。其关系到国家治理

---

[1] 本文根据 2020 年 12 月 22 日上午作者在中国科学技术协会党校举办的学习贯彻党的十九届五中全会精神专题报告会上的讲话整理而成，并进行了适当编校和修改。

报告会上，中国科学技术协会副主席、书记处书记孟庆海，党组成员、书记处书记宋军出席，中国科学技术协会党组成员、书记处书记束为主持报告会。中国科学技术协会机关各部门、各直属单位近千人在主会场或通过视频参加学习。相关报道，参见《中国科协党校举办学习贯彻党的十九届五中全会精神专题报告会第三讲》，载中国科学技术协会网站，https://www.cast.org.cn/xw/KXYW/art/2020/art_07e7e8c37943402c8c66b8faf13cfebb.html，2020 年 12 月 26 日发布，2024 年 8 月 19 日访问。

[2] 作者简介：易继明（1968— ），男，湖北公安人，北京大学法学院教授、北京大学国际知识产权研究中心主任，研究方向为知识产权法、科技法、民商法、法学理论。

体系治理能力现代化、高质量发展、人民生活幸福、对外开放大局和国家安全。为了促进建设现代化经济体系，激发全社会创新活力，推动构建新发展格局，全面加强知识产权保护工作需要从加强顶层设计、提高法治化水平、强化全链条保护、深化体制机制改革、统筹推进国际合作与竞争和维护国家安全六个方面入手。为此，需要夯实知识产权保护的基础，包括人才队伍建设、新基建等。

关键词：知识产权保护；中国特色；知识产权强国

目次：
引言

一、走中国特色知识产权发展道路
（一）中国的知识产权发展道路
（二）中国知识产权发展道路的特色

二、通过知识产权促进国家强大
（一）全面加强知识产权保护是我国的内生需求
（二）全面加强知识产权保护是国际形势需要
（三）全面加强知识产权保护的五大关系

三、构建知识产权事业发展新格局
（一）加强知识产权保护工作顶层设计
（二）提高知识产权保护工作的法治化水平
（三）强化知识产权全链条保护
（四）深化知识产权保护工作体制机制改革
（五）统筹推进知识产权领域国际合作和竞争
（六）维护知识产权领域国家安全
（七）夯实知识产权保护基础

引言

习近平总书记在十九届中央政治局第二十五次集体学习时发表了关于全面加强知识产权保护工作的讲话。讲话主要内容以"全面加强知识产权保护工作　激发创新活力推动构建新发展格局"为题，刊发于《求是》杂志。[3] 习近平总书记关于全面加强知识产权保护工作的讲话，确立了我国知识产权强国建设的基本思路，奠定了理解新时代知识产权事业发展的基础。

在本次中央政治局集体学习中，笔者就"加强知识产权保护工作"进行了讲解，也现场聆听了习近平总书记的讲话。习近平总书记强调，"创新是引领发展的第一动力，保护知识产权就是保护创新"[4]。同时他指出，全面加强知识产权保护工作是"完善现代产权制度、深化要素市场化改革"的需要，是"全面建设社会主义现代化国家"的重要保障。[5] 从这一基本观念和思路出发，习近平总书记阐述了全面加强知识产权保护的基本思路：第一，走一条"中国特色知识产权发展之路"[6]；第二，通过知识产权促进国家强大，即加强知识产权强国建设[7]；第

---

[3] 习近平：《全面加强知识产权保护工作　激发创新活力推动构建新发展格局》，《求是》2021年第3期，页4—8。

[4] 习近平：《全面加强知识产权保护工作　激发创新活力推动构建新发展格局》，《求是》2021年第3期，页4—8。

[5] "全面建设社会主义现代化国家，必须更好推进知识产权保护工作。知识产权保护工作关系国家治理体系和治理能力现代化，只有严格保护知识产权，才能完善现代产权制度、深化要素市场化改革，促进市场在资源配置中起决定性作用、更好发挥政府作用。"习近平：《全面加强知识产权保护工作　激发创新活力推动构建新发展格局》，《求是》2021年第3期，页4—8。

[6] "总的看，我国知识产权事业不断发展，走出了一条中国特色知识产权发展之路，知识产权保护工作取得了历史性成就，知识产权法规制度体系和保护体系不断健全、保护力度不断加强，全社会尊重和保护知识产权意识明显提升，对激励创新、打造品牌、规范市场秩序、扩大对外开放发挥了重要作用。"习近平：《全面加强知识产权保护工作　激发创新活力推动构建新发展格局》，《求是》2021年第3期，页4—8。

[7] "当前，我国正在从知识产权引进大国向知识产权创造大国转变，知识产权工作正在从追求数量向提高质量转变。我们必须从国家战略高度和进入新发展阶段要求出发，全面加强知识产权保护工作，促进建设现代化经济体系，激发全社会创新活力，推动构建新发展格局。"习近平：《全面加强知识产权保护工作　激发创新活力推动构建新发展格局》，《求是》2021年第3期，页4—8。

三、全面深化改革,形成知识产权事业发展的新格局[8]。

下面,笔者将就这三个方面,谈谈学习体会。

一、走中国特色知识产权发展道路

(一) 中国的知识产权发展道路

从中国社会的发展来看,中国的知识产权发展道路确实有其特色,这是在中国知识产权事业发展的特殊时空下形成的。这个特殊时空涉及中国社会、经济制度的战略转换,也就是转型。这种转型既要跨越中国传统文化心理,又要实现从计划经济向市场经济的转变,以融入世界市场。

新中国成立以后,我国就开始探索知识产权保护。比如通过稿酬来奖励创作,或者对创造发明颁奖——这些奖励被规定在1950年《保障发明权与专利权暂行条例》《商标注册暂行条例》等法规之中。改革开放以后,从无到有,我国开始建立和发展知识产权制度。中美两国很早就达成了相关协议。[9] 而在国内,在当时很多反对的声音下,邓小平同志提出"专利法以早通过为好"[10]。知识产权制度对外商来说是个底线:如果不保护外商的知识产权,外商投资不会进来。当然国内产业想走出去,想把产品投放到国际市场,不遵守知识产权规则的话,也出不去。这个转换应该说跨越了我们的文化心理,因为传统中国社会讲究的是知识,是公共产品,讲究传播,没有把知识产权完全界定为私有产权。诚然,宋代

---

[8] "第四,深化知识产权保护工作体制机制改革。党的十八大以来,我们在知识产权领域部署推动了一系列改革,要继续抓好落实,做到系统集成、协同推进。"习近平:《全面加强知识产权保护工作 激发创新活力推动构建新发展格局》,《求是》2021年第3期,页4—8。

[9] 1979年7月7日,中美两国政府签订《中美贸易关系协定》,1980年2月1日生效。其中纳入了较为全面的知识产权条款,即第六条:"一、缔约双方承认在其贸易关系中有效保护专利、商标和版权的重要性。二、缔约双方同意在互惠基础上,一方的法人和自然人可根据对方的法律和规章申请商标注册,并获得这些商标在对方领土内的专用权。三、缔约双方同意应设法保证,根据各自的法律并适当考虑国际做法,给予对方的法人或自然人的专利和商标保护,应与对方给予自己的此类保护相适应。四、缔约双方应允许和便利两国商号、公司和贸易组织所签订的合同中有关保护工业产权条款的执行,并应根据各自的法律,对未经授权使用此种权利而进行不公正的竞争活动加以限制。五、缔约双方同意应采取适当措施,以保证根据各自的法律和规章并适当考虑国际做法,给予对方的法人或自然人的版权保护,应与对方给予自己的此类保护相适应。"

[10] "在第六届全国人大常委会第四次会议的后期,传来了邓小平同志对彭真委员长说的话:专利法以早通过为好。"赵元果:《中国专利法的孕育与诞生》,知识产权出版社2003年版,页325。

活字印刷出现之后，似乎出现了一定程度的版权保护的萌芽，究其实质是统治者为了控制言论而对印刷产业的管控，并没有真正从作者权利的角度考量。邓小平同志毅然支持建立知识产权制度，这个过程实质上是靠政府推进的。20世纪八九十年代，《商标法》《专利法》《著作权法》三大法律制定完成，建立起了我国知识产权制度的基本框架。

这个战略转型，直接助力中国的大发展。特别值得一提的是，建立上述基本框架之后，我国知识产权保护水平达到了世界贸易组织（WTO，以下简称"世贸组织"）的要求，2001年12月11日，我国正式加入世贸组织。这一过程又反向推动了中国法律的修改。比如，按照国际社会通例，地理标志应当受到保护，像贵州茅台、西湖龙井、信阳毛尖、陕西苹果等，都是地理标志产品。但是要保护的话，我国当时还没有相应的法律。因此为了加入世贸组织，就在《商标法》的集体商标、证明商标里面先添加对地理标志的保护，具体办法后续再去制定。如此就满足了加入世贸组织的最低需求。因为世贸组织1995年1月1日成立的时候就有《与贸易有关的知识产权协议》，意味着凡要加入世贸组织的，必须有知识产权的最低保护。加入世贸组织之后，中国经济获得了可以称之为"黄金十年"的发展，工业品行销海外。一下子，我国的经济规模被拉大。到了这个时候，我国考虑既然要"走出去"，就需要再来一个十年的转换。

接下来，我国碰到的阻力与我国从战略转换到发展的这个历史过程息息相关。在这个过程中，我国的科学技术和知识产权制度，走了一条从低到高的道路。只有当我国的科学技术、知识产权真正大发展了，我国才能在国际贸易中真正占据一席之地。在小布什政府前，我国跟美国的竞争、冲突没那么明显，我国主要向美方提供一些中低端产品，比如美国的日用品、常用工具，都是中国制造。也就是说，这时我国跟美国是"错位竞争"。克林顿政府时期，美国希望通过科技来控制产业的顶端，并将躯干产业转移到海外，尽量不消耗美国国内本土资源。美国通过领先的科技和知识产权工具来控制下游端，[11] 至今仍然如此。目前中美贸易战背景下，美国意图对我们"断供"，就是因为它控制了"头脑"端，但"躯干"做不来——比如一个5G成套设备有几十万个零部件，其中很多产品是中低端产品——美国自己无法生产，毕竟其产业链中的"躯干"都已经转移

---

11 参见易继明、李春晖：《我国知识产权制度及科技法律政策之新节点——评2017美对华301调查报告及我国之应对》，《陕西师范大学学报（哲学社会科学版）》2019年第1期，页61—63。

了,"头脑"想要快速协调躯干也不是那么容易的。美国意识到中国现在与其在价值链顶端构成了竞争。这就是美国如此警惕,甚至不惜违背和改变其此前在世界市场上宣称推行的自由贸易等价值观,也要来打压中国的一个重要原因。例如此前华为要求 Verizon 公司支付 10 亿美元专利许可费,居然有参议员提出议案,要在新的《国防授权法案修正案》中加入一条,不承认华为在美专利,不允许华为起诉美国公司。[12] 到了奥巴马政府时期,我国逐渐想在高端产品方面实现突破,美国更将中国视作威胁,为此采取了许多针对打压的措施。到了特朗普执政时期,美国政府就更是出拳乱打,对中国尤甚。

总的来说,中国的知识产权发展道路,是一个转型、融入、壮大、升级的过程;这一过程同中国与以美国为首的西方的合作、共赢,继而竞争、对抗的过程是相契合的。过去是"错位竞争",现在是"巅峰对决"。在这个过程当中,中国政府实现了"知识产权国家战略"的自觉。国家知识产权局积极组织编制《国家知识产权战略纲要》,于 2008 年正式出台。[13] 前面 20 多年从无到有地建立知识产权制度,是建立一个私权的保护框架;此后则是纳入国家干预,要以国家意识为主导推进知识产权事业发展。这一轮主要是在强调"保护"的同时,进一步强调创造、强调创新,以及对创造的运用。

2018 年,我国对战略纲要实施十周年进行了评估。评估的结果是,战略纲要的实施确实使我国达到了一个知识产权大国的程度。比如,我国的专利国内申请量长期稳居世界第一;不仅如此,按照 2019 年底的统计,我国通过 PCT(《专利合作条约》)进行的国际专利申请量也排在第一,首次超过美国。但"大"了之后,仍然有一些问题,最突出的就是我国的专利不强。中央巡视组到国家知识产权局巡视,最后指出的两个问题是:一是专利数量很多,但质量不高;二是专利转化率很低。

造成不强的因素有很多,这就涉及比知识产权制度更广泛的创新体系,提升的关键在于我国本身的原创能力以及审查质量。另外,与专利质量和审查质量相关的专利审查标准和政策,也涉及我国的战略转换。比如关于新颖性和创造性问

---

[12] Malathi Nayak, *Rubio Moves to Stop Huawei from Filing Patent Suits in U.S.*, from Bloomberg Law, https://news.bloomberglaw.com/ip-law/rubio-moves-to-stop-huawei-from-filing-patent-suits-in-u-s, published on June 19, 2019, 11:21 PM GMT+8, visited on August 21, 2024.

[13] 《国务院关于印发国家知识产权战略纲要的通知》(国发〔2008〕18 号)。

题，我国过去采取"相对新颖性"标准。早期我国自己没有多少先进技术，如果海外有什么是比较先进的，而国内没有，就可以拿过来在国内申请专利。因为专利是讲地域性的，国外有国内没有，在国内申请专利、在国内用，仍然可以造福百姓。这就叫作"相对新颖性"标准。但是发展到一定阶段，我国就应当强调"绝对新颖性"了：必须是国内没有，国际上也没有，才是"绝对新颖"。所以这是一个发展的过程：从学习到创新，创新能力也从弱到强。

现在，我国就来到了要"由大到强"的时期。2020年中央政治局安排"加强知识产权保护工作"的集体学习，正是基于这样的战略背景。我国要颁布国家知识产权强国建设纲要，这个强国纲要跟"十四五"规划、"十五五"规划以及2035年远景目标相适应，寄希望于能够通过下一个15年的时间，提高知识产权质量，促进国家的繁荣和富强。[14]

那么"知识产权强国"，到底什么叫"强"呢？对此，当时制定这个战略时也有很多疑虑，主要在于知识产权强国到底应如何定位。一个角度是知识产权本身很强，比如说专利质量高，高价值的精品版权作品多、品牌也多；另一个角度就是要通过知识产权促进社会经济发展，也就是解决知识产权转化率低、应用少的问题。笔者认为这里面还要加一个角度，就是我国主导的知识产权发展能够影响国际秩序，让中国的观念、中国的理念能够深入国际社会并被接纳。只有这样，世界才会由衷地尊重中国的成就。

（二）中国知识产权发展道路的特色

从改革开放后建立知识产权制度起到现在，40年的制度建设中，我国的特色是什么？

第一个中国特色是政府推进。这一特色是由我国国情和历史决定的，具有必然性。一方面，中国社会的场景很复杂，各个地区发展不均衡，文化有差异。在这个背景下，政府推进很重要。另一方面，如前所述，最初知识产权制度的建立是在时空环境的挤压下被迫形成的，如果没有政府的强力推进，靠自然演进是很难在当时建立起来的。

---

[14] 笔者所述的纲要已于2021年9月22日出台，即《知识产权强国建设纲要（2021—2035年）》。

需要说明的是,虽然知识产权是私权,但是一定程度上,知识产权也体现了公法的因素,也就是公共产品的因素。为什么美国政府会禁止高通公司对中国出售芯片,正是因为知识产权有公共产品性质,知识产权关系到产业发展,进而影响国家经济和安全,因此政府的干预是具有一定合理性的。

第二个中国特色是知识产权大保护工作体系。国外的知识产权保护,一般的印象是主要靠司法;而中国的"双轨制",就是在司法之外还有很大成分的行政执法,综合行政资源、公共资源,建立了一个大保护的工作格局。虽然司法是主导,但当前司法的一个突出问题是"案多人少",而且事后的救济总会没有那么及时、有效。"主导"之说,并不表明一定要审理更多的案件,而是说判决要公正合理,具有指导性价值,有引导作用。这种引导,例如可以引导双方当事人之间按照司法裁判的类似情况自行和解,而不是对簿公堂,这就需要提升司法裁决的权威性,使之能够得到公众认同。

当然,司法也在改革,这就是构建大司法体制。在最高人民法院,除了原有的知识产权审判庭即"民三庭"之外,还设立了最高人民法院知识产权法庭,可以称之为知识产权专业巡回法庭。同时,我国也在北京、上海、广州、海南建立了中院层级的知识产权专门法院;还在一些中心城市,设立了隶属地方中院的专门的知识产权法庭。目前构筑的这个体系,笔者称之为大司法体系。之所以构筑一个大司法体系,是因为这一领域需要更专业的审判,需要与国际接轨,树立良好的国际形象。而且,我国还需要通过中国的裁判影响全球。所以,我国知识产权建立大司法体制,是为了促进我国自己的创新,营造良好的营商环境,也是为了树立我国的国际形象,最终能够让我国经济社会在产业链价值链的顶端真正跟全世界融通、发展。

第三个中国特色是政府各部门的协同。在国家层面,我国建立了国务院知识产权战略实施工作部际联席会议制度,在国务院领导的召集下,参与的部委办局协调起来,对知识产权的事务进行协调统筹。

第四个中国特色,是我国的知识产权价值观,在权利保护的同时也会考虑到消费者的利益、考虑到产业发展的协调。相对而言,美国更强调私权,围绕私权融贯创新,形成"赢家通吃"的局面。以药品为例。美国制药企业很发达,其对药品专利通常采用一种"常青战略",即使药品专利保护期过了,只要把剂量配方稍改一下,没有实质性的创新,就可以继续申请并获得专利。这样一来,这种药始终处于类似的药品专利的保护之下，始终保持"常青"状态。其实，这是权利人对他人竞争的压制，或者说是对消费者利益的持续攫取。相对来说，我国更加考虑公共利益，我们相对来说会考虑更多利益的平衡问题。

第五个中国特色，是在国际知识产权秩序上倡导包容、公正的理念。一直以来，我国"坚持人类命运共同体理念，坚持开放包容、平衡普惠的原则"[15]，展示文明大国、负责任大国形象。这些理念和原则同样适用于知识产权保护工作。

总体来看，中国知识产权的发展在短短40年间走过了发达国家上百年甚至几百年的历程。这种时空转换中，在知识产权的保护以及促进知识产权的创造与运用方面，确实有我们中国自己的特色。下一步，这些特色中的有益经验要总结，要继续发扬光大；有问题的要检讨，要研究怎样趋利避害。

二、通过知识产权促进国家强大

（一）全面加强知识产权保护是我国的内生需求

新时代的新要求是要全面加强知识产权保护，这是我国促进国家强大的内生需求。前文提到，改革开放初期开始建立知识产权制度很大一部分是因为西方的压力，但这一次加强知识产权保护，是因为我国到了需要全面加强知识产权保护的阶段，是为了通过知识产权促进国家强大，是我国内生的需求。这次跟中央政治局讲解知识产权和参与讨论，笔者尤其深刻地感受到这一点。我国那么大的科技投入，科技体系在重构，甚至要搞科技举国体制，如果还像过去计划经济时代那样，举国体制产生的东西都成公共产品了，将是巨大的浪费，且有安全的隐忧。有的国企或者科研院所的成果申请了专利，但是发现有侵权去起诉时，发现在申请前发表过文章，已经没有新颖性了，专利无效。老体制下有些科研工作者没有知识产权意识，会有这样一些做法。但在现在的情况下，国家有那么大的投入，成果就要有切实的知识产权保护，这也是历史使命使然。一个国家的强大，必须要有高端的起控制作用的东西、头脑里的东西。没有头脑就没法强大。因

---

15 《知识产权报：统筹推进国际合作 深度参与全球治理》，载国家知识产权局网站，https://www.cnipa.gov.cn/art/2020/12/30/art_2475_155908.html，2020年12月30日发布，2024年8月21日访问。

此，全面加强知识产权保护是高质量发展和现代化体系建设的需要。

国家强大的另一侧面是人民生活幸福。习近平总书记把知识产权提到了很高的高度，跟人民幸福生活相联系。人民对幸福生活的追求决定了全面加强知识产权保护是我们的内生需求。对于某些产品，老百姓并不是非买外国货不可，只是因为国内供给侧质量不高，老百姓有钱想消费，有品质的产品却来自国外。供给侧质量低是因为核心技术有问题。人民对美好生活的向往是党的十九大提出的一个基本判断因素，即我国当前社会的主要矛盾是人民日益增长的美好生活需要和不平衡不充分的发展之间的矛盾。人民对美好生活的向往，一方面是需要吃饱喝足，过充裕的物质生活，这就需要提供高质量的技术产品；另一方面也需要精神消费，精神消费的内容供给靠版权。人民幸福生活是人民的期盼，围绕这个提出全面强化知识产权保护，也表明了这是我国发展的内生需求。习近平总书记说保护知识产权就是保护创新，创新是引领发展的第一动力，就是从本质上认识到了知识产权保护对于一个社会的深刻的意义。在新的阶段，我国要创造知识、生产知识，要从一个知识的消费国变为生产国，从一个引进国变为创造国。如此才能够完成根本性的转变，完成从大到强、再到提高质量的转变。

简言之，国家要强大，人民要幸福，全面加强知识产权保护是必要条件。

（二）全面加强知识产权保护是国际形势需要

全面加强知识产权保护、通过知识产权促进国家强大，也是国际形势所需。一方面，虽然目前国际形势压力非常大，但我们也取得了一些成就。比如我国和日本、韩国、澳大利亚、新西兰以及东盟十国共同签署了《区域全面经济伙伴关系协定》，意义非常大。又如，我国2020年跟欧洲签订了《中华人民共和国政府与欧洲联盟地理标志保护与合作协定》。在地理标志保护问题上，欧洲采取的是专门保护模式，因为其农业、酒业发达。美国则采取商标模式，因为它是一个新兴工业化国家，认为只要产品符合地理标志产品的质量特征，就可以使用相应的地理标志。比如说勃艮第红酒，美国人认为加利福尼亚海岸由南到北那么多地方，总会有地方跟勃艮第地方的气候条件一样，在那里种葡萄，用这个葡萄去酿酒，只要品质相同，就也可以称为勃艮第红酒。但法国认为它的勃艮第红酒有其历史文化，就跟我们的茅台一样，其附加值很高。这个思路下，贵州茅台地理标志可以强调其跟赤水河的关联,强调它的独特的微生物群、菌群,以及为保持这个菌群而对赤水河进行的环境保护和治理等。在这两种观念之间,我国采取欧洲的策略,下一步我国可以联合欧盟跟美国谈判。

除了以上成就,我国在外交方面,尤其是国际经贸合作方面,确实是有压力的。在知识产权问题上,我国过去一直被美国占据所谓的道德高地,因为按照当时的美国标准,我们确实侵犯了一些知识产权,比如盗版光碟。然而用历史的眼光看,知识产权道德、知识产权文化的建立源于对知识产权的法律保护,而非相反;对于中国而言,如前所述,经历了从"知识公有"到"知识私有"的文化心理跨越。不过现在,我国也能占据道德高地:美国大搞单边主义和贸易保护主义,把科学技术和知识产权问题政治化、意识形态化。我国主张技术是中立的,强调科学层面的合作、交流,只是到了技术界定产权之后,再交易付费。但现在美国连科学交流、教育乃至人才流动都要控制、脱钩、打压,把技术问题政治化、意识形态化了。而分享科技进步带来的福利,促进人类共同进步,本身是《世界人权宣言》的一部分。这是我国占据的一个道德制高点。所以在当前国际形势下,虽有压力,但总体来说我们也有一些优势,也就是制度、理念上的比较优势,只要我们的脚步、能力持续跟进,真正利用好这些优势,我们就能够完成新时代的发展使命,这也是人民的向往。

国际形势也决定了国际国内双循环的新发展格局。当前国际形势下,美国、日本都强调要本土化、产业回归、区域化,因为很多情况下国家仍旧需要自给自足,要有自己完备的体系。我国的提法比较科学,就是建立以国内大循环为主体、国内国际双循环相互促进的发展格局。但是对这个新发展格局要把握好度。以国内为主之后,要避免出现知识产权和科学技术闭关锁国的状况。一旦技术路线跟不上国际形势,那就影响很大。这个担忧不是没有道理的。一方面,在尖端技术领域我国本来并没有那么领先;另一方面,国内市场大循环容易实现,但要严防其走偏。我国要跟国际循环相结合,以防止低位内循环。所以,知识产权的新发展格局必须是两端,一端是要在国内练内功,自主创新,另一端是要跟国际保持交流合作,在国内国际的双循环当中寻找出我国的发展之路。

(三) 全面加强知识产权保护的五大关系

下面笔者将重点分析习近平总书记这次提出的知识产权保护五大关系。这一提法确实高屋建瓴,从知识产权界来说是从未有过的。五大关系,习近平总书记说的是"知识产权保护工作关系国家治理体系和治理能力现代化""关系高质量发展""关系人民生活幸福""关系国家对外开放大局""关系国家安全"。[16]

这五大关系中,第一个是关系到国家治理体系和治理能力现代化。这首先是知识产权本身的治理结构现代化,治理体系和治理能力其实就与治理结构相关。笔者提过一个观点,即知识产权融合经济社会发展。过去谈科技就谈科技,后来又谈科技要面向经济,科技要面向未来。但是这个"以科技推动"还是在以计划为主导的体制下做的,所谓面向市场、面向未来只是主观想法,本质上不是靠市场拉动,没有融合到这个当中去。当然有人说,可能我们底层技术不是面向市场的,而是面向科学,科学的判断跟科技规律发展相关。这只是一部分,很大一部分技术还是要面向市场的。还有就是科技跟社会、外交、国际政治的融合,融合经济社会发展的各个层面。在这个治理体系和治理能力问题上,中央的思考是根据中国的国情,到底要建立什么样的知识产权治理结构,形成什么样的治理体系,才能把我们的治理能力现代化水平提高。

我国过去的知识产权管理是高度分散的,专利、商标、版权、地理标志等的管理权分数在各个机构手中。直到2018年国务院机构改革后,由于我们的模式是工业产权模式,版权中文化、文艺创作部分在中宣部,其他的都集中到了国家知识产权局。总体来说,2018年调整之后的这个治理体系下一步该怎么做,仍在探索。因此,顶层设计上怎么做,治理体系怎么优化,是一个逐渐讨论、发展的问题。包括司法下一步怎么推进,都在探讨当中。

第二个是关系到高质量发展。官方表述里有很多"知识产权",很多"强国战略",笔者在政治局集体学习讲解和讨论的时候,大家就说到国家知识产权强国战略要与其他领域的强国战略协同发展。在讨论中笔者提了一个观点:我国真正要实现高质量发展,至少要先"立国"、再"强国"。过去,我国农村基本面大,农村是个社会稳定器,但现在的农村正在城镇化,农业人口在减少,所以农村治理的社会稳定器作用相对已经没有那么大,目前已经不靠农村来安置老百姓的就业和保障其基本生活了。城镇化之后,中国社会发展和经济增长的一大动力来自制造业。目前我国制造业已比较有基础,全世界所有工业

---

16 习近平:《全面加强知识产权保护工作 激发创新活力推动构建新发展格局》,《求是》2021年第3期,页4—8。

产品的体系里面,我国的基础是最全的。制造业不光带来GDP,还足以让老百姓的就业、生活得到基本保障。所以,要以制造业立国,这应该成为我国的一个基本方针。另一方面,官方有很多"强国"的表述,比如"工业强国"——为什么工业大而不够强,原因之一是关键技术、核心技术、重大技术没有自主知识产权。又如"文化强国"——文化为什么不够强,原因之一是精品版权作品少,作品影响力小,版权有问题。所有的"某某强国"里面,都存在知识产权制约的问题。通过制造业立国,把知识产权做强,所有领域就有了更迅速地强起来的基础。

要高质量发展,就要使知识产权真正融入社会里面。笔者提出过一个知识产权发展的价值链,即科技推动、产业支撑、商贸融合。之所以要在贸易里面谈知识产权,是因为它们是融合的。有一些商业模式创新也可以申请专利,也就是专利融入了商业模式,融入了贸易,而不仅仅是作为贸易的对象。产业支撑也是由科技推动的,前端、终端和商业的市场端如何向高科技、高便利性发展,关系着人民生活幸福。

第三个是关系到人民幸福生活,前已谈及,不再赘述。

第四个是关系到对外开放大局。供给侧的精神产品的供给问题,涉及对外开放的大局。我国改革开放早期毅然决然地给知识界定产权,就是要把知识产权保护作为底线,这样我国不仅农产品能够进入国际市场,也能把工业品投放到国际市场,同时迎来海外资本到我国建厂投资。所以知识产权是国际投资和贸易中的重点保护对象,要以知识产权保护换投资、换市场。

笔者有一个设想,我国可以在政治、经济之外,开辟第三条外交战线,即一个新纽带,让我们跟世界连接,然后去影响世界。知识产权外交、技术外交可以是这样的纽带,经营这个纽带,以在知识产权领域换取很好的地位,然后通过知识产权促进社会经济发展。比如中、日、韩三国专利局可以建立"专利高速公路",三国专利审查可以通用。目前已经有中、欧、美、日、韩知识产权五局合作机制,但这只是一个加速审查的机制。比如,我国大陆的专利审查员现在有一万多人,涉及的技术领域非常广泛。而像我国香港,申请量少得多,但是涉及的领域同样广泛,很难建立起常备的、覆盖所有技术领域的审查队伍。这种情况下,我国香港可以不做实质性审查,只是作为一个窗口接受申请,由国家知识产权局审查。其实在"一带一路"国家中也可以这么做。[17] 当把众多"专利高速公路"建立起来之后,很多创新资源便都能集聚起来,我国就能从科技资讯、产业未来方向把握最前沿、最创新、最丰富的科技信息资源。这一技术外交战线能够把这些国家联系在一块。

第五个是关系到国家安全。首先是产业安全,中美谈判过程中对这个问题有过一些讨论。比如,美国通过断供,不允许我国企业使用他们的专利技术,我国是否能够以专利强制许可予以应对?因为我国法律制度里是有强制许可的,国际规则也是允许的。如果技术管制对我国产业安全构成了威胁,那么我国就有进行强制许可的理由。但强制许可利弊皆有。首先需要自己的产业制造能力足以胜任。比如我国台湾地区曾经做过药品领域的强制许可,但药品制造厂商生产的药品质量达不到原厂的水平,消费者还是不会买强制许可生产的低价药。但印度仿制药生产企业的生产能力就能够达到相应的水平。印度法律规定,欧美国家在印度申请新药专利,得有实质性创新,否则,如果只是变了花样想要取得专利审批("常青战略"),印度就不会批给专利,原专利到期就进入公用领域。强制许可作为双刃剑的另一个方面,还包括对国际社会的影响。我国《专利法》虽然规定了专利强制许可制度,但一直没有用,原因之一便是担心我国知识产权制度的名誉受损,导致"不保护专利,动不动强制许可"的不良形象。

习近平总书记将产业安全进一步上升到国家安全层面,可以从两个角度加以理解。其一是保持和弘扬传统文化的思路、文化安全的思路,这是战略上的考量。上一轮中长期规划制定过程中就讨论过文化安全问题。因此,知识产权战略要考虑知识产权政策以市场之手对民族文化、文化安全的影响。其二是关键技术、国之重器的自主知识产权问题。改革开放初期有一个说法是"造不如买,买不如租",提出过"引进—消化—吸收—再创新"的路径。但后来发现很多东西引不进来,更谈不上"再创新",因此这个路径可能存在一定的困难。现在强化知识产权保护,这个路径就更难了,因为即使通过各种途径可以在纯粹技术意义上掌握某些技术,但是知识产权并不在自己手里,仍然受制于人。好的技术买不来、换不来,再创新还是受制于人,因此最好的方式还是要自己原始创新。这就是为什么我国创新体系要发生变化,要有利于原创。

---

[17] 例如,欧洲专利局授权的专利即可在摩洛哥、摩尔多瓦、突尼斯、柬埔寨、格鲁吉亚生效。

三、构建知识产权事业发展新格局

习近平总书记在讲话中指出,为了"促进建设现代化经济体系,激发全社会创新活力,推动构建新发展格局",全面加强知识产权保护工作需要从"加强知识产权保护工作顶层设计""提高知识产权保护工作法治化水平""强化知识产权全链条保护""深化知识产权保护工作体制机制改革""统筹推进知识产权领域国际合作和竞争""维护知识产权领域国家安全"等六个方面入手。同时,他在讲话中还提到了夯实知识产权保护基础的问题。[18]

(一)加强知识产权保护工作顶层设计

中央非常重视知识产权保护的顶层设计,例如在"十四五"规划中,知识产权这一块有专项规划,甚至地理标志都有专项规划,这体现了对知识产权的高度重视。顶层设计具体可以考虑下面两个方面。

一是创新体系的重构。目前我国总体的方向是举国体制、科技攻关,因为基本判断是当前最重要的任务是完成知识产权的创造和储备。笔者认为除了科技攻关之外,我国还要建立"知识产权攻关"的概念。知识产权攻关肯定包括了科技攻关、技术路线,除此之外还有并购、知识产权的合围、知识产权的捆绑等。现在大的科技运用里都是一个权利束,比如5G技术涉及的专利非常多,这时候要把一些专利丢在池子里跟其他专利捆绑,彼此授权,而不可能独打天下。知识产权攻关概念包含的外延更丰富,战略性的运用手段会更多,应当是创新体系中很重要的部分。

二是决策机制。我国的知识产权治理体系中,缺乏常态的、日常的最高决策机制。后发国家既然要通过政府推进,顶层决策机制不可避免,包括日本和韩国,如日本就建立了知识产权战略本部。改革开放背景的我国,面对转型,很多时候都借鉴了日本。相比于欧洲、美国或多或少是自然演进的,而日本是赶超的后发国家,日本的很多产业政策靠政府推进,因此学习日本。日本在第二次世界

---

[18] 习近平:《全面加强知识产权保护工作 激发创新活力推动构建新发展格局》,《求是》2021年第3期,页4—8。

大战之后的发展，可以分为三个时期三个方针。第一个时期是贸易，因为日本相对较小，通过与国际社会做贸易，勤劳的一代日本人完成了原始积累。后来发现仅靠贸易而没有核心的创新会受制于人，特别是到20世纪70年代末80年代初，美国在技术方面对日本进行打压，要求日本尊重知识产权，颇类似于2017年开始美国对中国的指责和打压。[19] 那时常见的情况是，美国科技领先，但日本的产品在前，美国的基础创新很快被日本人运用到一些小产业、小技术中，实行产品化，获奖的都是日本的产品。美国人意识到要强化知识产权保护，因此这时日本就开始了技术立国的方针，这是第二个时期。第三个时期是20世纪80年代之后，日本又反思技术立国方针，发现仅仅技术立国还不行，因此从21世纪初开始上升到知识产权战略，以知识产权立国，成立了知识产权战略本部，由首相任本部长。那么，有人说知识产权立国算是"技术立国"的战略升级换代。笔者认为这说并不确切，因为知识产权虽然包含了技术立国，但也包含了贸易。知识产权是融合社会经济发展的，它跟国际贸易是标配，是捆绑的关系。它确实也包含了技术，但知识产权战略更具有包容性。这是日本的战略转换，值得我们继续学习，包括知识产权战略本部的设置。

（二）提高知识产权保护工作的法治化水平

关于知识产权保护工作的法治化水平，我们得有个基本判断：虽然我国在立法层面上确实有很多成绩，但知识产权保护的法律和法规尚不完备。第一，《宪法》缺乏对知识产权的规定。改革开放以来我国宪法修改过多次，包括产权领域，例如土地、私人财产的保护等方面，但对知识产权问题，宪法层面没有任何修改，仍是基于过去的科学技术发展的思路，对于产权问题实质上没有涉及。下一步如果有宪法修改的契机，笔者认为应在宪法层面确认公民对创造性劳动享有产权，对知识产权保护要有原则性规定，这样才能让民众的知识产权保护意识进

---

[19] 特朗普在20世纪80年代（1988年）即持有与如今惊人相似的观点，"I really am tired of seeing what's happening with this country, how we're really making other people live like kings and we're not."不过那时的斗争对象是日本等国，other people 就是日本人。*See* Cleve R. Wootson Jr., *Oprah Winfrey's weirdly revealing Donald Trump interview — from 1988*, from The Washington Post, https://www.washingtonpost.com/news/retropolis/wp/2018/01/08/oprah-winfreys-weirdly-revealing-donald-trump-interview-from-1988/, published on August 1, 2018, last visited on August 1, 2024.

一步加强。第二，知识产权基本法尚未制定。这个基本法也可以解决知识产权战略委员会的问题。笔者认为，基本法里应该把知识产权的治理结构做好，包括决策机制、执行机制、社会参与机制。基本法要解决治理结构的问题，解决顶层战略决策问题。第三，《民法典》在知识产权方面尚不完善。《民法典》改变了过去《民法通则》的做法，第123条规定知识产权客体的条款没有包括科学发现，而科学发现的权利是世界知识产权组织明确的一种权利。《民法典》事实上是采用了《与贸易有关的知识产权协议》的条款对知识产权进行定义，也就是说是重商主义的，因为与贸易有关的知识产权是能够交易的知识产权，科学发现不能交易，就没有把它作为知识产权客体。但科学发现的权利在原来的《民法通则》里是有的，作为一种基本民事权利出现，《民法典》将其取消有待检验。我国要通过知识产权基本法的框架，确立科学发现权也是知识产权。尽管发现的那个东西是客观存在的，但对科学家非常重要，不能因为不能交易就不尊重发现。而且后续的研发、产业化，很可能使科学家变得很知名。因此即使是发现权产生的东西，仍有可能被商业化，有商业化利用的潜质就必须得到尊重。第四，知识产权单行法尚不完备。目前我国真正的民事单行法，其实只有《专利法》《商标法》《著作权法》，还有与此相关的《反不正当竞争法》。像植物新品种保护、集成电路设计等，都是在国务院行政法规层面，并不符合《民法典》所说的知识产权客体必须由法律规定的原则。同时，商业秘密放在了《反不正当竞争法》里，地理标志没有单独立法。还有一些新的客体，比如公众人物的创作物、大数据算法，要不要保护，怎么保护，都是空白。只有《民法典》制定了一个弹性条款（第127条），关于数据，关于网络虚拟财产，法律另外有规定的，依照其规定。这就决定了有关的知识产权，需要专门的授权立法才能产生，所以这一块也是缺的。因此，目前的法律法规是不完备的，后续的立法任务很重。

法治化的另一个方面是执法。执法过去是司法主导，现在回到司法与行政双轨运行。对行政裁决，要规范化，裁决要遵循程序，要有个准司法的做法。再就是仲裁。仲裁在知识产权领域的作用还没有发挥出来，这当然有一些制度性的原因，比如仲裁收案范围，因为仲裁过去建立在合同的基础上，只有合同纠纷才能仲裁。其实侵权、确权的案件也可以考虑仲裁。无论是怎样的走向，执法层面是严保护政策。在立法上，确立了故意侵犯知识产权的5倍惩罚性赔偿。笔者认为这个5倍，一方面是个战略，高于美国的3倍，是对知识产权加强保护的一个宣示;另一方面,也显示出我国现阶段严格保护知识产权的态度。惩罚性赔偿制度对于知识产权保护来说是必须的。我国司法过去遵循的是填平原则。填平原则在知识产权问题上不适用。并不是每一次侵权都会被发现,由于确权、侵权司法、准司法程序的复杂性,也不是每一个被发现的侵权活动都会被成功地追诉。因此对于侵犯知识产权的惯犯来说,偶尔填平式赔偿一次,并不妨碍其未被发现和追诉的侵权活动的收益。因此,若没有惩罚性赔偿的制约,很难起到对侵权的遏制作用。同时,假如一个专利产品尽管被侵权,但销售额仍然在增长,此时就有疑问:侵权造成的损失这个有待"填平"的"坑"在哪儿?一般会把预期收益作为"坑",但预期收益取决于很多因素,难以判断。因此,只有惩罚性赔偿才能够起到抑制侵权的作用。

最后,法治化的治理靠守法,守法要形成知识产权文化。对于知识产权文化,我国有12个字:"尊重知识""崇尚创新""诚信守法"。建立了这个知识产权文化,公民的守法意识也就会逐步提高。

(三)强化知识产权全链条保护

关于全链条保护,习近平总书记指出:"知识产权保护是一个系统工程,覆盖领域广、涉及方面多,要综合运用法律、行政、经济、技术、社会治理等多种手段,从审查授权、行政执法、司法保护、仲裁调解、行业自律、公民诚信等环节完善保护体系,加强协同配合,构建大保护工作格局。要打通知识产权创造、运用、保护、管理、服务全链条,健全知识产权综合管理体制,增强系统保护能力。"[20] 笔者在此仅择要谈几点。

一是知识产权保护中的技术手段和各种其他手段的综合运用。习近平总书记指出,知识产权的保护要综合运用法律、行政、经济、技术、社会治理等多种手段。技术手段的运用有效地解决了人为治理中的某些问题。目前,我国社会治理的网格化精准管理框架下,数字赋能是一个方向。

二是大保护工作格局和知识产权的全链条。"大保护"涵盖了从审查授权,到行政执法、司法保护,再到仲裁调解、行业自律、公民诚信等所有环节。"全

---

[20] 习近平:《全面加强知识产权保护工作 激发创新活力推动构建新发展格局》,《求是》2021年第3期,页4—8。

链条"则是指知识产权的五个关键问题，一般简单说"创运保管服"，即创造、运用、保护、管理和服务。《国家知识产权战略纲要》刚提出的时候，说的是创造、运用、保护、管理四个环节。国际上，日本、韩国等没有把管理放进去，他们认为管理是包含在创造和运用保障中的。后面我国在四个环节里又增加了服务，提倡知识产权的公共服务，建公共服务平台，以促进应用。笔者认为全链条中的核心就是创造和运用，保护、管理和服务的最终目的都是创造和运用，创造知识、运用知识，是最关键的环节。

三是知识产权法律手段运用的一体化。知识产权的保护，一方面是通过知识产权法的方式，还有的知识产权则蕴含在反垄断、公平竞争审查或反不正当竞争里面。在司法案件里发现，很多纠纷把著作权与不正当竞争、专利与不正当竞争，都放在一起。当然后续的反垄断更是如此。要一体、综合考虑这些法律手段。反垄断方面，高通案[21]在国内具有里程碑的意义。这个案子中，高通的第一个漏洞在于20世纪80年代的技术还捆绑在许可的专利池里，而20年的专利有效期早就过了，已进入公共领域。因此这是一种捆绑销售行为。更大的问题在于，他要求华为、中兴、小米这些下游厂商今后在高通专利基础上研发的东西也必须放到专利池，同时还不能向高通主张权利，也不能向高通授权的第三方主张权利。这样下游厂商就没有创新的动力了——事实上这也就是高通的目的：下游厂商不要创新，用高通的产品就行，这样高通在国内、国际市场的合作中始终处于优势地位、上游控制地位，下游厂商始终离不开高通。当然，高通收取的费率更成问题。跟芯片不相关的零部件，应该放在费基外面，高通无权分享相关利润，要剥离。通过高通案，才有了华为等国内厂商后面的发展解套。在5G技术领域，我国目前的专利占比第一，实现了3G跟跑、4G并跑、5G领跑的局面。这其实是有法律因素在里面的，如果没有高通案解套的话，中国可能始终是在跟跑。

（四）深化知识产权保护工作体制机制改革

在讲话中，习近平总书记要求："要研究实行差别化的产业和区域知识产权

---

21 参见《国家发展改革委对高通公司垄断行为责令整改并罚款60亿元》，载中华人民共和国国家发展和改革委员会网站，http://www.ndrc.gov.cn/xwdt/xwfb/201502/t20150210_955999_ext.html，2024年10月1日访问。

政策，完善知识产权审查制度。要健全大数据、人工智能、基因技术等新领域新业态知识产权保护制度，及时研究制定传统文化、传统知识等领域保护办法。要深化知识产权审判领域改革创新，健全知识产权诉讼制度，完善技术类知识产权审判，抓紧落实知识产权侵权惩罚性赔偿制度。要健全知识产权评估体系，改进知识产权归属制度，研究制定防止知识产权滥用相关制度。"[22] 下面择要评述。

一是知识产权审查制度。笔者认为需要重视审查协作、按需审查、区域战略等。很多专利申请的审查周期很长，因此有建议认为专利审查可以是按需审查，特别是在某些领域里。其具体含义是，申请人提出专利申请之后，如果需要审查，专利局就给审查；申请人如果确信具有专利性，就可以公开，别人用了就可以告其侵权。

二是新技术、新模式、新领域、新业态的知识产权保护，目前是比较突出的，尤其是跟数据信息保护和人工智能相关的。人工智能、大数据方面的司法判决有一些做法。北京互联网法院认为著作权保护的是自然人，人工智能不能成为作者，这与美国的猴子自拍照案例相通。[23] 但是人工智能的所有权人也付出了劳动，北京互联网法院认为应当尊重，但不是在著作权框架下，而是换了一个方式，用反不正当竞争的方式保护权利人。[24] 深圳南山区法院也有一个先例判决。腾讯针对体育新闻、财经新闻做了一个"梦幻写手"机器人"Dreamwriter"，实现全部智能化的新闻采编。这个"梦幻写手"写出的新闻被别人直接使用了，诉至南山区法院。法院认为，虽然"梦幻写手"不能作为独立的责任人，但是它是腾讯所有，相应权利即应归属于腾讯。[25] 还有新商业模式的专利保护问题。国务院曾强调要对新商业模式进行保护，国家知识产权局提出能不能对新商业模式赋予专有权？但最高人民法院认为，只能根据各个构成要素赋予，符合专利要求的就可以提供专利制度的保护，符合版权要求的可以提供版权保护。

22　习近平：《全面加强知识产权保护工作 激发创新活力推动构建新发展格局》，《求是》2021年第3期，页4—8。

23　David Post，*No monkey business here：The monkey selfie copyright case is over-for now*，from The Washington Post，https：//www.washingtonpost.com/news/volokh-conspiracy/wp/2017/09/17/no-monkey-business-here-the-monkey-selfie-copyright-case-is-over-for-now/？utm＿term＝.3df23b495653，updated on September 17，2017，last visited on August 1，2024.

24　参见北京互联网法院（2018）京0491民初239号民事判决书。

25　参见广东省深圳市南山区人民法院（2019）粤0305民初14010号民事判决书。

三是对传统文化、传统知识的保护。这一领域很难衡量。过去存在海外"侵权"的压力,比如有人对云南民间的一个调子采风后编曲,产生一个现代音乐作品,然后反过来向国内或云南当地使用者主张版权,因此感受到对民间这些遗产予以保护的需要和压力。当下我国要走向世界,也可能在"一带一路"发掘一些地方文化。这就涉及对现有知识产权资源的采集和运用。当在不同的区域和民族之间使用的时候,我国应持什么态度?

四是审判制度方面。最高人民法院成立知识产权巡回法庭,成立知识产权专门法院,也一直希望推进知识产权特别程序法。国家知识产权局在这个问题上有一定的保留。习近平总书记在这次集体学习上的讲话对知识产权大司法体制大体是确认的,下一步的问题是怎么去完善,特别是如何落实知识产权惩罚性赔偿制度。在知识产权惩罚性赔偿这个问题上,还有法官的观念问题。对于惩罚性赔偿制度,英美法官很容易接受。但大陆法的传统是填平,我国法官队伍基本沿袭大陆法系的做法,基本观点是填平,要树立惩罚性赔偿的观念还是很难的。2024年笔者到北京高院调研,知识产权庭说基本上还是从填平为主去衡量的,尽管有一些惩罚性赔偿的裁判,但是裁判效果好不好还有待探讨。他们举了一个例子,北京知识产权法院曾经判过一个网络支付的U盾侵权案子,法院判赔5000万元,那被告就有动力花掉比如说其中2000万元,倾尽全力使专利无效。专利授权时审查员检索的文献不可能穷尽所有,现在有诉讼作为动力,扩大检索规模的话,是有很大可能性把专利打无效的,因此就算判赔5000万元,最后专利无效,也没有用。不过,笔者的观点恰好是相反的,就要用高额判赔推动当事人打无效,以证明专利局检索和审查质量到底如何,如此倒逼审查质量的提高,对真正创新的东西才授权,而不是鱼龙混杂。要把知识产权做强,可以通过这种倒逼的机制把水分挤出去,才真正有高质量的专利、高质量的知识产权,这是一个环境的营造。过去发展初期的时候,允许有一定的水分,例如"相对新颖性"标准;现在是由大到强的时候,先要将水分挤出去,然后再把量提上来,应当是这样的过程。因此,司法审判也是能够通过这种方式间接地促进整个知识产权强国建设的。

五是改进知识产权归属制度,促进知识产权应用。目前,大学科研机构存在显著的知识产权转化、运用不足问题,体现为专利转化率低、转化周期长、见效慢。《科学技术进步法》后来的修改借鉴了美国拜杜法案。拜杜法案有一个观念:

人的想象力、创造力就是财富。过去都认为谁投资谁受益，谁投资，产权就归谁、专利就归谁。后来发现这未必恰当。人的想象力、创造力才是专利产生的基础。同时这个技术如果运用到社会，国家和社会才会总体受益。总而言之，促进运用是一篇大文章，目前中央有决心要让科研人员有所有权或者长期使用权，通过这种方式真正完成转化运用。各地也在创新，例如北京的创新条例不是只适用于北京，也适用于中央的科研机构。深圳、重庆都在纷纷制定地方创新条例。

（五）统筹推进知识产权领域国际合作和竞争

首先，知识产权是国际竞争力的核心要素，这就决定了斗争是必然的。这里有一个理念问题，习近平总书记谈的是"合作和竞争"。[26] 有很多不同的声音，认为是不是只有斗争和博弈。笔者认为，对外肯定要谈合作、竞争，对内则要有清醒的认识，做好斗争准备。制裁、断供、贸易战，不是在领土上发射导弹的战争，却是经贸领域的战争形态，或者说斗争。中美关于知识产权的问题是泛知识产权竞争，跟知识产权相关，但知识产权只是起点。美国早期指责我国保护知识产权不力，通过"301调查"打击中国；后来指责我国窃取商业秘密等等；再后来，又进入贸易、科技、人才领域，说涉及安全，抖音、微信、华为都有安全问题。美西方遏制中国5G通信技术，打压华为、中兴，除了七国集团，还要把瑞典、韩国、芬兰拉进来，因为这些国家有诺基亚、爱立信、三星等，要拉进来一起与中国企业"斗争"。"权利"之说似乎只是借口。

当然，我国仍然要遵行开放包容、平衡普惠的原则，深度参与全球知识产权治理。我国要坚守两个多边框架体系，一个是世界贸易组织，另一个是世界知识产权组织。这两个框架体系目前需要恢复活力，当然肯定也需要改革。同时，推动知识产权全球治理，我国需要多边、小多边、周边和双边"四边"联动。我国应切实认识到周边是基础。当今的时代跟过去的战国时期不一样，秦国远交近攻是着眼于领土需求。我国现在没有领土需求，就需要固本强基，把周边做好，这样走出去、往外拓展时才会有周边的稳定。

双边合作也一直是我国努力的方向，虽然成本会大一点，但也是一个很重要

---

[26] 习近平：《全面加强知识产权保护工作 激发创新活力推动构建新发展格局》，《求是》2021年第3期，页4—8。

的路线。同时，我国慢慢走向大国地位，也不能忽视单边工具。或者可以说，单边工具也从属于"双边"，因为其必然用在双边关系中。目前我国基本上没有自己的单边工具。一般是美国"制裁"我们，我们才被动地应对：美国搞一个实体清单，我们也对应一个"不可靠实体清单"。像美国的"337条款""301条款"，都是强有力的单边工具，是一个整体机制而非孤立的措施。比如美国利用"301条款"对各国进行观察，认为某国的立法或执法有问题，会对美国、美国企业产生妨碍，就会提出交涉、磋商，要求别国改进，并持续跟踪激战。但我国没有这样针对中国在海外利益的监测和长期跟踪机制。因此，我国也要建立一个知识产权不公平行为的贸易应对机制，要及时跟踪，及时启动磋商调查机制，出现问题也要及时予以反制。作为一个大国，要主动出击，不要老是在被动挨打之后应对几招、格挡几下。双边关系中的单边工具、单边机制，也是时代的需要。

最后，在国际领域，我们还要讲好中国知识产权故事。外国人老说我国是侵权大国，形成了一种刻板印象，现在我们有必要把事实澄清，宣传我国知识产权保护的发展和进步。刚开始建知识产权制度时，美国哈佛大学教授安守廉曾经写过一本书，说在中国传统文化里面是尊重知识的，觉得拿本书学点知识不为偷，这个思想影响了对于知识公共产品的性质到底是私有产权还是公共产品的认知，因此民众在执行、守法意识方面还是有差距，但是在传统文化视野下情有可原。[27]我国通过40年很快建立起一个完善的、一流的保护体系，甚至现在已经成为创新品牌的引领者，到了2019年，中国的全球创新指数排名已经从第30多名进步到第14名。[28]因此我们要讲好中国知识产权故事，要发掘我们的优点，树立我们的形象。

（六）维护知识产权领域国家安全

习近平总书记特别强调维护国家方面要有底线思维，这也是为什么看待知识产权的"产业安全"视角最终上升到"国家安全"的高度。他提到，"要切实加强国家安全工作，为维护重要战略机遇期提供保障。不论国际形势如何变幻，我

---

27 参见［美］安守廉：《窃书为雅罪：中华文化中的知识产权法》，李琛译，法律出版社2010年版。

28 WIPO：《2019年全球创新指数》，载WIPO网站，https://www.wipo.int/edocs/pubdocs/zh/wipo_pub_gii_2019.pdf，2024年8月1日访问。

们要保持战略定力、战略自信、战略耐心，坚持以全球思维谋篇布局，坚持统筹发展和安全，坚持底线思维，坚持原则性和策略性相统一，把维护国家安全的战略主动权牢牢掌握在自己手中"[29]。这涉及创造、保护和转让三个维度。知识产权对外转让要坚持总体国家安全观，这一点易于理解。在创造方面，我们要意识到创新的落后最终会传导到国力的落后，进而损害国家安全，因此要强调关键技术、重大技术的自主创新。在保护方面，国内法规政策司法环境（包括对国内、国外维权的体系性预警和支持）、域外法规政策司法环境（包括我国法律的域外适用、我国法院的域外管辖和司法协作），既涉及对国内权利人的保护，也涉及对国外权利人的制约。这个方面可能要跟前面提及的单边措施结合起来。需要强调的是，国内良好的司法环境并不是偏帮偏信——那样将适得其反——而是要树立起知识产权审判国际形象、国际地位。这首先要求我国的裁判规则令人信服。司法协作方面，目前在网络领域还缺乏有效的协作机制。我国创新地建立了互联网法院，这种模式其实可以推行到国际社会中。而且我国平台用户很多，可以通过平台、通过技术的方式逐渐切入，逐步建立一些国际规则，起到引领作用。

（七）夯实知识产权保护基础

除了上述六个方面，习近平总书记还谈到要"重视知识产权人才队伍建设"。这既包括各种知识产权专业人才的培养，也包括各级领导干部的知识产权相关学习。人才队伍建设的一个方面是建立专业的学科体系。最近教育部提出要加强专业学位建设，国家知识产权局也一直在推，希望开始培养知识产权专业硕士、专业博士，因为知识产权的专业性很强。[30] 另外，国家知识产权局在人社部支持下，从2019年开始启动知识产权师职称序列。知识产权师的培养体系已经建立起来，从2020年开始进行考试。除此以外，我们还可以尝试培养"一带一路"国家的审查员、法官、律师，如果他们在中国获得培养，就能对中国的制度、中国的理念有深刻的认识，就能够更好地传播中国文化。

---

29 《习近平主持召开国家安全工作座谈会强调 牢固树立认真贯彻总体国家安全观 开创新形势下国家安全工作新局面》，《人民日报》2017年2月18日第1版。

30 2022年9月13日，国务院学位委员会、教育部印发《研究生教育学科专业目录（2022年）》，新设知识产权硕士专业学位类别。新版目录自2023年起实施。

作为知识产权保护的基础，还要重视"新基建"。这次中央政治局集体学习和讨论，也提出来要加强知识产权审查能力和保护能力基础设施的建设投入，这包括线上线下的融合，包括人工智能、大数据、在线监测等技术。此外还有诚信和支持体系、宣传教育体系等。

总的来说，在新的时代，我国经济社会发展对知识产权提出了新的要求，知识产权工作也需要有新的发展。习近平总书记的讲话高屋建瓴，提出全面加强知识产权保护工作，为知识产权全面融入经济社会发展和知识产权强国建设指明了方向。知识产权强国建设，首先要对知识产权进行强保护，其次才能促进知识产权的创造和运用，促进高质量发展和构建现代经济体系，并支撑社会主义现代化建设。

轴辐协议视角下专利联营的反垄断规制研究

宁立志　孙慕野[1]

摘要：专利联营组织通过一系列协议安排得以成立并运营。专利联营组织与其成员通过分许可协议形成反垄断法上的纵向关系，联营组织成员之间又可能存在横向竞争关系。专利联营组织的定价可能作为价格锚点，在锚定效应的作用下诱发联营组织成员在定价上的默示共谋，在专利联营组织成员保留独立对外许可的权利时就可能构成反垄断法上的轴辐协议。构成轴辐协议的专利联营表现出了不同于传统横向与纵向垄断协议的反竞争效果，其不仅会削弱联营体成员的竞争动力，还可能诱发劫持行为并强化锁定效应。当前学界对专利联营与轴辐协议的竞合问题缺乏足够的关注，同时2022年修正的《反垄断法》为轴辐协议的规制提供了新的制度窗口。在此背景下，我国对构成轴辐协议的专利联营的规制应转变立场，从制度激励理论出发，引入合同备案制度，同时以集体行动理论为依据，以专利联营组织的内部离心性作为突破口，

---

[1] 作者简介：宁立志（1964— ），男，湖北麻城人，武汉大学法学院教授、武汉大学知识产权与竞争法研究所所长，研究方向为知识产权法、竞争法；

孙慕野（1996— ），男，河北承德人，武汉大学法学院博士研究生，研究方向为知识产权法、竞争法。

创设激励机制，促使专利联营组织形成的轴辐协议从内部瓦解。

关键词：专利联营；轴辐协议；反垄断法；制度激励；集体行动理论

目次：

一、问题的提出

二、专利联营构成轴辐协议的机理分析

  （一）专利联营的二阶性

  （二）联营体价格的锚定效应

三、轴辐协议视角下专利联营的反竞争效应分析

  （一）削弱联营体成员的竞争动力

  （二）诱发劫持与锁定效应

四、轴辐协议视角下专利联营的规制进路

  （一）合同备案规则的引入

  （二）激励机制的创设

五、结语

一、问题的提出

专利联营（patent pool）是专利市场化过程中较为常见的专利运用机制和许可形式，它可以有效地清除障碍专利的影响，减少诉讼成本，分散专利权人的风险。但是，专利联营也可能消除或降低竞争性专利之间的竞争，特别是当联营专利部分或全部为标准必要专利时，专利联营会产生更为庞大的市场力量，从而引发垄断风险。专利联营的竞争效应因其内部专利类型的不同而有所差异。不同的专利联营组织在联营结构、联营专利类型、专利之间的相互关系、联营体是否对外开放以及联营体对成员的限制等方面存在较大差异，这种差异直接影响着对专利联营的竞争效应分析以及规制立场。专利联营的类型在很大程度上决定了反垄断法是否需要对其进行规制和如何进行规制。目前根据联营体内专利的相互关系将专利联营分为竞争性专利联营（也叫替代性专利联营）、互补性专利联营和障碍性专利联营，这是专利联营分类中最为重要的一种分类方式。[2] 在竞争性专利的背景下，专利联营本身即可被视为专利权人之间的一种横向联合；在障碍性或互补性专利联营中，专利联营又可以被视为专利权人之间的纵向联合，因此专利联营天然具有垄断协议的某些性质。在专利联营形成以后，联营体又可能因为掌握大量技术而在相关技术市场或创新市场中产生市场力量，进而引发滥用市场支配地位的问题，因此现有研究对专利联营中涉及的垄断协议和滥用市场支配地位问题研究相对较多。但是在学理上，对垄断协议的分类除横向垄断协议与纵向垄断协议以外，还存在轴辐协议（hub-and-spoke conspiracy）的分类。轴辐协议是一种特殊形式的垄断协议，它将当事人的行为比喻为一个自行车轮，其包含一个轴心（hub）和多个辐条（spoke），轴心与辐条并不处在市场的同一层次，往往是上下游关系，辐条之间互为竞争对手，但没有直接的意思联络，它们间的横向联系以每个辐条与轴心之间的纵向关系为纽带。[3] 专利联营作为专利市场化的重要手段，其一端连接着专利所有人，另一端连接着专利被许可人或潜在被许可

---

[2] 关于竞争性专利、障碍性专利以及互补性专利的含义，请参见宁立志，胡贞珍：《从美国法例看专利联营的反垄断法规制》，《环球法律评论》2006年第4期，页470。

[3] 焦海涛：《反垄断法上轴辐协议的法律性质》，《中国社会科学院研究生院学报》2020年第1期，页26。

人，其内部成员之间又往往存在竞争关系。专利联营体与其成员之间因专利许可协议形成纵向关系，在专利非排他许可的情形下专利联营体与其成员之间以及内部成员相互之间也可能存在着横向的竞争关系。这种构造与反垄断法中的轴辐协议十分近似，而当前对于专利联营与轴辐协议的竞合问题研究存在一定空白。在立法方面，2022年修正后的《反垄断法》第19条规定了"经营者不得组织其他经营者达成垄断协议或者为其他经营者达成垄断协议提供实质性帮助。"该规定虽未正式引入"轴辐协议"的概念，但在实质上能对轴辐协议的规制提供一定的法律依据。在近年来涉及专利联营的诉讼案件逐渐增多、联营组织渐趋活跃的背景下，以轴辐协议的视角对专利联营进行检视并探索可能的规制路径显现出了理论和现实的双重必要性。

二、专利联营构成轴辐协议的机理分析

（一）专利联营的二阶性

对于专利联营组织而言，无论其采用何种形式，[4] 一系列协议构成了其组建、运行的框架和基本要素。从结构上看，专利联营可以采取不同的组织形式，既可以是有限数量的当事方签订的简单协议，也可以是以独立实体组织为管理者的复杂协议。一般来说，如果专利权人的数量较少，可以采取简单协议的形式。这类联营至少包含两组协议：分许可协议（也称参与者协议）和专利组合许可协议。复杂形式的专利联营至少包括四组协议：设立专利联营的协议、参与者协议、专利组合许可协议、许可管理者条款清单协议。其中，参与者协议和专利组合许可协议是最基本的两组协议。参与者协议就是必要专利所有人将其必要专利非排他

---

[4] 国家市场监督管理总局发布的《关于禁止滥用知识产权排除、限制竞争行为的规定》（国家工商行政管理总局令第74号）第12条第4款规定："本规定所称专利联营，是指两个或者两个以上的专利权人通过某种形式将各自拥有的专利共同许可给第三方的协议安排。其形式可以是为此目的成立的专门合资公司，也可以是委托某一联营成员或者某独立的第三方进行管理。"与此界定类似，国务院反垄断委员会制定的《关于知识产权领域的反垄断指南》第26条第1款规定："专利联营，是指两个或者两个以上经营者将各自的专利共同许可给联营成员或者第三方。专利联营各方通常委托联营成员或者独立第三方对联营进行管理。联营具体方式包括达成协议，设立公司或者其他实体等。"

性地授予联营管理者并允许其对外进行分许可的协议,而专利组合许可协议则是联营管理人(通常由联营成员或某一实体组织担任)向第三方被许可人提供组合专利许可的协议,也就是通常所说的专利联营对外许可协议。专利权作为三大典型知识产权类型之一,天然具有权属上的排他性(专利权人依法排除他人未经许可使用其专有技术)和价值转化中的非竞争性(一个专利权上可以并存多个非排他许可),因而专利联营作为专利权的聚合极易引发竞争担忧。但专利联营同时亦具有破除"专利丛林"、提高许可效率等积极效应,因此反垄断法对其本身持一定的宽容态度,并不因其聚合多个专利的性质而认定其违法,只有在联营体或其成员实施了反竞争行为并排除、限制竞争时才介入对其进行规制。[5] 因此设立专利联营的协议虽然符合垄断协议的形式要件,但理论和实务中均不认为其违反反垄断法。参与者协议在性质上属于纵向垄断协议,通过这种协议安排,专利持有人作为许可人,专利联营组织作为被许可人,双方被分别置于专利价值链的上游和下游,尽管如此,反垄断法对纵向协议也采取合理原则的分析框架,比较其可能产生的积极的竞争效果和消极竞争效果之后决定是否对其进行规制。

通过设立专利联营的协议和参与者协议,专利联营体具备了运行的基本条件,这两种协议构成了专利联营的第一阶段,即设立阶段。绝大多数的专利联营不仅仅是为了解决成员间许可的问题,对外许可专利并获取经济收益也是其成立的重要动机。联营体利用专利组合许可协议和条款清单协议对外许可专利,使得通过专利联营汇集起来的专利持有人形成更大的市场力量,并通过联营体的许可行为使其(积极的或消极的)竞争效应向外辐射传导。专利组合许可协议又称为对外许可协议,是最为重要的一组专利联营协议,通常是指联营管理者将组合专利授权被许可人制造、使用或销售符合标准规格产品的协议。由于专利组合许可协议一般都是以标准的格式条款形式存在,被许可人通常没有选择的自由,因此,该协议对被许可人施加的限制可能会对下游市场被许可人的商业活动产生巨大影响。在轴辐协议视角下,专利联营组织中数量繁多的参与者协议构成了轴辐协议中的一根根"辐条"(spoke),联营组织作为所有参与者协议的一方当事人,充当了"轴心"(hub)的作用。但是仅仅只有轴心和辐条还不足以构成轴辐协议,只有在辐条之间形成明示或默示共谋的情形下,轴辐协议才能被认定,这种

---

[5] 参见吕明瑜:《专利联营的正负效应及其反垄断规制》,载《经济法研究(第7卷)》,北京大学出版社 2008 年版,页 91—111。

明示或默示的共谋被称为"轮圈合谋"（conspiracy）。轴心经营者与辐条经营者的纵向协议使轴辐协议区别于典型的横向垄断协议；轮圈合谋的存在又使得轴辐协议与典型的纵向垄断协议相区别。国内外的相关研究表明，轴辐协议的违法性在于其以纵向协议的形式达成了类似横向共谋的结果。[6]

（二）联营体价格的锚定效应

如前所述，"轮圈合谋"是轴辐协议认定的重点与难点。相对于明示共谋，实践中辐条经营者达成默示共谋的情形更为普遍，默示共谋无需经营者之间达成书面协议，而是经营者间彼此"心照不宣"地实施协同行为。就专利联营而言，联营体与成员之间的非排他性许可安排使得联营体与其成员之间依然存在竞争，但是由于双方之间还存在专利许可协议，联营体对外许可的定价可能会成为价格锚点，在锚定效应的作用下无形中提高了所有成员的定价预期。[7] 在实践中，联营体吸收新专利和对外许可专利时大多通过一定的定价模型和评估指标来确定专利的价值，而同一项专利在不同的价值评估体系下其价值可能相差甚远。换言之，专利权人与联营体对于专利价值的评估可能得到不同的结果。特别是对个人和小微企业等中小型专利权人来说，其往往囿于专业水平与信息的欠缺，难以对自己持有专利的价值进行合理的预测与评估，专利联营组织则会根据其长期积累的参数与评估指标，参照已经推向市场的类似技术确定某项专利的价值。在联营体和专利持有人同时拥有对外许可专利的权利时，联营体基于扩大入池专利数量、增加市场竞争力的考量，在吸收新专利入池的许可谈判中定价往往高于专利权人自己评估的专利价值，而高出的差价最终会转嫁到被许可人身上。随着联营组织的规模扩大，之前达成的许可定价会被后续加入的专利权人参考，因此价格一旦固定，几乎不太可能下降。在这种情况下，联营体对某类技术的定价实际上劫持了所有被许可人，使得联营体与专利持有人之间的负内部效应外部化至潜在被许可人。

此种情形的竞争效应与专利联营组织成员约定专利许可费较为相似。除了对

---

6 参见江山：《论轴辐协议的反垄断规制》，《社会科学研究》2021年第4期，页49。

7 所谓锚定效应是指个体在不确定情境下的决策会受到初始无关锚点影响致使其随后的数值估计偏向该锚点的一种判断偏差现象。参见李斌等：《锚定效应的种类、影响因素及干预措施》，《心理科学进展》2010年第1期，页34。

外许可取得经济回报以外,方便成员之间相互许可专利、清除障碍专利亦是专利联营成立的重要动机。因此实践中联营体成员之间可以支付高额的使用费,以诱导联营组织的价格水平,而不必明确地达成固定价格的协议。[8] 这种情况下成员企业通过高额的内部许可费来提高彼此的成本,但每个成员自己的许可费用都能够通过自己的许可收入来弥补。在必要情况下,他们可以通过固定费用转移来平衡联营体内部的许可成本。这种做法带来的结果就是,成员企业间的行为就像具有高成本的竞争性企业,但他们获得的收入却与固定价格的低成本企业一样。当联营体的成员企业约定了相互间的专利许可费后,许可费相互抵消则是另一种内部协议安排。即使彼此具有竞争关系的成员公司之间的许可费率合理且联营体外部的潜在被许可人福利可能总体改善,这种抵消许可费用也可能需要接受反垄断审查。事实上,只要参与方数量不是多到产生过高的交易成本,抵消许可费用对于双方达成互利协议来说通常就不是必要的。易言之,当竞争对手之间交换专利许可时,即使没有付款,他们也都获得了价值激励:每个成员的产品都变得更好或更便宜。只有在其中一家公司获得相对较多收益并从而获得相对于另一家公司的净竞争优势的情况下,许可费才是必要的。但此时,只有净优势公司可能必须支付许可费才能使交易互利,另一家公司不需要支付任何费用。因此,即使交叉许可专利几乎肯定会提高社会整体福利,抵消许可费用也可能需要接受反垄断审查。在个别情况下,如果抵消的许可费用并不过高,则其实际效果是达成了一项有利于竞争的横向协议,虽然可能在一定程度上降低了消费者所承担的专利交叉许可的成本转嫁,但在其他情况下,此类协议通常都是违法的,即使企业进行专利合作可能带来消费者福利的增加。

概言之,专利联营组织与成员之间的许可费定价安排,无论是联营体对外许可的锚定效应还是通过抵消大部分许可价值的专利许可费将专利许可给竞争对手,都可以在一定程度上规避《反垄断法》禁止横向垄断协议的相关规定。在这种情况下,专利许可定价机制就变成了一种默示共谋以剥削被许可人的工具——仅向被许可人提供形式上的竞争利益,许可人仍然可以从竞争对手的销售中获得利益,由此导致的竞争下降对联营体成员来说都会带来独立的盈利。因此,表面上看似良性的许可协议实际上可能会对竞争产生明显的寒蝉效应。

8　See Michael L. Katz and Carl Shapiro, *On the Licensing of Innovations*, 16(4) *RAND Journal of Economic*, 504-520 (1985).

三、轴辐协议视角下专利联营的反竞争效应分析

(一) 削弱联营体成员的竞争动力

总体而言，通过专利联营确定的专利许可费会对下游市场的竞争产生两种不同的影响，且都会不同程度地影响消费者福利。第一种可称之为"结构效应"。它从专利被许可人的角度反映了专利联营组织的许可费率将人为地改变相关技术市场的市场结构。第二种影响反映在专利联营组织内部成员之间。专利联营组织通过专利许可费的定价安排让许可方在其竞争对手的成功中获得经济利益而产生了"协同效应"。在专利许可语境下，协同效应关注许可方获得竞争对手的财务利益时产生的企业竞争利益的部分协同，这种协同类似于当一家公司收购另一家竞争生产商的股份时产生的协同。这削弱了许可方积极竞争的兴趣，因为这会蚕食其许可收入。将构成轴辐协议的专利联营与其他垄断行为相较来看，构成轴辐协议的专利联营所产生的结构效应部分类似于转售价格维持所产生的结构效应，受本文篇幅所限不再赘述。就专利联营自身而言，专利联营组织对于许可费定价的结构效应与协同效应之间的区别在于，前者限制了企业谋取竞争价格的能力，而后者削弱了企业的竞争欲望。因此，协同效应使企业处于完全独立和横向合并之间的中间地带。需要注意，构成轴辐协议的专利联营可能同时产生结构效应与协同效应。在相关技术市场上专利联营组织与其成员之间、专利联营组织成员相互之间极有可能具有竞争关系，因此构成轴辐协议的专利联营所产生的结构效应，在专利联营组织成员之间主要表现为成员间竞争动力削弱导致的市场结构趋向单一与固化。从这个意义上说，构成轴辐协议的专利联营所引发的结构效应通过协同效应表现出来，二者因此具有密切联系。但是与结构效应不同，协同效应通过对双方竞争的影响使双方受益，这种协同构成了联营体成员竞争动力削弱的原因。这种价值来源与产生它的潜在许可交换完全不同。此种反竞争效果在结果上更类似于横向合并，它往往具有提高成本效率和减少竞争的抵消效应，这协调了联营体中不同成员的利益，因为许可方现在不仅从自己的销售中赚取收入，还可能从其竞争对手的销售中赚取收入。结果是许可方没有动力进行激烈的竞争，因此，被许可方也会以较低的价格定价。当一家公司购买竞争对手的股票时，也

会出现同样的协同效应。这也是美国《克莱顿法》禁止此类股票收购的原因（因为其效果可能会大大减少竞争）。[9]

如前文所述，专利联营体的定价可能会成为价格锚点，尤其是在联营组织谋求扩张其规模、积极吸收新专利的情况下，联营体在第一阶段与专利持有人订立的参与者协议可能会在第二阶段专利联营组织对外许可专利的过程中对竞争产生限制，因为第一阶段约定的专利许可费对竞争的不利影响超过了专利权利交换的价值。当许可费相对于专利技术的价值过高时，情况尤其如此。已有研究表明，联营体内部的竞争对手可以利用高额专利许可费统一提高价格，使他们能够享受合谋的成果，而不必明确定价。[10] 即使相关专利本质上毫无价值，这种安排也可能有利可图。在一些不那么极端的情况下，此种专利许可协议与定价安排也可能会引发垄断问题，即使这些协议所约定的专利许可费并不显著过高且可能会整体上增进消费者福利。在专利权人保留独立许可权利，使得权利人之间以及权利人与联营组织间依然存在竞争的情况下，如果被许可方面临来自第三方的下游竞争，联营组织作为专利许可方也可能会增加成员间的垄断利润。在专利联营体内部，专利许可费可以有效地起到纵向限制的作用，防止被许可方将过高的许可成本转嫁给消费者。而当多个用途相同或相似的专利权人处于竞争关系时，专利联营体就可能通过合同或其他方式诱导联营体成员达成价格承诺。因此，专利许可市场中激烈的下游竞争往往会促使上游专利联营组织实施纵向限制。这种承诺所产生的价格也是斯塔克尔伯格（Stackelberg）价格竞争通常比普通价格竞争更有利可图的原因。[11]

---

[9] See Einer Elhauge, *Horizontal shareholding*, 109（5）Social Science Electronic Publishing, 1267-1317（2016）.

[10] See Carl Shapiro, *Patent Licensing and R&D Rivalry*, 75（2）American Economic Review, 25-30（1985）.

[11] 在斯塔克尔伯格（Stackelberg）价格竞争中，一家企业（"领导者"）可以承诺某一特定的价格水平，此后其竞争对手（"追随者"）则制定自己的价格。这与普通的价格竞争形成对比。在普通的价格竞争中，企业同时选择价格，并且可以互相压低价格。在斯塔克尔伯格（Stackelberg）均衡中，领导者将设定一个相对较高的价格，追随者将以自己的高价做出最佳回应（尽管通常低于领导者的价格）。领导者的承诺可以防止其随后压低追随者的高价，否则将有效引发价格战，最终导致两家企业的价格和利润大幅下降。

（二）诱发劫持与锁定效应

在成员保留独立对外许可权的情况下，专利联营组织出于增强自身市场竞争力的需求可能拒绝向其成员授予或续签专利许可，这一策略的成功与否取决于其成员是否能够获得替代技术的专利许可，或者使用能够达到类似效果的未获专利的技术。在联营组织正常商业活动和内部管理行为的外观下，这种策略具有很强的法律基础，因为专利法一般并不要求强制许可，在专利技术不构成标准必要专利的情况下单方面拒绝授予或续签专利许可一般不被视为违反反垄断法。在实施这一策略时，专利联营组织会尽力避免让人认为其拒绝向联营组织内部或外部的特定被许可人授予许可是受到其他成员的提示，因为以横向动机拒绝许可可能违反反垄断法。[12] 在比门特（Bement）案中，6家浮动弹齿耙制造商将85项关于弹齿耙机械结构的专利转让给专利池NH公司。作为回报，每家制造商都获得了所有专利的专利许可，以及专利池的所有权股份。在讨论反垄断法下专利许可的合法性时，美国最高法院将每一项许可视为NH公司与其下游制造商之间的单边交易。[13] 法院忽略了这样一个事实，即由于NH公司的专利许可持有者也是其股东，因此其未来的许可决策，包括授予或续签专利许可的决定，将受到其他下游制造商的影响。因此，在比门特（Bement）案中，专利联营组织成功地利用了公司股东结构来掩盖许可决策中的横向动机。

专利联营组织对外享有向下游被许可人发放许可的权利，对内掌握向其成员和寻求加入联营体的专利权人授予专利许可的权利，当联营体所掌握的专利达到一定规模时，就会对联营体成员形成极强的锁定效应，这种锁定效应则会进一步诱发劫持现象。这种劫持不同于专利劫持，其更多表现为扣留专利许可费而非拒绝专利许可。诺贝尔经济学奖得主威廉姆森（Oliver E. Williamson）首先提出了

---

[12] 根据美国《谢尔曼法》以及相关判例，不具备市场力量的企业没有反垄断法上的强制缔约义务。只要其市场行为是真正独立作出的，企业就有权利选择与谁交易或不交易。参见 Aspen Skiing Co. v. Aspen Highlands Skiing Corp, 472 U. S. 585 (1985). 另见 Herbert J. Hovenkamp, Mark D. Janis and Mark A. Lemley, "*Unilateral Refusals to License in the U. S.*", in François Lévêque & Howard Shelanski (eds), Antitrust, Patents and Copyright: EU and US Perspectives. MA: Edward Elgar, 2005, p.34.

[13] See E. Bement Sons v. National Harrow Co., 186 U. S. 70 (1902).

支持难以执行协议的人质模型。[14] 他指出，由于协议的非法性质，执行协议的成本可能过高，甚至在法律上不可能，因此协议各方有动机寻找替代执行机制，以防止机会主义违约。他认为，如果协议各方可以交换价值可能被单方面破坏的资产，那么这些资产就可以用作对抗任何一方的人质，以抑制违约行为。在人质模型中，只有没有短期替代用途的资产才能作为协议中的"人质"。因为垄断协议不能由法院强制执行，所以人质模型理论可以很容易地被反竞争的专利联营组织加以利用。专利联营组织可以首先向被许可人收取高额使用费，然后在他们履行承诺的情况下偿还他们一大部分使用费。如果发现成员有不符合其利益或者成员一致利益的行为，联营体可以减少或延迟使用费的支付。在美国标准卫生公司案中，标准卫生公司的专利联营体就是用使用费回扣作为"人质"来管理其成员，它要求所有被许可人支付每单位 5 美元的使用费，每个被许可人如果遵守专利许可中的限制，则有权获得 80％ 的使用费回扣；否则，80％ 的使用费回扣将被没收。美国最高法院认为，以没收 80％ 特许权使用费回扣为威胁，提高了垄断组织成员对垄断协议的忠诚度，并据此认定其违法。[15]

四、轴辐协议视角下专利联营的规制进路

（一）合同备案规则的引入

专利联营组织在很大程度上改变了技术产业化的方式以及社会创新的规则。专利制度的建立基于这样一个前提：为发明者提供有限的垄断定价权进而鼓励创新。[16] 然而，在 20 世纪 30 年代专利联营产生并迅速发展以后，实践中专利持有者越来越多地全部或部分放弃这种权利，以获得联营组织的成员资格。在某些行业，加入专利联营组织可能是生产并销售某些服务或产品的必要先决条件。如前

14　See Oliver E. Williamson, *Credible Commitments: Using Hostages to Support Exchange*, 73（4）The American Economic Review, 519-540（1983）.

15　See Standard Sanitary Mfg. Co. v. United States, 226 U.S. 20（1912）.

16　See James Bessen and Michael J. Meurer, *Patent Failure: How Judges, Bureaucrats, and Lawyers Put Innovators at Risk*, Princeton: Princeton University Press, 2008, p.41.（……这是构建专利制度的核心考虑因素：我们授予发明人以垄断权，并允许一些专利持有者赚取"不义之财"，明知这将使专利产品更加昂贵。我们这样做是因为这些"不义之财"能够驱使企业开发新产品和新工艺……，作者译）。

所述，轴辐协议往往利用纵向安排达成横向反竞争结果，轮圈合谋的认定在很大程度上也有赖于轴心经营者与辐条经营者之间设立专利联营的协议与参与者协议。由于专利联营组织与其成员之间的协议通常不为外人所知，专利联营体内部集体行动对市场竞争的影响一直未被充分理解。专利联营组织内部运行的现实情况远比理论界所认识到的更加多样和复杂。一些专利联营体专注于降低现有产品的生产成本；一些专利联营体不向其成员支付专利费，从而节省大量成本；一些专利联营体可能能够促进创新，却以尽可能粗略的许可费定价方式来规避反垄断审查。在这种背景之下，要求或鼓励专利联营组织备案其协议的政策措施可能是未来对专利联营制度进行引导并监管的重要一步。合同备案制将使得国家知识产权行政部门与竞争执法机关了解各个行业中专利联营组织的总数，以及这些团体所采用的机构形式。这些信息，帮助监管部门将能够更好地了解专利联营组织的行为如何影响市场竞争并作出相应的决策。

  作为参考，1935年1月，美国众议院提出了一项名为"向专利局局长记录专利联营协议的法案"（以下简称"HR4523法案"）。[17] 该法案的核心要求如下："凡通过转让、许可或其他方式使多项专利发明的权利受到共同所有权、控制权或使用权约束的每一协议……均应在本法通过后六个月内向专利局备案……本法前文规定的协议中涉及的当事人或专利的任何变更或增加，以及此类协议条款的任何变更，均应在变更或增加之日起三个月内完整列明并向专利局备案。"法案中同时规定了对违反规定的个人或组织科处的民事处罚。但是该法案并未提出如何监督合规情况的细节。在法案提交审议后的1935年底，一个特别成立的专利委员会对美国国内的机构和个人专利持有者进行了一项广泛的调研，以调查HR4523法案可能带来的影响及其可实施性。在其最终报告中，委员会得出结论："在美国专利局和联邦贸易委员会备案此类协议是防止此类秘密和险恶操作的最佳方法。"然而，最终，该法案在委员会审议阶段被搁置了下来。以当前的视角对HR4523法案再行审视，该法案解决了专利联营组织监管的两大问题。首先，该法案为决策者和监管者提供了必需的信息。如前所述，专利池的内部结构及其运行细节往往不为人知，法案对其结构和运行所要求的必要信息披露方便了专利行政主管部门和竞争执法机关对专利联营进行引导与监管，确保其在发挥积极作

---

17 See Generally *Pooling of Patents：Hearings On H.R.4523 Before The House Comm. On Patents*，74th Cong.（1935）.

用的同时不致损害（潜在）被许可人的权益和市场整体的竞争结构。其次，如果联营组织向有权机关提供合同进行备案，备案也即意味着有限度的公开，内部协议的公开会间接向专利联营组织及其成员施加合规压力，以促使专利联营组织的设立和运行不致损害竞争。

具体到我国，专利联营合同备案制度的引入及本土化构造需要解决两个问题。首先，专利联营协议的备案制度应当设置为强制性还是倡导性？对于监管机构而言，强制性备案可以获取尽可能全面的监管信息，但在推行过程中也可能会面临过大的阻力与不可预知的寒蝉效应。此外，强制性备案也可能促使协议各方寻求达成不涉及正式合同的其他协同行为。对于这种监管所带来的效率浪费应当予以警惕并尽可能避免。结合我国当前的创新现实以及培育大型联营组织参与国际竞争的政策需要，对专利联营协议备案制度的设计方案，以制度激励的形式鼓励联营组织备案其协议。例如，可以通过减少反垄断处罚或设置新的激励措施（如加快审查参与组织成员提交的专利申请）来鼓励联营体遵守规定。美国1984年通过的《国家合作研究与生产法》为专利联营协议备案制度的制度激励模式提供了一种借鉴。该法律对向司法部和联邦贸易委员会通报其运作情况的专利联营组织规定了较低的反垄断处罚。[18] 其次，专利联营协议备案制度需要解决的第二个问题是备案的主管机关应如何确定，与此相关的行政机关是国家知识产权局和国家市场监督管理总局（以下简称"市场监管总局"）。市场监管总局在调查和处理反垄断案件方面具有专业和经验的优势，能够较为科学地评估专利联营组织设立和运行过程中可能产生的反竞争影响。此外，如果备案制为联营体及其成员提供的激励措施是减少反垄断处罚，那么它也完全属于市场监管总局的职权范围。但国家知识产权局作为备案主管机关也有合理之处，其在接收、审查和存储大量专利相关信息方面有着天然的资源优势，因此从记录保存的角度来看，国家知识产权局也可以收集并备案相关的专利联营协议，其职权范围和内部资源也可以使其成为监督专利联营协议的可能选择。

（二）激励机制的创设

无论是反竞争影响相对较强的横向垄断协议还是反竞争效应偏弱的纵向垄断

18　See National Cooperative Research and Production Act 15 U. S. C. A. § 4305（1984）.

协议，其内部并非牢不可破。垄断组织内部具有天然的不稳定性，因为垄断组织成员有强烈的动机在协议中实施作弊行为。[19] 经济学家曼瑟尔·奥尔森在其著作《集体行动的逻辑：公共物品与群体理论》中提出了集体行动理论。他指出："如果一个大群体的成员理性地寻求最大化他们的个人福利，他们就不会采取行动来推进他们的共同目标或群体目标，除非有强制他们这样做的手段，或者除非向该群体的成员个人提供某种不同于实现共同利益或群体利益的单独激励，条件是他们帮助承担实现群体目标所涉及的成本或负担。"[20] 集体行动理论关注的是多方协作环境下群体利益与自身利益发生分歧的原因及解决途径。[21] 该理论的核心是，有共同利益的自利个体不一定会努力去实现共同目标。对于专利联营组织而言，扩大易于获取的创新知识空间是成员方共同的利益。知识空间越大，成员作为连续创新者就越容易进行累积创新。然而，成员的自身利益可能会阻碍他们对这一知识空间的扩大做出贡献。例如，专利所有者可能会选择在许可方面拖延，以便利用被许可人的沉没研究和谈判成本。相关研究表明，相当一部分垄断组织都是由于垄断组织内部的欺诈行为而瓦解的。[22]

产生垄断欺诈行为的原因主要有三个方面。首先，垄断组织成员的成本结构可能存在差异。[23] 由于使用不同的技术或以不同的规模运营，垄断组织中的各个企业的生产效率可能不相同，因此，不同企业达到利润最大化的价格可能会有很大差异——一般而言，高成本企业比低成本企业更倾向于设定更高的垄断价格。在垄断组织成员之间任何商定的价格或产出都会对某些企业更加有利，从这个角

---

[19] See Richard J. Gilbert, *Antitrust for Patent Pools: A Century of Policy Evolution*, 3 Stanford Technology Law Review 1, 1-49 (2004).

[20] Mancur Olson, *The Logic of Collective Action: Public Goods and the Theory of Groups* (*Second Printing with a New Preface and Appendix*), Cambridge: Harvard University Press, 1971, p. 2.

[21] See Elinor Ostrom, *Governing the Commons: The Evolution of Institutions for Collective Action*, Cambridge: Cambridge University Press, 1990, pp. 3-5.

[22] Levenstein 和 Suslow 对垄断组织持续时间进行了实证研究，发现许多垄断组织存在时间较短的原因是垄断组织内部存在欺诈问题。See Margaret C. Levenstein and Valerie Y. Suslow, *What Determines Cartel Success?*, 44 (1) Journal of Economic Literature, 50-57 (2006).

[23] See Frederic M. Scherer and David Ross, *Industrial Market Structure and Economic Performance (3rd Edition)*, Houghton: Houghton Mifflin Company, 1990, p. 205. （"企业间成本函数差异越大，企业维持共同价格政策的困难就越大，共同实现利润最大化的可能性就越小"，作者译。）

度来说，垄断欺诈行为天然无法避免。其次，企业追求利润最大化的动机往往会导致机会主义行为。如果垄断组织成员知道其他成员会遵守协议，那么该成员就会通过秘密欺骗获得即时的暴利。最后，市场条件的意外变化也是导致垄断欺诈行为的原因。比如市场需求突然下降，就需要成员调整合谋以达到最优均衡。市场的剧烈波动迫使垄断组织处于不断调整的状态。当调整滞后时，垄断组织成员可能会发现背离垄断协议更为有利。实证研究表明，在需求波动可预测的稳定市场中，垄断组织更有可能持续更长时间。

集体行动理论既可以揭示专利联营作为垄断组织管理者的内在优势，[24] 同时在解决专利联营可能产生的轴辐协议问题上也提供了理论支撑，即对专利联营反竞争行为的规制应从其内部入手，放大其内部成员的背离倾向从而促使轴辐协议从内部瓦解。在面对专利联营与轴辐协议叠加导致的竞争问题时，更需要知识产权法与反垄断法相互配合。从目的来说，二者有着促进创新和提高消费者福利的共同目标，只是具体的实施方法各有不同，即专利制度以"排除"为基础，而反垄断法侧重于"竞争"。知识产权法通过提供排他权来促进发明和创新，从而削弱了知识产品市场化中的竞争；反垄断法有时通过规制这种排除来促进竞争，其前提是自由市场能够确保资源的有效配置。历史上对于专利权和反垄断法之间的倾斜程度在很大程度上影响了对专利联营的规制立场和态度。[25] 对于轴辐协议视角下的专利联营来说，反垄断法应当更为关注与知识产权法的共同作用，以激励而非制裁的基本立场从正面解决专利联营形成轴辐协议可能带来的竞争问题。由于联营体成员间也存在交叉许可专利的情况，在制度层面降低联营体成员的知识产权使用成本就可以在一定程度上对其形成激励。在违法后果上，知识产权法与反垄断法的一个交叉问题是，如果判定知识产权权利人违反了反垄断法，则基于知识产权的停止侵权请求权及损害赔偿请求权是否会受到限制。在美国，如果专利权人以反竞争的方式使用专利并构成反垄断法上的违法行为，知识产权的排他权就无法得到支持。易言之，只要专利权人以违反反垄断法的方式行使其专利权，他就不能阻止他人侵犯其专利权。这也被称为专利的不可执行制度。德国最

---

[24] See Weimin Wu, *Managing Cartels Through Patent Pools*, 64 (3) The Antitrust Bulletin, 457-473 (2019).

[25] 参见张平：《专利联营之反垄断规制分析》，《现代法学》2007年第3期，页97—104。

高法院在"橙皮书标准"案中也以个案裁判的形式对类似的问题[26]做出了带有一定倾向性的裁决,理由很简单:竞争法所禁止的行为,法院不能命令执行。德国最高法院认为,当占主导地位的企业歧视寻求许可的企业,或通过拒绝接受其签署许可协议的要约而不公平地将其排除在外时,占主导地位的企业根据专利法执行停止及注销请求将构成滥用市场支配地位。[27] 未来我国在《禁止滥用知识产权排除、限制竞争行为规定》的修订过程中可以考虑引入专利不可执行制度,为专利联营构成轴辐协议所产生的排除、限制竞争行为提供内生性的瓦解机制。

五、结语

在专利许可关系中,当专利联营组织拥有优势议价能力时,专利联营组织构成的轴辐协议在竞争效果上更多表现出垂直协议的特征,即通过降低零售价格来增加消费者福利;但是当专利权人拥有优势议价能力时,专利联营组织本质上就充当着中间人的角色,以实现下游的合谋,即"轮圈合谋",此时,与大多数横向协议类似,消费者福利受到由下游经营者驱动的轴辐协议的损害。整体而言,专利联营无疑具有降低许可成本、提高效益效率、清除障碍专利、破除"专利丛林"等积极作用,但是,专利联营组织亦可充当轴辐协议的重要推手,由此可能引发的市场结构固化、联营体成员竞争意愿削弱、诱发劫持与锁定效应等反竞争影响同样不容忽视。域外相关研究表明在某些情况下适度分散的专利权许可市场比专利联营更为可取。[28]《知识产权强国建设纲要(2021—2035年)》提出"建设激励创新发展的知识产权市场运行机制",在我国现阶段仍处于技术进口国地位且近年来国际专利联营组织频频对我国企业提起专利诉讼的背景下,专利联营是否一定代表着中国专利市场化的发展方向可能仍需进一步思考。中国在构建专

---

[26] 即基于德国《专利法》第139条的停止侵害及损害赔偿请求权是否可以通过来自《反对限制竞争法》的诉讼请求予以抗辩。需要说明的是,由于德国并未在法律中明文确立专利不可执行制度,德国也并不是判例法国家,因此尽管德国最高法院在"橙皮书标准"案中作出了与美国专利不可执行制度意旨相似的裁决,当事人依然可以对此提起抗辩。

[27] See Bundesgerichtshof [BGH] [Federal Court of Justice] May 6, 2009, Neue Juristische Wochenschrift Rechtsprechung-Report Zivilrecht [NJW-RR] 1047, 2009 (Ger.).

[28] See Michael Mattioli, *Patent Pool Outsiders*, 33 (1) Berkeley Technology Law Journal 233, 233-286 (2018).

利联营的反垄断规章制度时，应从理念上改变传统惩罚式思维，从制度激励理论出发，从正面构建相应的激励制度从而使联营体及其成员的行为得到反垄断法上的积极评价以降低其违法动机；在具体规则的制定中可以考虑引入合同备案制度，将专利联营基本协议中的设立专利联营的协议、参与者协议、专利组合许可协议纳入备案范畴并配套相应的激励政策，规范专利联营的设立与运行，从而促进相关市场良性运行和发展。总体来看，对于构成轴辐协议的专利联营的规制不能单纯依靠《专利法》或《反垄断法》，而是需要将二者有机结合，在具体案件的处理中融入彼此的制度理念。2022年修订后《反垄断法》引入了"组织、帮助达成垄断协议"的有关规定，能够为轴辐协议的规制提供一定的法律依据，未来该条在构成轴辐协议的专利联营规制中的作用是值得期待的。

【编辑助理：高晓元】

网络平台注意义务与著作权侵权类型化研究

——兼评当贝市场提供"CCTV-1"节目侵权案

龙卫球　李鑫悦[1]

摘要：在互联网经济背景下，网络平台身份性质、主观状态、客观行为的多样化给司法实践中著作权侵权责任认定带来了新的挑战。本文从一起互联网智能电视应用分发平台违反注意义务构成直接侵权的新型案例切入，对网络平台身份进行重新界定，试图将内容服务提供者排除于网络服务提供者范围之外，探寻以网络平台身份认定构成直接侵权或间接侵权的可能。同时，本文结合技术产业发展现状对网络平台注意义务进行重塑和分类，提出以履行注意义务的程度判断主观故意或过失。对网络平台和用户之间意思联络的达成过程展开分析，并主张以是否具有意思联络认定是否需承担责任。最终通过设置多元化判断路径，为网络平台著作权侵权类型认定提供客观化的解决思路。

关键词：网络平台；注意义务；主观过错；侵权类型

---

[1] 作者简介：龙卫球（1968— ），男，江西吉水人，法学博士，北京航空航天大学法学院教授，研究方向为民商法、科技法、知识产权法；

李鑫悦（1996— ），女，山东济南人，西安交通大学法学院博士研究生，中国政法大学知识产权研究中心研究员，研究方向为知识产权法、民商法。

目次：

引言

一、问题的缘起

二、网络服务提供者排除适用"避风港"规则的主观状态认定

（一）美国"避风港"规则对网络服务提供者间接侵权责任的限制

（二）间接侵权责任下网络服务提供者主观状态认定的立法变迁

（三）网络服务提供者违反注意义务不必然推导出主观"应知"

三、网络平台身份变化对承担间接侵权责任的突破

四、网络平台履行注意义务对主观状态认定的影响

（一）网络平台注意义务的法理基础和法律定位

（二）从履行注意义务程度判断网络平台主观过错

五、网络平台著作权侵权责任类型的再定位

（一）网络平台过失侵权的适用空间

（二）网络平台与用户间意思联络的达成与侵权责任的承担

结语

引言

2006年，我国《信息网络传播权保护条例》借鉴美国《数字千年版权法案》（以下简称 DMCA 法案）第512条，规定了四类网络服务提供者免于承担赔偿责任的情形，正式构建了中国版"避风港"规则。其中，对提供搜索或者链接服务的网络服务提供者规定了"通知-删除"作为免责情形，以及主观"明知或应知"下的归责情形。网络平台是否全面履行注意义务作为判断其是否具有主观过错（故意或过失）的客观化标准，早期主要限于是否履行"通知-删除"义务，以及是否对整理、推荐或者分类的内容进行侵权审查等情形。后来为适应产业技术发展，立法和司法层面逐渐将网络平台应履行的注意义务进行"前置"和"加强"，包括对平台内主体资质的审核义务、与平台信息管理能力相适应的过滤筛查义务等，造成网络平台主观状态的判断因素更加复杂和多样。同时，随着互联网、大数据和人工智能的不断迭代，网络平台在很多场景下已经突破传统网络服务提供者身份，成为内容服务提供者，承担直接侵权责任。

本文以一起网络平台与应用开发运营者分工合作提供中央广播电视总台"CCTV-1"整频道节目的实时播放服务，被法院认定构成直接侵权的新型案例为切入点，将网络平台的身份进一步区分为网络服务提供者和内容服务提供者。对于网络服务提供者，以履行注意义务的程度作为判断其主观状态的新思路，违反注意义务不能当然推导出平台对侵权结果具有故意。对于履行了一般注意义务，但未达到善良管理人履行注意义务程度的情况，应认定其主观系过失而并非推定其对侵权事实系"应知"，属于数人无意思联络的同时侵权，排除适用共同侵权责任；但是如果连一般注意义务都未履行到位，则可根据具体情况判断平台主观属于"明知"或"应知"，与用户达成意思联络，成立共同侵权责任下的帮助侵权。对于内容服务提供者，除确能证明主观无过错外，均应认定其构成直接侵权，或者与用户之间构成共同直接侵权。全文围绕网络平台身份性质变化造成侵权认定标准和免责事由限制的改变展开讨论，对不同身份的网络平台履行注意义务程度影响判断侵权类型的情形进行分析，以期对该领域的理论和实务研究有所助益。

一、问题的缘起

在我国司法实践中,法院对网络平台著作权侵权责任认定普遍趋向保守,多数判决认定当网络平台中出现侵权内容时网络平台不承担责任[2],或者仅承担帮助侵权责任[3],即便认定构成帮助侵权,对于共同侵权责任之下的帮助侵权背后的法律适用问题也尚未完全厘清,在判决中对网络平台与用户间是否具有意思联络、网络平台与用户间承担责任的比例分配以及网络平台承担注意义务的范围等问题往往采用模糊化处理。"未来电视诉当贝市场"[4] 一案形成了突破性判决,认定网络平台与用户构成分工合作的直接侵权,承担连带侵权责任。在该案中,原告未来电视有限公司属于中央广播电视总台控股的下属企业,经中央广播电视总台授权运营中国互联网电视平台,有权通过互联网电视向公众传播、广播、提供中央广播电视总台享有著作权及相关权利的全部电视频道及其所含之全部电视节目,并有权以自己名义进行维权诉讼。被告一北京家视通科技有限公司(以下简称家视通公司)系"电视家"系列软件的开发运营者,被告二杭州当贝网络科技有限公司(以下简称当贝公司)系智能电视应用分发平台"当贝市场"的开发运营者。原告在日常版权监测工作中,发现二被告通过"当贝市场"向用户提供"电视家"系列软件的下载、安装等服务,由"电视家"系列软件向用户提供"CCTV-1"整频道节目的实时播放服务,遂起诉至天津市第三中级人民法院。

一审法院认为,被告一家视通公司未经权利人许可,擅自在互联网领域盗播"CCTV-1"整频道节目的行为侵害了原告的广播组织权,应承担直接侵权责任;被告二当贝公司作为互联网应用商店服务提供者,应当对在其网络平台内上线的

---

[2] 上海知识产权法院(2023)沪73民终287号民事判决书、北京知识产权法院(2022)京73民终2376号民事判决书。

[3] 北京知识产权法院(2022)京73民终556号民事判决书、广州知识产权法院(2021)粤73民终5651号民事判决书、常州市武进区人民法院(2020)苏0412民初1065号民事判决书、上海知识产权法院(2021)沪73民终818号民事判决书。

[4] 天津市第三中级人民法院(2021)津03民初3484号民事判决书、天津市高级人民法院(2022)津民终1182号民事判决书。该案被评为2022年度AIPPI中国分会版权十大热点案件。

涉案软件的经营者履行管理职责,对其主体资质及传播的内容进行真实性、安全性、合法性等必要审核,当贝公司提交的证据并不能证实其尽到了注意义务。同时,当贝公司依据软件开发者的授权对涉案软件进行运营和推广,且与开发者约定收益分成,是直接经济利益获得者,二被告之间通过涉案软件在互联网提供"CCTV-1"频道节目实时转播行为构成分工合作,最终法院认定二被告亦均构成直接侵权,依据《著作权法》第47条第3项、第54条判决二被告承担连带赔偿责任。一审判决作出后,原被告双方均提起上诉,天津市高级人民法院二审维持原判。该判决作出后,引发了理论界和实务界关于网络平台承担著作权侵权责任类型、认定标准、免责事由和责任份额等问题的广泛争论。

二、网络服务提供者排除适用"避风港"规则的主观状态认定

我国借鉴美国 DMCA 法案,形成了中国版"避风港"规则,并以"红旗"规则作为补充,限制了网络服务提供者著作权侵权责任的承担,同时规定如果其对"知道"的侵权事实没有采取必要措施则应当承担连带责任。但是与美国"红旗"规则不同的是,我国对网络服务提供者主观"知道"的认定随着立法变化呈现出不同标准,总体呈现更加严格的趋势,自美国"避风港"规则的发展演变背景出发,有助于解析和重构技术发展背景下我国"避风港"规则的适用路径和限制情形。

(一)美国"避风港"规则对网络服务提供者间接侵权责任的限制

1996年12月,世界知识产权组织通过《世界知识产权组织版权条约》和《世界知识产权组织表演和录音制品条约》。美国作为其成员国,以1998年DMCA法案将国际条约内容转化为国内立法。"避风港"规则即起源于该法案,以"红旗"规则作为补充。[5] DMCA法案的出台打破了网络服务提供者适用严格

---

5 出自《数字千年版权法案》的国会报告,报告原文的措辞为"红旗测试"("red flag test"),See H. R. Rep. No. 105-551, at 44 (1998).

责任的归责方式，对其因用户存储侵权作品被追究侵权责任的可能性进行了限缩，[6] 被视为网络服务提供者与权利人利益折中的结果。[7] 该法案共有五部分内容，其中第二部分是网络版权侵权责任限定法（OCILLA），主要限制了网络服务提供者的版权责任承担，要求网络服务提供者在收到著作权人或其代理人要求索赔的通知时及时阻止用户访问涉嫌侵权的材料（或将其从服务器上删除），采取措施后即对于其服务所造成的版权侵权后果，不承担侵权赔偿责任。同时，对网络服务提供者的范围作出明确规定，认为服务商仅仅是在他人的要求下，从网络上的一个点到另一个点传输数字信息的管道。这一限定包括传输、引导或提供信息链接的行为，以及在网络运行过程中自动产生的，中间性和暂时性的复制。[8] 也即，DMCA 法案对于网络服务提供者的界定非常广泛，基本包括所有类型的网络服务提供者，但不包含直接控制内容生成和修改的主体。随着技术的多样性衍变，国外有学者提出将提供私密云存储服务等导致版权所有者无法监控用户公共行为的主体也排除在 DMCA 法案的适用范围之外。[9]

DMCA 法案的出台为网络服务提供者的间接侵权责任规定了免责条件。关于间接侵权的认定，美国制定法并没有直接明确，但是伴随判例法长期以来的发展，逐渐将间接侵权责任区分为帮助侵权责任、引诱侵权责任以及替代侵权责任。[10] 其中，前两种是借用共同侵权责任体系，替代侵权责任则更符合真正的间接侵权责任。一般认为，帮助侵权由工业产品责任发展而来。[11] 1971 年的格什温出版公司（Gershwin Publishing Corp.）一案判决中，经典性地将帮助侵权定义为："在知晓一种行为构成版权侵权的情况下，实质性地对此侵权行为予以帮助。"[12] 值得注意的是，在 DMCA 法案颁布以前，美国法院对网络服务提供者承

---

[6] See Staff of H. Comm On the Judiciary, 105th Cong., Section-By-Section Analysis of H. R 2281, Serial No. 6, 1998, p. 28.

[7] See Jennifer M. Urban & Laura Quilter, *Efficient Process or "Chilling Effects"? Takedown Notices under Section 512 of the Digital Millennium Copyright Act*, 22 Santa Clara Computer & High Tech. L. J., 2006, p. 621.

[8] See DMCA512（a）. TRANSITORY DIGITAL NETWORK COMMUNICATIONS.

[9] See Brian Leary, *Safe Harbor Startups: Liability Rulemaking under the DMCA*, 87 N. Y. U. L. REV., 2012, p. 1135.

[10] 本文以帮助侵权责任作重点论述。

[11] 吴汉东：《论网络服务提供者的著作权侵权责任》，《中国法学》2011 年第 2 期，页 41；李明德：《美国知识产权法》，法律出版社 2003 年版，页 217。

[12] *Gershwin Publishing Corp. v. Columbia Artists Management, Inc.*, 443F. 2d.（2dCir. 1971）.

担间接侵权责任的主观构成在认定上较为宽松,也即对于帮助侵权中"知道他人的行为构成侵权"的认定,只要求被告具有"概括的了解",甚至直接适用严格责任。例如,有关判例认为即使被告不知道平台上出现了侵权行为,基于管理义务,仍然需要承担侵权责任。[13] 对比来看,DMCA法案中网络服务提供者获得避风港保护的主观要件,分别为:(ⅰ)网络服务提供者对其网站中的侵权行为不知情;(ⅱ)在不实际知道的情况下,没有意识到明显表明侵权行为存在的事实或情况。[14] 也即网络服务提供者需达到"实际知道"与"明显知道"主观标准,才承担侵权责任。可见,由于主观要件不同,间接侵权与"避风港"规则规定的免责条件分属不同判断路径。简言之,即使网络服务提供者依据传统版权法构成间接侵权,仍得以适用"避风港"规则免除赔偿责任。[15]

(二)间接侵权责任下网络服务提供者主观状态认定的立法变迁

我国作为大陆法系国家,认定侵权责任采过错原则为归责原则。[16] 但是在著作权侵权领域,有学者主张应吸收借鉴美国版权法的严格责任,认为直接侵权(infringement)不同于普通民事侵权(tort),一般采用无过错责任,是否存在主观过错,只影响救济方式,不妨碍侵权成立。[17] 但间接侵权的构成必须以行为人主观具有过错为要件。本文以为,在大陆法将绝对请求权与损害赔偿请求权及其构成要件二分的基础上,著作权侵权仍应坚持侵权法一般归责原则,即过错原则。应强调的是,不论采取何种归责原则,是否具有过错均直接决定是否承担赔偿责任。实践中,认定网络平台具有主观过错的重要标准之一是其主观上对侵权事实"知道"且未采取必要措施。随着"避风港"规则的引入和立法不断变迁,判断网络平台主观"知道"的尺度一直在发生变化。

我国对美国"避风港"规则的引入最早见于2000年最高人民法院《关于审

13　See *Playboy Enterprises, Inc. v. Frena*, 839 F. Supp. 1552 (1993).
14　DMCA 512 (c) (1), (d) (1),: "... (A) (i) does not have actual knowledge that the material or an activity using the material on the system or network is infringing; (ii) in the absence of such actual knowledge, is not aware of facts or circumstances from which infringing activity is apparent."
15　张金恩:《论美国的版权间接责任制度》,《网络法律评论》2006年第1期,页25。
16　参见王利明:《侵权责任法研究》,法律出版社2018年版,页228;程啸:《侵权责任法》,法律出版社2021年版,页112。
17　参见王迁:《知识产权法教程》,中国人民大学出版社2021年版,页15。

理涉及计算机网络著作权纠纷案件适用法律若干问题的解释》（以下简称《审理网络著作权案件司法解释》）。自此，我国"通知-删除"规则初见雏形。[18] 该司法解释第 8 条[19]规定网络服务提供者得以通过及时移除侵权内容免责，同时也借鉴了"红旗"规则，将"明知"侵权行为的网络服务提供者排除于"通知-删除"规则的适用范围之外。在《审理网络著作权案件司法解释》出台以前，法院主要依据《民法通则》[20] 和《著作权法》中对共同侵权的一般规定来判定网络服务提供者的侵权责任。在此时期，法院认定"明知"的标准相当宽松，甚至直接以是否进行主动审查为标准判断网络服务提供者是否构成侵权，2002 年"吴某诉 R 公司网络著作权侵权案"[21] 便为例证。R 公司系某中文原创文学作品网站的经营者，接受作者投稿并在选用后将作品上传至网站供用户浏览。原告发现该网站在《长篇荟萃》栏目收录一篇与其小说作品署名不同但内容完全相同的作品，遂起诉至法院。法院判决认为，篇幅大小、收录作品时间、侵权性质以及文章所使用的笔名是否相同等因素应当作为判断被告是否构成明知的标准。法院指出，涉诉小说作品是篇幅较长的中篇小说，并且在重点栏目进行了重点推荐，此时被告"应当审慎审查以避免侵权行为，但是其没有尽到合理的审查义务，应推定其对剽窃事实主观系明知。"因此，在《审理网络著作权案件司法解释》出台后，虽然初步建立了"通知-删除"规则，但司法实践仍然倾向于参考侵权时间、侵权作品性质、是否有分类推荐行为等因素来判断平台是否"有能力知道"，从而认定主观是否为"明知"状态，类似于同期美国判例法所确立的"概括的了解"。

直到 2006 年国务院《信息网络传播权保护条例》正式确立了"避风港"规则。针对信息网络环境下的著作权侵权行为予以一定范围内的侵权豁免，[22] 其中

---

[18] 《审理网络著作权案件司法解释》第 5 条："提供内容服务的网络服务提供者，明知网络用户通过网络实施侵犯他人著作权的行为，或者经著作权人提出确有证据的警告，但仍不采取移除侵权内容等措施以消除侵权后果的，人民法院应当根据民法通则第一百三十条的规定，追究其与该网络用户的共同侵权责任。"

[19] 《审理网络著作权案件司法解释》第 8 条："网络服务提供者经著作权人提出确有证据的警告而采取移除被控侵权内容等措施，被控侵权人要求网络服务提供者承担违约责任的，人民法院不予支持。"

[20] 《民法通则》第 130 条："二人以上共同侵权造成他人损害的，应当承当连带责任。"已被《民法典》废止。

[21] 山东省青岛市中级人民法院（2022）青知初字第 6 号民事判决书。

[22] 参见沈韵、冯晓青：《公共数据商业利用边界研究》，《知识产权》2023 年第 11 期，页 76。

第 20 条至第 23 条规定了四种类型的"避风港",分别适用于单纯提供接入服务的"避风港"、提供系统缓存服务的"避风港"、提供信息存储空间服务的"避风港"以及提供搜索或者链接服务的"避风港"。[23] 其中第 22 条[24]规定了信息存储空间服务提供者除履行"通知-删除"义务之外的不承担赔偿责任的条件,该条第(三)项"不知道也没有合理的理由应当知道服务对象提供的作品、表演、录音录像制品侵权",可以视作中国版的"红旗"规则。[25] 遗憾的是,虽然该条规定了免于承担赔偿责任的事由,却将"明知"的主观要件修改为"不知道也没有合理的理由应当知道",实际上进一步扩宽了"知道"的范围,导致司法实践中认定网络服务提供者主观"知道"的标准仍然相对宽松。

《信息网络传播权保护条例》一方面引入了"通知-删除"规则,另一方面将"应知"纳入"明知",降低了主观标准,如此变化在法律效果上究竟是加重抑或是免除网络平台的著作权侵权责任?这一问题在理论界和实务界均存在较大争议,需厘清一般侵权规则与"避风港"规则的关系。不少学者认为我国"避风港"规则系一般侵权规则的"反向强调",并非"责任豁免"。[26] 相较于美国著作权法的"严格责任",我国著作权法采用过错责任原则,在此基础上,网络服务提供者不具有过错即不承担责任系一般归责原则的应有之义,无必要规定责任豁免条款。也即,"避风港"规则仅是从反面规定了不构成帮助侵权的情形,并非对网络服务提供者责任的豁免,如果网络服务提供者满足"避风港"规则下的条件,则意味着其行为本身按照一般侵权归责原则也不具有过错,不构成帮助侵权。

---

23 万勇:《网络著作权法避风港规则研究》,法律出版社 2021 年版,页 171。
24 《信息网络传播权保护条例》第 22 条:"网络服务提供者为服务对象提供信息存储空间,供服务对象通过信息网络向公众提供作品、表演、录音录像制品,并具备下列条件的,不承担赔偿责任:(一)明确标示该信息存储空间是为服务对象所提供,并公开网络服务提供者的名称、联系人、网络地址;(二)未改变服务对象所提供的作品、表演、录音录像制品;(三)不知道也没有合理的理由应当知道服务对象提供的作品、表演、录音录像制品侵权;(四)未从服务对象提供作品、表演、录音录像制品中直接获得经济利益;(五)在接到权利人的通知书后,根据本条例规定删除权利人认为侵权的作品、表演、录音录像制品。"
25 参见王迁:《视频分享网站著作权侵权问题研究》,《法商研究》2008 年第 4 期,页 47;江波、张金平:《网络服务提供商的知道标准判断问题研究》,《法律适用》2009 年第 12 期,页 53。
26 参见马一德:《视频分享网站著作权间接侵权的过错认定》,《现代法学》2018 年第 1 期,页 59;王迁:《〈信息网络传播权保护条例〉中"避风港"规则的效力》,《法学》2010 年第 6 期,页 136。

理论上,"避风港"规则仅是反面阐述了不承担责任的情形,不能视作穷尽式列举了所有不构成侵权的情形。但是《信息网络传播权保护条例》出台,似乎并没有实现"避风港"作用,从此司法实践中严格按照"避风港"规则规定的条件进行责任认定。一方面由于"应知"纳入"知道"的范围内,造成法院对"知道"的认定标准愈加宽泛;另一方面导致按照一般侵权归责原则不构成侵权的,亦可能因不满足《信息网络传播权保护条例》所规定的条件而不能免于承担责任。例如,该条例第22条第(四)项将"未从服务对象提供作品、表演、录音录像制品中直接获得经济利益"作为条件之一,后来也被质疑,认为不作区分即将获得直接经济利益推定为网络服务提供者具有过错,不符合实际,也会对网络产业的商业模式产生较大影响。[27] 在此基础之上,2012年《最高人民法院关于审理侵害信息网络传播权民事纠纷案件适用法律若干问题的规定》(法释〔2012〕20号)(以下简称《信网权规定》)第11条改为网络服务提供者直接获得经济利益时负有较高的注意义务。概言之,《信息网络传播权保护条例》的出台并未实质降低网络服务提供者的侵权风险,甚至在司法实践中呈现出对其更为严格的规范要求。

后来,2010年《侵权责任法》第36条[28]将"通知-删除"规则扩展至整个民事领域,其中该条第三款被认为再次明确了我国"红旗"规则。不过,关于网络服务提供者主观过错的规定中,该条款一改原来"明知或应知"的表述,直接采用"知道"这一表述,于是"知道"是否包含"应知",一时间成为学者竞相争论的焦点。从现有立法例来看,1986年《民法通则》第137条、1991年《计算机软件保护条例》第32条,以及2006年《信息网络传播权保护条例》第5条、第18条、第23条等都并列出现了"知道""应当知道""明知"等表述,因此如果将"知道"解释为包含"应知",则与当时的立法例无法自洽。不少学者也认为此处的"知道"应该仅包含"明知",原因不外乎是没有对网络服务提供者增

---

[27] 参见王艳芳:《〈关于审理侵害信息网络传播权民事纠纷案件适用法律若干问题的规定〉的理解与适用》,《人民司法》,2013年第9期,页20。

[28] 《侵权责任法》第36条:"网络用户、网络服务提供者利用网络侵害他人民事权益的,应当承担侵权责任。网络用户利用网络服务实施侵权行为的,被侵权人有权通知网络服务提供者采取删除、屏蔽、断开链接等必要措施。网络服务提供者接到通知后未及时采取必要措施的,对损害的扩大部分与该网络用户承担连带责任。网络服务提供者知道网络用户利用其网络服务侵害他人民事权益,未采取必要措施的,与该网络用户承担连带责任。"已被《民法典》废止。

设"注意义务"则不应基于"应知"承担赔偿责任,[29] 或者"知道"只是对不同类型的网络服务提供者"明知"标准不一致的概括规定等。[30] 相反地,也有学者认为,从法解释学出发,"知道"包含"明知"和"应知"。[31] 从法律适用角度,《信息网络传播权保护条例》与《侵权责任法》构成特别法与一般法的关系,互联网著作权纠纷应当适用《信息网络传播权保护条例》。[32]

着眼于《侵权责任法》立法中四个版本的变化,或可为解决上述争议问题提供线索。《侵权责任法》第一次、第二次审议稿使用的是"明知",第三次审议稿表述是"知道或应当知道",直至第四稿,才改为现在的"知道"。立法者希望通过词语的替换表达与"明知"的不同含义,将"应知"包含在"知道"中的同时,进一步拓宽法律解释的空间。全国人大常委会法工委的解释也对此进行了确认,认为"知道"包含"明知""应知"两种状态。[33] 对此,2012年最高人民法院《信网权规定》(2020年修正)、2020年《民法典》,对于网络服务提供者的主观过错亦是直接采用"明知""应知"并列的表述,可见,自2006年《信息网络传播权保护条例》出台至今,网络平台对侵权事实的主观"知道"实际上包含"明知""应知"两种状态。

(三) 网络服务提供者违反注意义务不必然推导出主观"应知"

如果认为"知道"实际上包含"明知"和"应知",那么究竟如何界定"应知"的范围呢?可以首先从司法实践入手进行观察。在2012年《信网权规定》出台前,各地法院一般根据网络平台是否主动进行分类、编辑、整理,或者根据涉案作品知名度等因素判断其是否"应知"。例如,2009年北京市高级人民法院

---

29 参见杨明:《〈侵权责任法〉第36条释义及其展开》,《华东政法大学学报》2010年第3期,页123—132。

30 参见张新宝、任鸿雁:《互联网上的侵权责任:〈侵权责任法〉第36条解读》,载《中国人民大学学报》2010年第4期,页23。

31 参见刘智慧主编、江平审定:《中国侵权责任法释解与应用》,人民法院出版社2010年版,页89。

32 参见奚晓明主编:《〈中华人民共和国侵权责任法〉条文理解与适用》,人民法院出版社2010年版,页265。

33 参见王利明主编:《〈中华人民共和国侵权责任法〉释义》,中国法制出版社2010年版,页194。

在"T集团股份有限公司等与北京Y科技有限公司著作权纠纷"[34] 二审判决中认为:"S公司通过T公司生产的互联网电视机向用户提供了《薰衣草》电影的搜索服务,搜索结果页中出现了《薰衣草》的具体影片信息,这些信息明显不属于自动生成,属于人为编辑、整理而成。编辑、整理者应当知晓《薰衣草》在互联网上的传播应得到著作权人的授权,其在不予审查的情况下编辑、整理影片信息以方便用户下载,主观上有侵权故意,客观上帮助了涉案作品在互联网上的传播,构成侵权。"实践中的裁判逻辑为网络平台在进行分类、编辑等行为时,与侵权作品接触可能性加大,从而认定其有义务知道,事实上也应当知道侵权事实存在。此后,2012 年 12 月,最高人民法院出台《信网权规定》,其中第 9 条[35]、第 10 条[36] 以及第 12 条[37] 从不同角度细致列举了"应知"的考虑因素。该司法解释全面沿承了司法实践中关于认定网络服务提供者"应知"所确立的精神和方向,但同时却造成"应知"的界限更加模糊。有学者直接将"应知"与注意义务相关联,认为基于网络服务提供者应履行的预见、判断和控制能力的注意义务,以及违反注意义务与造成损害结果之间存在因果关系,此时可以认为网络服务提供者主观系"应知"状态。[38] 不过,也有学者提出在认定网络服务提供者具有过错时,

---

34 北京市高级人民法院(2010)高民终字第 2581 号民事判决书。
35 《信网权规定》第 9 条:"人民法院应当根据网络用户侵害信息网络传播权的具体事实是否明显,综合考虑以下因素,认定网络服务提供者是否构成应知:(一)基于网络服务提供者提供服务的性质、方式及其引发侵权的可能性大小,应当具备的管理信息的能力;(二)传播的作品、表演、录音录像制品的类型、知名度及侵权信息的明显程度;(三)网络服务提供者是否主动对作品、表演、录音录像制品进行了选择、编辑、修改、推荐等;(四)网络服务提供者是否积极采取了预防侵权的合理措施;(五)网络服务提供者是否设置便捷程序接收侵权通知并及时对侵权通知作出合理的反应;(六)网络服务提供者是否针对同一网络用户的重复侵权行为采取了相应的合理措施;(七)其他相关因素。"
36 《信网权规定》第 10 条:"网络服务提供者在提供网络服务时,对热播影视作品等以设置榜单、目录、索引、描述性段落、内容简介等方式进行推荐,且公众可以在其网页上直接以下载、浏览或者其他方式获得的,人民法院可以认定其应知网络用户侵害信息网络传播权。"
37 《信网权规定》第 12 条:"有下列情形之一的,人民法院可以根据案件具体情况,认定提供信息存储空间服务的网络服务提供者应知网络用户侵害信息网络传播权:(一)将热播影视作品等置于首页或者其他主要页面等能够为网络服务提供者明显感知的位置的;(二)对热播影视作品等的主题、内容主动进行选择、编辑、整理、推荐,或者为其设立专门的排行榜的;(三)其他可以明显感知相关作品、表演、录音录像制品为未经许可提供,仍未采取合理措施的情形。"
38 参见吴汉东:《论网络服务提供者的著作权侵权责任》,《中国法学》2011 年第 2 期,页 43。

应结合具体行为判断是否"应知",要求其应"具体知情",而并非"概括知情"。[39]

本文认为,如果将所有违反注意义务的行为纳入"应知"的范畴,则"应知"可被解释为"有义务知道",显然赋予了网络服务提供者普遍审查的义务,则难免与"避风港"规则确立的基本精神和原则背道相驰。与此同时,《信网权规定》第 7 条第 3 款规定:"网络服务提供者明知或者应知网络用户利用网络服务侵害信息网络传播权,未采取删除、屏蔽、断开链接等必要措施,或者提供技术支持等帮助行为的,人民法院应当认定其构成帮助侵权行为。"而"有义务知道"必然包含"有义务知道但因过失导致实际上不知道"的情形,按照《信网权规定》,此种情形属于网络服务提供者"应知"的范围,构成帮助侵权。但是这种归责方式与一般侵权归责原则不符,依通说,成立帮助侵权要求行为人主观上必须属于故意。如果并非故意地对他人实施侵权行为提供帮助,则也属于侵权行为,但不构成帮助侵权。[40] 再一点,如果将上述情形认定为帮助侵权,还将不恰当地造成帮助侵权过失化,导致网络服务提供者需要依据《民法典》第 1197 条的规定对被侵权人遭受的全部损害承担连带责任。因此必须承认的是,网络服务提供者违反注意义务与因"应知"构成帮助侵权之间存有明显边界,对此问题的深入厘清,有助于明确网络平台与用户之间侵权责任分配,也进一步引出下文网络服务提供者的身份性质变化,以及注意义务的法理基础和法律定位等问题。

三、网络平台身份变化对承担间接侵权责任的突破

传统网络著作权侵权行为中,网络平台一般被定位为网络服务提供者,承担间接侵权责任,这也是"避风港"规则和"红旗"规则适用的基础。间接侵权不同于直接侵权,是指虽然没有直接实施受专有权利控制的行为,但故意引诱他人直接侵权,或者在知晓他人即将或正在实施直接侵权时为其提供实质性的帮助,

---

39 参见孔祥俊:《信息网络传播权侵权规则、过错标准与过滤义务》,载成都版权网站 https://mp.weixin.qq.com/s/LxHnjdCea_2_I1ID-3u2DQ,2024 年 6 月 27 日发布,2024 年 7 月 4 日访问。
40 程啸:《侵权责任法》,法律出版社 2021 年版,页 397。

以及在特定情况下为直接侵权做准备和扩大其侵权后果的行为。[41] 如果不能证明网络用户的直接侵权行为成立，则网络服务提供者间接侵权责任也无法成立。[42] 随着技术的不断进步，网络服务提供者已经不能涵盖所有类型网络平台，越来越多的网络平台已经突破网络服务提供者的身份，转变为内容服务提供者，向用户直接提供内容，承担直接侵权责任。

我国法律对网络服务提供者尚无明确定义，有学者认为网络服务提供者是为网络信息交流和交易活动的双方当事人提供中介服务的第三方主体，[43] 其服务类型包括但不限于搜索或链接服务、自动接入和传输服务、提供信息存储空间服务等。[44]《信息网络传播权保护条例》第 20 条至第 23 条也区分了四种不同类型的网络服务提供者。除了上述技术服务提供者之外，有学者认为网络服务提供者还包括运用网络自行上传和对外发布相关内容的内容服务提供者。[45] 此外，2000 年《审理网络著作权案件司法解释》第 5 条、2002 年原新闻出版总署《互联网出版管理暂行规定》，以及 2005 年国家版权局《互联网著作权行政保护办法》中均出现了类似"提供内容服务的网络服务提供者"的有关表述。与此同时，最高人民法院民法典贯彻实施工作领导小组对《民法典》第 1194 条中网络服务提供者的解释，也将其定义为向网络用户提供接入、缓存、信息存储空间、搜索或链接等网络技术服务或提供由自己主动编辑、组织、修改的内容或产品的网络内容服务的自然人、法人或组织。[46]

网络平台身份认定问题直接影响主体应承担的注意义务范围以及构成侵权的类型，需结合产业特点进行深入探讨。随着现阶段新型网络交互方式的出现，网络技术与现实生活深度交融，网络服务提供者采用的技术手段和控制能力不断加

---

[41] See Fowler Harper, Fleming James &. Oscar Gray, *The Law of Torts* (2nd edition), Little Brown and Co., 1986, p10.1；[德] 克雷斯蒂安·冯·巴尔著，焦美华译：《欧洲比较侵权行为法》，法律出版社 2001 年版，页 81；王迁：《网络著作权专有权利研究》，中国人民大学出版社 2022 年版，页 10。

[42] 司晓：《网络服务商知识产权间接侵权研究》，北京大学出版社 2016 年版，页 47。

[43] 参见吴汉东：《论网络服务提供者的著作权侵权责任》，《中国法学》2011 年第 2 期，页 38。

[44] 参见王利明主编：《〈中华人民共和国侵权责任法〉释义》，中国法制出版社 2010 年版，页 158。

[45] 参见蒋志培：《网络与电子商务法》，法律出版社 2002 年版，页 181。

[46] 最高人民法院民法典贯彻实施工作领导小组：《中华人民共和国民法典侵权责任编理解与适用》，人民法院出版社 2020 版，页 263。

强，其向用户提供的服务不再局限于提供某一特定技术，可能是四类传统技术的交叉，亦可能是传统技术的演变和发展。但是，其仍然不能脱离"中介"的功能与身份，也即网络服务提供者仅指技术服务提供者，不应包含内容服务提供者。一旦网络平台可以凭借新型技术手段实现对内容的干预和控制，表现出屏障作用，能够一定程度上建立或者阻隔用户之间的直接信息交流，改变原有信息传播路径，就应认定为内容服务提供者。持相同观点的学者认为，对于某些网络平台通过算法控制用户生成内容的信息流，既是信源又是信道，已经实质成为"基于算法"的信息发布者的情况，不应继续将其纳入网络服务提供者之列。[47] 同时，从法律效果来看，若不将内容服务提供者排除在网络服务提供者之外，则不免与《民法典》第1197条的立法逻辑相悖。该条规定了网络服务提供者在明知或应知侵权事实背景下的间接侵权责任承担问题，而内容服务提供者则直接采用直接侵权的判断标准，无须依附直接侵权主体，更无须考虑对第三方主体的侵权行为的主观状态，两类主体分属于独立侵权判定路径，进行统一规范将难免造成法律适用上的困境。基于此，下文将网络平台分为网络服务提供者和内容服务提供者两类展开论证。

进一步地，如果网络平台所提供的技术对他人的侵权行为产生了实质帮助，且主观上具有故意，则成立间接侵权下的帮助侵权。不过，如果网络平台直接利用技术服务向用户提供由自己主动编辑、组织、修改的内容，或者改变内容的传播路径，达到了"提供"的效果，则其身份便随之发生变化，不再属于网络服务提供者。此时如果其实施了受专有权利控制的行为，应作为独立行为主体，承担直接侵权责任，则应被认定为内容服务的提供者，此时无法援引有关网络服务提供者的法定免责条款。

在当贝案件中，原告未来电视公司在"当贝市场"官网下载并提交了《当贝市场开发者协议》，其中协议第1.2条记载："乙方（当贝公司）作为网络服务提供者仅为甲方提供信息存储空间，甲方将甲方研发并拥有自主知识产权的应用软件产品授权给乙方推广运营。乙方有权在其自有或其他商店、工具软件、论坛、网站、终端预装等渠道向用户提供授权产品的发行、推广、预装、复制生产，以及下载服务。"法院认定当贝公司依据软件开发者的授权，对涉案软件进行运营

---

[47] 参见张凌寒：《生成式人工智能的法律定位与分层治理》，《现代法学》2023年第4期，页130。

和推广,并且直接获得了经济利益,直接实施了在互联网提供电视网络实时转播的行为,最终法院认定当贝公司承担直接侵权责任。实际上,当贝市场与侵权软件运营者分工合作提供侵权节目的行为,已经使其脱离了传统网络服务提供者的身份,其应当承担直接侵权责任。

四、网络平台履行注意义务对主观状态认定的影响

(一) 网络平台注意义务的法理基础和法律定位

大陆法系将一般侵权行为分为"客观构成要件"(Objektiver Tatbestand)、"违法性"(Rechtswidrigkeit)、"有责性"(Verschulden)三阶层,其中"违法性"和"有责性"的判断有赖于行为人是否违反注意义务。一般认为,"违法性"中的"法"应作广义理解,包括具有普遍约束力的各级制定法、行业规范以及习惯。即便如此,也难以穷尽所有侵权行为,因此有必要将注意义务引入作为"违法性"的判断标准。同时,"有责性"为主观构成要件,即行为人是否具有"过错"。但是"过错"为主观心理状态,隐藏于行为人内心深处,他人难以获知,往往仅能通过外在客观行为进行合理推断。因此,基于现代侵权种类和手段的不断更新,出于易操作性和稳定性的考虑,学界普遍将违反注意义务作为"过错"的认定标准。[48] 不过,我国现行法中并没有对注意义务的一般规定,其散见于《社会保险法》《公司法》等特别法和司法解释等法律文件中,本文将从法理基础出发观察注意义务的法律体系定位。

网络平台注意义务的本质,可视为传统公共场所安全保障义务向虚拟空间的延伸。从条文表述上,《民法典》第1195条和第1197条规定的网络服务提供者负有"采取必要措施"的义务,与第1198条规定的"安全保障义务"法律效果一致,均要求行为人积极采取措施规避损害发生或扩大。第1198条虽然只是针对传统公共场所的规范,但是其位于"责任主体的特殊规定"一章,不能视为对虚拟空间经营者安全保障义务的排除。再者,从规制意义上,网络平台

---

[48] 参见骆电、蔡文蕾:《民商事审判中注意义务的判定》,载《人民法院报》2018年9月22日;李自柱:《算法推荐下网络服务提供者侵犯著作权责任的判断》,载知产财经网站 https://www.ipeconomy.cn/index.php/index/article/content/id/4864.html,2022年4月15日发布,2023年11月14日访问。

与传统公共场所同样具有开放性、交流性和社会性的特征,经营者对网络平台亦具有相当大的控制能力,两者具有相似的功能价值和法律地位。更进一步,根据危险控制理论,网络平台的运营过程开启了危险源,增加了侵权风险。因而有学者提出,将注意义务分配给网络平台,具有经济上的成本优势。[49] 需要说明的是,即便网络平台被认定为内容服务提供者,其与用户直接提供内容的行为不同,仍存在无过错的可能,进而存在注意义务的适用空间。

(二) 从履行注意义务程度判断网络平台主观过错

网络平台的注意义务按照程度可以分为"一般注意义务"和"善良管理人的注意义务"。"善良管理人的注意义务"来源于罗马法"善良家父"原则,即一个具有经验知识的人在诚实地处理事务的过程中具备最基本的注意,将得以免除法律责任。英美法在此基础上拟制出"合理人标准"。"合理人"有别于"善良家父",行为人并非经验丰富的长者,也并非智力超群的智者,其履行的注意义务更加符合公众对于一般人的认知和期待,对应学界普遍认可的"一般注意义务"。我国民法安全保障义务也采用类似标准。一般来说,如果义务人没有尽到善良管理人的注意义务,则构成一般过失;如果连一般注意义务都没有尽到,则通常被认定为故意侵权,若有其他证据证明确无故意,则可被认定为重大过失。随着"善良管理人的注意义务"向网络著作权侵权领域的延伸,逐渐发展出了"与信息管理能力相对应的注意义务"这一概念,作为网络平台是否尽到注意义务的判断依据。该概念与"善良管理人的注意义务"一致,要求网络服务提供者承担与其商业思维、认知能力相匹配的注意义务。具体应根据权利义务对等原则,综合考量其与现阶段技术发展状态相适应的技术能力、促进产业发展与对交易主体行为导向之影响等方面予以确定。除了"与信息管理能力相对应的注意义务"之外,网络平台需履行的还有"法定注意义务"和"更高的注意义务"。

1. 法定注意义务

网络平台的角色逐渐由被动服务者转变为内容传播参与者,更多的平台开始

---

[49] 参见张吉豫、汪赛飞:《数字向善原则下算法推荐服务提供者的著作权注意义务》,《知识产权》2022 年第 11 期,页 60;司晓:《网络服务提供者知识产权注意义务的设定》,载《法律科学(西北政法大学学报)》2018 年第 1 期,页 79。

承担重要的公共职能,国家对于网络平台的监管手段也更加严格,开始重视网络平台相关的多元注意义务。

目前,我国法律对互联网应用商店规定了明确的注意义务。2016年,国家互联网信息办公室发布的《移动互联网应用程序信息服务管理规定》规定,互联网应用商店服务提供者应当建立健全审核机制,配备专业人员对应用程序提供者进行合法性、安全性、真实性等审核,并且与应用程序提供者签订协议明确权利义务。[50] 2022年修订后的《移动互联网应用程序信息服务管理规定》再次延续和完善了上述平台管理义务。[51] 同时,国务院《互联网信息服务管理办法》规定了从事经营性互联网信息服务应具备的相关资质和备案流程。[52] 同时,国家广播电视总局《持有互联网电视牌照机构运营管理要求》(广办发网字〔2011〕181号文

---

[50] 国家互联网信息办公室《移动互联网应用程序信息服务管理规定》(2016年发布):

第8条:"互联网应用商店服务提供者应当对应用程序提供者履行以下管理责任:(一)对应用程序提供者进行真实性、安全性、合法性等审核,建立信用管理制度,并向所在地省、自治区、直辖市互联网信息办公室分类备案。……(三)督促应用程序提供者发布合法信息内容,建立健全安全审核机制,配备与服务规模相适应的专业人员。(四)督促应用程序提供者发布合法应用程序,尊重和保护应用程序提供者的知识产权。对违反前款规定的应用程序提供者,视情采取警示、暂停发布、下架应用程序等措施,保存记录并向有关主管部门报告。"

第9条:"互联网应用商店服务提供者和移动互联网应用程序提供者应当签订服务协议,明确双方权利义务,共同遵守法律法规和平台公约。"

[51] 国家互联网信息办公室《移动互联网应用程序信息服务管理规定》(2022年修订):

第20条:"应用程序分发平台应当建立健全管理机制和技术手段,建立完善上架审核、日常管理、应急处置等管理措施。应用程序分发平台应当对申请上架和更新的应用程序进行审核,发现应用程序名称、图标、简介存在违法和不良信息,与注册主体真实身份信息不相符,业务类型存在违法违规等情况的,不得为其提供服务。应用程序提供的信息服务属于本规定第七条规定范围的,应用程序分发平台应当对相关许可等情况进行核验;属于本规定第十四条规定范围的,应用程序分发平台应当对安全评估情况进行核验。应用程序分发平台应当加强对在架应用程序的日常管理,对含有违法和不良信息、下载量、评价指标等数据造假,存在数据安全风险隐患,违法违规收集使用个人信息,损害他人合法权益等的,不得为其提供服务。"

第21条:"应用程序分发平台应当依据法律法规和国家有关规定,制定并公开管理规则,与应用程序提供者签订服务协议,明确双方相关权利义务。对违反本规定及相关法律法规及服务协议的应用程序,应用程序分发平台应当依法依约采取警示、暂停服务、下架等处置措施,保存记录并向有关主管部门报告。"

[52] 国务院《互联网信息服务管理办法》:

第7条:"从事经营性互联网信息服务,应当向省、自治区、直辖市电信管理机构或者国务院信息产业主管部门申请办理互联网信息服务增值电信业务经营许可证。……"

第8条:"从事非经营性互联网信息服务,应当向省、自治区、直辖市电信管理机构或者国务院信息产业主管部门办理备案手续。……"

件）又对经营互联网电视业务的主体应取得相关牌照进行了规定。

依据上述法律规定，当贝市场侵权案中，从事经营性互联网信息业务必须获得增值电信业务许可，即使是非经营性业务也应当向省级信息产业主管部门备案。除此之外，由于涉案软件为互联网电视端的应用程序，依照国家对于互联网电视业务的相关管理规定，涉案软件的运营者还应当取得"互联网电视集成服务许可"和"互联网电视内容服务许可"，这是法定的基本业务要求，不符合上述强制性要求的主体不得从事相关业务。当贝公司作为互联网智能电视应用分发平台，即互联网应用商店的经营者，应当建立与其业务规模相匹配的审核团队，对在其平台内上线的涉案软件经营者及提供者履行监督管理职责，对其进行真实性、安全性、合法性等审核，确认其是否获得上述资质许可或者履行备案手续，对于违反相关规定的互联网应用程序应当视情况采取禁止上架、警示、暂停发布、及时下架等有效措施。同时，当贝公司应当建立信用管理制度，并向所在地省、自治区、直辖市互联网信息办公室备案。此外，根据法律规定，当贝公司还应当与其应用商店内软件的提供者签订书面协议。

近年来，越来越多的领域开始渗透行政管理层面的注意义务规定。但是，除了如该案例中明确规定网络平台负有知识产权法等私法上的审核义务外，对于单纯为保护公共利益设置的条款,[53] 只能承认平台负有行政管理上的审核义务，如果违反该义务将面临行政处罚等责任，并不能直接推导出其负有私法上的审核义务。[54] 否则，将会混淆公法与私法之间的界限，使私主体不合理地负担过重的注意义务。

2. 与信息管理能力相对应的注意义务

根据《信网权规定》第 9 条，法院可以根据提供服务的性质、方式及其引发侵权的可能性大小，以及应当具备的信息管理的能力来判断网络服务提供者是否构成应知。此后，学界逐渐开始采用"与信息管理能力相对应的注意义务"这一

---

53 2022 年《移动互联网应用程序信息服务管理规定》第 4 条："应用程序提供者和应用程序分发平台应当遵守宪法、法律和行政法规，弘扬社会主义核心价值观，坚持正确政治方向、舆论导向和价值取向，遵循公序良俗，履行社会责任，维护清朗网络空间。应用程序提供者和应用程序分发平台不得利用应用程序从事危害国家安全、扰乱社会秩序、侵犯他人合法权益等法律法规禁止的活动。"

54 参见解亘：《论管制规范在侵权行为法上的意义》，《中国法学》，2009 年第 2 期，页 67。

表述,并将其作为"善良管理人的注意义务"向网络著作权侵权领域的引申。[55]

"信息管理能力"缺乏明确的判断和量化标准,仍然难以划分注意义务的边界,从而导致司法实践中的认定难题。通过检索发现,近年来,大型知名网络平台如喜马拉雅平台、快手平台和抖音平台所涉及的网络著作权纠纷案中[56],法院似乎均首先判断存在侵权后果,再较为笼统模糊地认定网络平台违反与信息管理能力相对应的注意义务,继而认定其具有主观过错,构成著作权侵权。因此,现阶段亟须构建类型化标准,进一步明确网络平台注意义务的具体内容。本文将从其提供的服务类型和行为方式两个维度切入。

网络平台提供的服务类型是判断其承担注意义务的首要因素,对内容的识别和控制能力越强,需要履行的注意义务程度越高。按照不同的类型,基础服务、信息定位服务、信息存储服务和开放平台服务的提供者,依次承担从低至高的注意义务。首先,对于提供信息接入、自动传输、缓存等基础服务的网络平台,虽然客观上参与了侵权内容的传播,但是其仅是依照用户指令提供基础服务和技术方案,对内容的识别和控制能力几乎为零,除有证据证明其明知提供的服务能够引发或扩大侵权等特殊情形外,此类基础服务提供者对其服务引发的侵权不具有过错,不承担侵权责任。其次,对于提供信息定位服务的网络平台,我国《信息网络传播权保护条例》将其分为链接和搜索服务。其中,提供搜索链接服务的,与前述基础服务提供者的"被动性"不同,其可以通过链接本身的关键词、摘要等线索初步识别链接内容,也可以直接接触被链内容。而且从技术层面上,根据被链内容呈现方式的不同,信息网络提供者提供的链接分为浅层链接和深层链接,其中深层链接又包含加框链接、埋设链接等类型。不同的链接类型掺入和凝结了网络平台经营者不同强度的工作投入,意味着其对内容的控制能力也有所差异。对于提供搜索服务的,搜索引擎提供者往往在全自动搜索框外,还对用户可能感兴趣的内容提供关键词推荐、热度排行和引导搜索等服务,此类服务更具主动性和积极性的特点。总的来说,提供信息定位服务的网络平台对内容的控制和

---

[55] 参见任安麒:《网络服务平台算法推荐的著作权侵权认定规则》,《北京航空航天大学学报(社会科学版)》,2023年第3期,页193;梁志文:《网络服务提供者的版权法规制模式》,《法律科学(西北政法大学学报)》,2017年第2期,页107;王杰:《网络存储空间服务提供者的注意义务新解》,《法律科学(西北政法大学学报)》,2020年第3期,页102。

[56] 北京知识产权法院(2022)京73民终929号民事判决书、上海知识产权法院(2021)沪73民终495号民事判决书、上海知识产权法院(2022)沪73民终315号民事判决书。

管理能力较强，应承担比前述两类基础服务提供者更高的注意义务。接下来，提供信息存储服务的网络平台为用户提供存储信息和发布信息的服务，由于侵权内容直接存储在其服务器上，并借助其服务器对外发布，也即其提供的服务是构成侵权的必要前提条件，因此基于其服务类型，应当承担与商业模式和技术手段相匹配的注意义务。最后是开放平台服务的提供者。该服务是指把网站的服务封装成一系列计算机易识别的数据接口开放出去，供第三方开发者使用。应当注意的是，并非所有平台服务提供者都提供了信息存储服务。以脸书（Facebook）为例，所有应用只是以网络平台为入口，真正的交互发生在应用开发者和用户之间，网络平台只是提供了链接服务。但是，为了保证平台的正常运营，在软件上架之前，平台不可避免地会对其应用提供的服务和技术进行事前审查或测试，以确保应用软件的正常接入和运行。当贝市场案中，其所提供的即开放平台服务，原告未来电视公司在诉讼中提交了当贝市场官网发布的《当贝市场应用审核标准》，第3条规定了应用软件的上架流程。其中第3项规定：应用提交后，当贝市场审核人员会根据应用测试不同的硬件环境，给予测试报告，应用审核完毕后方可上架，审核时间为2小时。换言之，当贝市场有能力通过其软件审核测试程序知晓涉案软件提供的内容，其作为开放平台服务提供者，承担的注意义务当属最高。

明确网络平台提供的服务类型后，可以进一步通过其不同的行为类型判断其注意义务要求的高低。网络平台上呈现给用户的内容一般可分为三类：第一类是用户自行制作和上传的内容，网络平台的注意义务一般限于履行"通知-删除"义务；第二类是等同于网络平台上传的内容，则需要履行最为严格的注意义务，即确保内容不会侵犯他人合法权益，但是，不同于用户直接上传，若平台能够证明不具有过错，如已尽到最大努力事先向上传者充分核实权属文件，以及利用高标准技术手段对上传内容是否侵权进行比对和排查等，则可免除承担责任；第三类则是网络平台对用户内容进行编辑、推荐、分类、整理、设置榜单等行为呈现出来的内容。《信网权规定》第9条将"是否主动对作品、表演、录音录像制品进行了选择、编辑、修改、推荐等"作为认定网络平台主观是否"应知"的重要因素，但是应当注意的是，虽然此类行为在一定程度上融入了网络平台人为干预的行为和意志，但是不能认为其实施了推荐等行为即视为其"应知"，仍应结合网络平台是否积极采取了预防侵权的合理措施、是否设置了便捷的侵权处理机制等进行综合判定。同时，也并不意味着法律为所有实施推荐等行为的网络平台赋予审查义务。否则，一旦网络平台上出现侵权内容，网络信息服务提供者便需要承担法律责任，这将会无限制地增加其侵权风险和运营成本。因此，在实践中，应当根据网络平台实施的整理、分类、推荐等行为的参与程度进行具体认定。

首先，如果网络平台实施的推荐、修改等干预行为属于受著作权专有权利控制的行为，其在身份上应属于内容服务提供者，应当承担实质审查义务，如果涉及的内容侵犯了他人的著作权，除非能够证明其不具有主观过错，否则应认定构成直接侵权。例如，网络平台对用户上传的内容进行算法推荐或人工推荐，平台根据热点话题、访问搜索数量以及用户浏览偏好等因素向其他用户进行推荐，深度介入和参与内容的生成和传播，对呈现给用户的内容具有决定权和控制权。换言之，平台决定推送何种内容给用户观看的时候，平台需要对此种算法决策行为负责。有学者提出观点，认为平台并非内容上传者系导致其不构成内容提供者的因素之一。[57] 但是，即便算法推荐内容的上传者并非网络平台本身，网络平台通过设置共享文件或者利用文件分享软件等方式（能够达到与上传作品相当程度的行为），将权利内容置于信息网络中，使公众能够在个人选定的时间和地点以下载、浏览或者其他方式获得权利内容的，根据《信网权规定》第3条的规定[58]，也视为网络平台实施了侵害信息网络传播权规制的提供行为，其身份便不再是单纯的网络服务提供者，故应对其提供的作品负有严格的实质审查义务。类似的分享行为模式在"上海F东方诉B网盘案"[59] 中也得以印证。在该案中，用户只需提供相应的下载链接并使用B网盘的离线下载功能，B公司便将存储于B网盘并由其控制的涉案影视作品提供给用户。法院审理后认为，离线下载功能对用户提供的下载链接进行解析并在网盘存储的文件中进行匹配，使用户直接获得涉案影

---

[57] 参见李自柱：《算法推荐下网络服务提供者侵犯著作权责任的判断》，载知产财经网站 https://www.ipeconomy.cn/index.php/index/article/content/id/4864.html，2022年4月15日发布，2023年11月14日访问。

[58] 《最高人民法院关于审理侵害信息网络传播权民事纠纷案件适用法律若干问题的规定》第3条规定，"网络用户、网络服务提供者未经许可，通过信息网络提供权利人享有信息网络传播权的作品、表演、录音录像制品，除法律、行政法规另有规定外，人民法院应当认定其构成侵害信息网络传播权行为。通过上传到网络服务器、设置共享文件或者利用文件分享软件等方式，将作品、表演、录音录像制品置于信息网络中，使公众能够在个人选定的时间和地点以下载、浏览或者其他方式获得的，人民法院应当认定其实施了前款规定的提供行为。"

[59] 广州知识产权法院（2019）粤73民终3881号民事判决书。

视作品而不发生真实的数据传输,且不论用户使用其他工具通过该下载链接是否能够获得涉案影视作品,该功能已经超出了存储服务的范畴,即便 B 公司不是最初上传者,其行为仍然构成《信网权规定》第 3 条规定的"提供行为",从而可认定 B 公司属于内容提供者。

其次,网络平台对用户上传的内容进行实质修改,用户上传的内容已经成为其创作素材,其对作品修改成果的传播行为也应当视为直接提供行为。同理,此时平台应属于内容服务提供者,对其修改的内容应负有实质审查义务。如果其修改并传播的内容侵犯了权利人的著作权,其应承担直接侵权责任。不过,有学者认为对于改变格式、添加 logo(标志)等不针对特定主体的技术性编辑,不会产生将内容"作为己有"的法律效果,从而不能认定网络平台直接提供了相关内容。[60] 此观点难以解决技术发展带来的新变化,原因在于,随着新的侵权类型的激增,即便是针对不特定主体所进行的修改行为,如果创设此技术手段的目的就是意图实施或者促进侵权行为,也应认定其在身份上已经由网络服务提供者转变为内容服务提供者。例如某头部短视频平台在视频创作页面提供的"一键发布成片"功能,用户在使用此功能上传视频时,平台利用技术手段对视频画面进行放大,从而将侵权视频标识的权属 logo 排除在画面之外,而且此功能除了实现去除上传内容的权属标识功能外,不具有其他合理作用。对于此类行为,虽然信息网络服务提供者是针对不特定主体进行的技术上的修改,也应认定其修改行为产生了将内容"作为己有"的法律后果,一旦其诱导用户点击发布,此时该平台便系真实的上传者,直接实施了受信息网络传播权控制的提供行为。

如果网络平台进行了整理、分类、推荐等干预行为,但是没有实施受著作权专有权利控制的行为,则不应当对其赋予实质审查义务,而应承担法定注意义务和"与信息管理能力相对应"的注意义务。应当注意的是,"与信息管理能力相对应"的判断标准并非指网络服务提供者本身的体量和规模大小,大型网络服务提供者的技术能力和治理手段强于中小型企业,但是其应对的侵权规模和行为类型更加复杂多变;中小型网络服务提供者虽然技术能力有所限制,但是其平台的

---

60 参见王迁:《视频分享网站著作权侵权问题再研究》,《法商研究》2010 年第 1 期,页 90;李夏旭:《网络平台间接侵权责任的法理基础与体系展开》,《比较法研究》2023 年第 3 期,页 182—183。

侵权风险也相对较小,可采取人工监管的方式补足技术的差异。理论上,网络平台不论规模大小均应当承担平等的注意义务。因此,"与信息管理能力相对应"的注意义务更侧重于要求网络平台承担与其身份定位和行为类型相匹配的注意义务。

例如在当贝市场案中,用户进入当贝市场后,点击左侧"热门应用",无需搜索即可直接找到"电视家"软件,点击进入即可完成下载安装。当贝市场的行为虽然属于对侵权软件的整理、分类和推荐,但是该行为不能直接控制和决定用户的选择,不属于著作权具体权项规制的行为,例如信息网络传播权控制的上传至服务器或设置共享文件的提供行为。因此,不宜因当贝市场的推荐等行为认定其具有实质审查义务,但是,不影响其承担与其"信息管理能力相对应"的注意义务。该案中,当贝市场作为知名互联网电视软件应用市场,规定了严格的软件上架审核要求,日常也会对平台内软件进行一般维护及宣传推广,对涉案软件具有较强的参与度和信息管理能力,能够轻易发现平台内的侵权内容,特别是长时间、全时段盗播中央电视台各频道的明显侵权行为。再者,据裁判文书网显示,当贝市场曾因相同侵权行为多次涉诉,理应针对同类侵权行为进一步提高检查和处理力度。在此前提之下,基于商业认知能力,当贝市场足以清晰地认知"电视家"软件存在持续侵权行为,但未采取任何有效措施,使该软件持续存在于当贝市场平台并随时可供下载,明显违反"与信息管理能力相对应"的注意义务。

3. 更高的注意义务

除了"法定注意义务"和"与信息管理能力相对应"的注意义务外,理论和实务界逐渐确立了网络平台在特定背景下承担的更高注意义务。《信网权规定》第11条规定网络服务提供者从网络用户提供的作品、表演、录音录像制品中直接获得经济利益的,应当对侵权行为负有较高的注意义务。当贝市场案《当贝市场应用审核标准》第2.1条规定,付费应用必须使用当贝市场提供的支付接口,并且在支付接口接入后,必须与当贝市场签订合作分成协议。用户使用"电视家"软件时,该软件对部分内容提供收费服务,收款主体显示为经营者电视家公司,当贝市场会按照协议约定的比例进行分成,是直接经济利益获得者,应当负有较高的注意义务。

此外,针对特定知名作品,国家版权局、广电总局等国家相关部门会在节目播出前发布预警名单，权利人也会公开发布版权保护声明，以预防和遏制版权侵权行为。例如杭州第 19 届亚运会召开时，国家版权局于 2023 年 9 月 22 日在官网上发布了《2023 年度第十二批重点作品版权保护预警名单》[61]，要求直接提供内容的网络服务商未经许可不得提供杭州第 19 届亚运会相关赛事节目，提供存储空间的网络服务商应禁止用户上传版权保护预警名单内的作品。同时，中央广播电视总台 2023 年 9 月 21 日发布《关于杭州第 19 届亚运会版权保护的声明》[62]。声明中提到除中国移动咪咕、抖音、腾讯、快手、上海五星体育频道等已获授权机构外，其他任何机构或个人均不得在中国内地及中国香港、澳门、台湾地区通过任何方式使用杭州亚运会音视频节目内容、广播电视信号或任何相关视听素材。此时网络平台应当承担更高的注意义务，包括完善内容过滤机制，如架构视频基因对比库，设置关键词筛查，追溯视频权属文件，以及设置版权监控小组，实时对侵权内容进行数据监控、删除下架、通知警告等。在"W 电视诉 L 市场案"[63]中，法院明确将预警名单作为网络平台应提高注意义务的依据，其中判决说理部分认为，在国家版权局已发布《2022 年度第一批重点作品版权保护预警名单》、中央电视台直播冬奥会赛事正在如火如荼进行中的情况下，L 市场仍然可以下载安装涉案 APP（应用程序），应当认定 L 市场的经营者主观上对涉案应用直播涉案节目的侵权行为明知或应知，具有明显主观过错，客观上也为侵权行为提供了帮助和便利，须承担共同侵权责任。

同时，同一主体多次侵权、同一侵权内容重复侵权，或者权利人针对同类型侵权行为进行发函等使侵权内容"有迹可循"的情形，往往也要求网络平台承担更高的注意义务。在司法实践中，最高人民法院在"F 公司诉 B 公司案"[64]二审中特别强调了网络平台应对曾经采取过删除措施的内容履行更高水平的注意义务。最高法在判决中指出，B 公司不应仅因为该律师公函不符合通知的要件就对

---

[61] 《2023 年度第十二批重点作品版权保护预警名单》，载国家版权局官网，https://www.ncac.gov.cn/chinacopyright/contents/12547/358369.shtml，2023 年 9 月 22 日发布，2024 年 7 月 9 日访问。

[62] 《中央广播电视总台关于杭州第 19 届亚运会版权保护的声明》，载央广网，https://ad.cnr.cn/hyzx/20230928/t20230928_526435860.shtml，2023 年 9 月 22 日发布，2024 年 7 月 9 日访问。

[63] 天津市第三中级人民法院（2023）津 03 民终 659 号民事判决书。

[64] 最高人民法院（2009）民三终字第 2 号民事判决书。

其视而不见、置之不理，其有义务与F公司联系协商，以得到符合条件的通知或者其他信息，使其能够采取合理的措施停止对侵权结果的链接。但其没有采取任何行动，对继续传播侵犯F公司权利的作品所导致的损失应负有一定的责任。此外，在"H唱片公司诉Y公司案"[65]中，H唱片公司向提供MP3搜索服务的Y公司中国网站发函，要求其删除指定的演唱者和歌曲的侵权内容，并列举了7个侵权链接作为示例，Y公司中国网站的运营者A公司接到通知后仅删除了此7个链接。对此，法院认为A公司作为专业搜索引擎提供商，按照自己的意志对歌曲音乐进行搜集、整理和分类，应当知道也能够知道其网站提供的搜索、链接的录音制品的合法性，尤其是当权利人要求A公司予以删除后，A公司更应注意到涉案歌曲录音制品的合法性并采取相应的措施，但A公司仅对H唱片公司提供了具体地址的7个搜索链接予以删除，而未删除与涉案歌曲录音制品有关的其他搜索链接，没有尽到注意义务，主观上具有过错。概言之，网络平台在被提示或者能够预见到侵权内容存在时，负有更高的注意义务，应主动采取有效措施制止侵权行为。

五、网络平台著作权侵权责任类型的再定位

网络平台的身份是属于内容服务提供者抑或是网络服务提供者决定了其直接侵权或者间接侵权的行为类型，而侵权人的主观状态以及是否存在意思联络又进一步决定其承担责任的方式和份额。

（一）网络平台过失侵权的适用空间

我国学界普遍认为间接侵权责任一般是指共同侵权责任之下的帮助侵权。[66]司法实践中不少判例直接通过行为人客观上违反注意义务，推定其主观上构成明

65　北京市高级人民法院（2007）高民终字第1190号民事判决书。
66　最高人民法院民法典贯彻实施工作领导小组：《中华人民共和国民法典侵权责任编理解与适用》，人民法院出版社2020年版，页270；王利明主编：《中国民法典评注侵权责任编》，人民法院出版社2021年版，页200。

知或应知,进而判定其构成帮助侵权。[67] 但是此种归责路径的法理基础始终存在争议,原因在于帮助侵权以行为人具有主观故意为前提,而违反注意义务仅能够作为过错的判断标准,不能直接推断其主观为故意或过失。在过失帮助的情形下,行为人对结果可预见性较弱,如果将帮助侵权过失化,使其承担共同侵权体系下的连带责任,不具有法理上的正当性。因此,需要明确网络平台主观过失造成侵害发生的情形,以便在共同侵权框架外进行独立法律评价。

网络平台主观状态的判定有赖于行为人的客观行为表现,而是否履行注意义务作为客观行为的外在体现,系行为人主观状态判断的重要标准。注意义务按照程度分为一般注意义务和善良管理人的注意义务。如果网络平台履行了一般注意义务,但是没有达到善良管理人的注意义务,在没有其他证据证明网络平台具有故意时,应当认定其为过失侵权。目前,网络平台的过失行为一般体现为进行了相应审核,但没有达到与其"信息管理能力相对应"或者尽到"更高的注意义务"的程度。

在"Y出版社诉T网案"[68] 中,某商户在T网销售盗版图书,T网对该商家的会员注册资料进行了审核,在权利人发送通知后对侵权商品及时做了下架处理。法院审理后认为,T网虽然进行了上架审查,但是在内容中遗漏了对商家经营资质证明的审查,不具有全面性,不符合权利义务相对等原则,成立过失侵权。再如"杭州H酒店诉北京H公司案"[69] 中,杭州H酒店与深圳坚果公司签订《坚果酒店3D智能影院设备销售合同》,合同约定杭州H酒店委托深圳坚果公司在房间中安装播放设备并向公众提供影片播放服务,其中播放的某电影侵害了北京H公司享有的著作权,北京H公司起诉至法院要求杭州H酒店承担侵权责任。该酒店辩称,涉案作品由深圳坚果公司提供,在签订合同前,已经对深圳坚果公司的运营资质等资料进行了审核,并且在发现侵权后第一时间下架了涉案作品,不构成侵权。最终法院审理认为,杭州H酒店作为委托方有义务审核深圳坚果公司提供的作品是否获得合法授权,虽然在签订合同前进行了相应的资质审查,但没有对每部作品进行逐一审查,没有全面尽到注意义务,对侵权后

---

[67] 北京互联网法院(2024)京0491民初4326号民事判决书、北京知识产权法院(2024)京73民终956号民事判决书、广州知识产权法院(2023)粤73民终2288—2291号民事判决书等。

[68] 北京市东城区人民法院(2009)东民初字第02461号民事判决书。

[69] 北京知识产权法院(2021)京73民终3693号民事判决书。

果的发生负有相应的过错，亦应当承担相应的侵权责任。虽然该案中法院没有直接认定过失侵权，但是采用"相应的"侵权责任，而并非"连带责任"的表述，实际上暗含着承认被告作为委托者对侵权行为的发生在主观上存在过失。可见，当网络平台履行了一般注意义务但不到位时，一般应认定其不具有主观故意，成立过失侵权。

但是，对于过失侵权的认定也需秉承审慎态度。有学者认为网络平台在接到侵权通知后因人力或其他资源投入不足，未及时删除相关内容应为过失，[70] 该观点弱化了平台的责任。正如上文所述，不论网络平台规模大小均应承担平等的注意义务，在平台建立之初即应根据引发侵权的可能性大小匹配相应的侵权处理机制，并在日后的发展中不断发展完善，除能够证明确实发生极特殊情况导致未能及时删除侵权内容，且已经在合理时间内作出补救措施的情况外，均应认定网络平台对侵权的发生具有故意。

（二）网络平台与用户间意思联络的达成与侵权责任的承担

网络平台的身份属于内容服务提供者时，其承担的著作权侵权责任为单独的直接侵权责任，或者与用户分工合作的直接侵权责任。当其身份属于网络服务提供者时，其承担的责任一般为帮助行为引发的间接侵权责任。与美国法独立评价间接侵权责任不同，我国直接侵权和间接侵权责任均处于共同侵权体系之下，要求网络平台与用户之间存在"共同故意"，即主观的意思联络，有共同追求的目标并为该目标而努力。近年来，逐渐有学者质疑共同侵权作为网络平台连带责任理论基础的正当性，指出网络平台与用户之间缺乏共同故意，除对用户的侵权行为主观"明知"外，其他情形应成立数人同时侵权而并非共同侵权。[71] 也有学者提出，应将网络平台因帮助、教唆等行为引发的间接侵权责任作为单独责任，脱离于共同责任之外。[72]

其实，基于网络平台的强势主动地位，只要通过客观情形判断出其对侵权行

---

[70] 参见李夏旭：《网络平台间接侵权责任的法理基础与体系展开》，《比较法研究》2023 年第 3 期，页 175。

[71] 参见李夏旭：《网络平台间接侵权责任的法理基础与体系展开》，《比较法研究》2023 年第 3 期，页 180。

[72] 参见司晓：《网络服务商知识产权间接侵权研究》，北京大学出版社 2016 年版，页 38。

为主观为"明知"或"应知",且未采取必要措施,甚至与用户共同实施受专有权利控制的行为,即可认定其与用户之间存在意思联络,无须诉诸数人同时侵权或者创设独立的间接侵权责任,否则将导致法律适用不当,也无益于平台责任划分,可能造成平台经营者轻易逃避责任的不利后果。具言之,对于平台"明知"或"应知"的认定,可以通过其注意义务的履行程度判断。如上文所述,如果网络平台仅履行一般注意义务,未履行善良管理人的注意义务,则应认定为过失;但是如果连一般注意义务都未履行到位,应判断平台主观属于"明知"或"应知",在此种主观状态之下,如果网络平台未对侵权内容采取合理措施,甚至共同实施受专有权利控制的行为,则与用户之间成立共同侵权的意思联络。此时网络平台与用户之间的意思联络不同于典型的意思联络体现的事先共谋、策划或者分工,更类似于一种"达成式"意思联络。当贝市场案也是如此。当贝市场事先告知用户将对其主体资质、上传内容进行事先审核,用户仍然申请将侵权软件上架,平台通过审核"知道"软件不具有合法资质,并且提供侵权内容,但是仍然放任其上传并供他人下载,在平台采取放任态度之时,其与用户之间达成了共同侵权的意思联络。进一步,基于当贝市场实际从事了共同提供、共同运营的行为,法院认定其构成分工合作的共同直接侵权。

基于以上分析,如果网络平台与用户双方之间达成意思联络,成立共同故意侵权,按照《民法典》第1195条、第1197条的规定承担连带责任。相反,如果网络平台与用户不存在意思联络,则分为两种情况:第一种是主观过失,但客观上对用户的侵权行为产生了帮助,此时网络平台构成《民法典》第1172条规定的部分因果关系型无意思联络的同时侵权,在其过错范围内承担相应的责任,难以确定责任大小的,网络平台与用户平均承担责任;第二种是网络平台单独实施受著作权专有权利控制的行为,独立承担直接侵权责任。

结语

随着互联网、大数据和人工智能等信息技术的不断迭代发展,网络平台强大的数字优势和访问控制能力让其披上了守门人的角色外衣,其生成或传播的内容正在产生广泛且深远的公共影响。网络平台的身份也逐渐由网络服务提供者向内容服务提供者发生转变。网络平台从一般中介者发展为控制主体后,兼具公平责任和危险责任。前者基于经营开放式网络平台的基本监管责任，后者则源于网络平台开启对第三方损害风险源而产生的相应避险责任。经营者被赋予积极治理网络平台的权利，实际上系要求其采取积极措施监管风险并保护第三方合法权益，进而控制平台自身责任泛化。

同时，网络平台的不同身份意味着从事相同的行为将面临不同的法律后果，也对应不同程度的注意义务。这要求政策制定者、监管机构和司法裁判者在加强网络平台经营者监管和处罚力度的同时又不能脱离法律框架，须自法学基本理论出发，明确网络平台的侵权责任类型和责任承担方式，从而寻求一条既有利于构建平台秩序体系，又能促进产业向善发展的新道路。

【编辑助理：王醴弘】

· 论 文 ·

商业秘密保护单独立法研究

李春晖　季冬梅 [1]

摘要：我国当前对商业秘密的保护主要依托于《反不正当竞争法》，形成了民事、行政与刑事多重保护模式。该法自1993年实施至2019年修订，虽有进步，但仍面临取证难度大、赔偿金额低、司法体系不协调等问题，导致权利人偏好刑事程序而可能引发程序滥用。此外，劳动者流动中的商业秘密保护、行政机关与司法机关的信息泄露问题，以及互联网时代的新挑战均未得到有效解决和应对。借鉴美国、欧盟、日本和韩国相关经验，以单独立法构建更为系统、有序、自洽且全面的商业秘密保护体系，既符合国际发展趋势，也是国内外商业秘密保护实践的需要。单独立法需关注的关键点包括：商业秘密的产权属性、保护中的利益平衡、政府与司法机关的商业秘密保护义务、与国家保密法规的衔接、跨境保护机制，以及救济原则等。立法框架则应包含总则、商业秘密的取得与丧失、权利限制、侵权责任、国家与公共利益考量及附则等内容。

---

[1] 作者简介：李春晖（1973— ），男，湖北巴东人，北京大学法学博士，天津大学法学院副教授，主要研究方向为知识产权法、科技法；

季冬梅（1994— ），女，江苏沭阳人，北京大学法学博士，首都经济贸易大学法学院讲师，主要研究方向为知识产权法、科技法。

关键词：商业秘密；技术秘密；立法；反不正当竞争法；商业秘密保护法

基金项目：本文是国家知识产权局 2019 年度资助研究项目""知识产权现代化治理'专题研究"之子课题成果（研究项目负责人为北京大学国际知识产权研究中心主任、北京大学法学院教授易继明）；以及商务部外贸发展事务局委托的 2020 年"商业秘密保护"专题调研成果。

目次：

一、我国商业秘密保护之历史和现状
   （一）我国商业秘密保护之历史
   （二）我国商业秘密保护之现状

二、我国商业秘密保护单独立法之必要性、合理性
   （一）我国商业秘密保护之不足
   （二）商业秘密保护之新挑战
   （三）商业秘密单独立法优于分散立法

三、商业秘密保护单独立法的域外经验
   （一）美国：DTSA 推动联邦商业秘密保护一体化
   （二）欧盟地区：《商业秘密保护指令》下的统一标准与各国立法差异
   （三）日本：以《不正当竞争防止法》为主导的保护模式
   （四）韩国 UCPA：针对商业秘密在市场竞争中的专门立法保护

四、我国商业秘密保护单独立法的重点和难点问题
   （一）知识产权法价值体系的协调
   （二）利益的均衡和防止权利滥用
   （三）商业秘密的国际保护或跨境保护
   （四）救济的原则和途径

五、我国商业秘密保护单独立法之总体原则和方案
   （一）我国商业秘密保护单独立法之总体原则
   （二）我国商业秘密保护单独立法之结构方案

一、我国商业秘密保护之历史和现状

（一）我国商业秘密保护之历史

1. 我国商业秘密保护的萌芽

尽管我国知识产权立法始于清末民初,[2] 但其并未持续付诸实施。现行知识产权制度是在内部的对外开放压力和外部的知识产权保护压力[3]下形成的。其制度模式和基本内容,系在我国当时的科技成果管理制度[4]基础上,移植西方知识产权制度的结果。

就我国原科技成果制度而言,私权意识尚不浓厚,对保密主要是从公法视角考虑的。在改革开放前期和初期,我国尚未建立社会主义市场经济制度,没有成熟的市场竞争环境,企业缺乏竞争和自主研发动机,私法上的商业秘密保护缺乏存在的基础。故科技成果制度的侧重点在于国家对科技成果"所有权"的享有,相应地,有关保密制度主要是从国家安全角度来考虑。[5] 例如,1986年发布的《国务院关于促进科技人员合理流动的通知》[6]、1988年发布的《国务院办公厅转发国家科委关于科技人员业余兼职若干问题意见的通知》[7],所考虑的

---

[2] 1881年,应我国早期民族资产阶级代表人物郑观应之请求,光绪皇帝批准了上海机器织布局采用的机器织布技术享有10年专利（仍属皇权钦赐范畴）;1898年戊戌变法期间,光绪皇帝颁布了《振兴工艺给奖章程》,但并未付诸实施。参见赵元果:《中国专利法的孕育与诞生》,知识产权出版社2003年版,页5—6。

[3] 1979年1月1日中美正式建交,中美随即展开了丰富的全方位交流,包括科技、文化交流和合作。在美国的强烈要求下,在1979年1月31日签订并生效的《中华人民共和国国家科学技术委员会和美利坚合众国能源部在高能物理领域进行合作的执行协议》中纳入了宽泛的知识产权条款。原国家科委于1979年3月19日组建了专利法起草小组,并根据国务院有关批示于1980年初组建了中国专利局。

[4] 原国家科委1978年11月11日发布并实施了《国家科委关于科学技术研究成果的管理办法》。

[5] 例如原国家科委拟定,1981年11月7日国务院批准的《科学技术保密条例》。

[6] 该通知第8条规定:"八、科技人员调离原单位不得私自带走原单位的科技成果、技术资料和设备器材等,不得泄露国家机密或侵犯原单位技术权益。如有违反,必须严肃处理。"

[7] 该通知第2条规定:"二、科技人员业余兼职可以由本单位安排,也可以由技术市场中介机构或者科技人员根据技术市场的情况,特别是广大乡镇企业的需要自行联系。但有下列情况之一的,科技人员所在单位可以决定科技人员暂不兼职:（一）不认真做地本职工作或者不积极承担本单位分配的任务的;（二）担负的工作涉及国家机密,从事兼职活动可能泄露国家机密的;（三）承担国家科技攻关或者本单位重要任务,在此期间兼职可能影响完成国家计划和本单位任务的;（四）因与兼职单位存在利害关系或者其他可能影响公正办事的情形,应当回避在该单位兼职的。"

均为"国家机密"问题,系公法视角。私权角度则仅以"技术权益"笼统称呼,仍如《国务院关于促进科技人员合理流动的通知》,尚未跟保密相关联。

就所移植的西方知识产权制度而言,尽管《保护工业产权巴黎公约》(以下简称《巴黎公约》)时代已有保护商业秘密的判例,但相对于其他知识产权,商业秘密的地位在前期并不显著。后来世界贸易组织《与贸易有关的知识产权协议》(TRIPs协议)引用被认为是保护商业秘密之国际法渊源的《巴黎公约》第10条第2款,但其仅提及反不正当竞争,而并未明确提及商业秘密保护(或未披露信息)。20世纪50年代,国际贸易中开始出现对"know-how"的保护,通译为专有技术或技术诀窍,[8] 尽管国际商会于20世纪60年代首次规定专有技术是指"有利于实现经济目的的技术及其实际适用所必需的秘密性技术知识,或这类知识的积累",但该词汇初期的语义和使用场景往往暗示了其似乎仅为专利或科技成果之公开部分的补充——这从"know-how"一词中即可发现其端倪,即并非某项技术的主体,而是对主体技术之实施不可或缺的实操技艺。

随着对外开放和国际技术合作交流的推进,交易中的商业秘密[9]能否得到保护攸关投资者的信心和对外开放进程的进行,在中外国际条约中,开始出现对技术秘密、商业秘密的保护要求。典型者例如在中国与美国的各种协议中,出现了"保密性质的情报""商业秘密""技术诀窍"等说法,[10] 前者即"保密信息",其在用法上覆盖商业秘密和技术诀窍(商业秘密似与技术诀窍并列而并非其上位概念)。1986年《中国和民主德国科学技术合作协定》则正式出现了技术秘密一词。国内法律法规则开始强调合同当事人的保密义务以及有关政府部门对私主体之技术秘密和业务秘密的保密义务。后者如1984年《水污染防治法》、1987年《中华

---

[8] 例如,1980年《中国国际贸易促进委员会和法兰西共和国全国工业产权局关于解决中法工业产权贸易争议的议定书》、1984年《中华人民共和国政府和德意志民主共和国政府经济合作协定》使用"技术诀窍"一词;1987年《中华人民共和国和苏维埃社会主义共和国联盟科学技术合作共同条件》使用了"专有技术""专有技术资料"。

[9] 如1983年《中外合资经营企业法实施条例》涉及"专有技术"。又如1985年《中华人民共和国技术引进合同管理条例》在合同标的类别中列入了"专有技术"——第2条:"本条例规定的技术引进是指中华人民共和国境内的公司、企业、团体或个人(以下简称受方),通过贸易或经济技术合作的途径,从中华人民共和国境外的公司、企业、团体或个人(以下简称供方)获得技术,其中包括:……(二)以图纸、技术资料、技术规范等形式提供的工艺流程、配方、产品设计、质量控制以及管理等方面的专有技术……"

[10] 如1986年《中华人民共和国林业部和美利坚合众国内政部关于自然保护交流与合作议定书及附件》,以及中美各部门间同一时期签订的各种协议,如邮电部、煤炭工业部、水利部等。

人民共和国大气污染防治法》等。前者如 1983 年《中外合资经营企业法实施条例》第 2 条首次规定了当事人保密义务。[11] 随后的《技术合同法》（1987 年）和《中华人民共和国技术合同法实施条例》（1989 年）均仅涉及合同中的保密义务，还谈不上对商业秘密（技术秘密）的真正保护。作为合同标的，其采用了"非专利技术"这一用语，开始与获得绝对财产权属性的专利相区分，但是该概念与"技术秘密""商业秘密"还有一定差距，例如其并不以任何保密措施为保护的前提。总之，改革开放的最初 10 年左右，我国立法在现今看来的包括技术秘密在内的商业秘密保护问题上没有发生根本性的变化，进展主要在于针对技术引进中存在的问题，重在保护交易安全，故当时的立法理念和价值取向强调保密义务，缺乏对商业秘密、专有技术本身的法律属性的认知，[12] 相关法律主要是从调整相对关系的角度展开，针对在技术委托开发合同、技术转让合同等相对性的法律关系中产生的权利义务关系进行规制和调整。因此，这一阶段的立法对于商业秘密的保护存在局限，当不受合同关系约束的第三人从事独立的侵犯商业秘密的行为时，缺乏追究其法律责任的依据，导致商业秘密持有人的利益受损。

2. 我国商业秘密保护制度的初步确立

随着改革开放的进行和市场经济的发展，竞争愈加激烈，中国出现愈来愈多的侵犯商业秘密尤其是技术秘密的情况。除了对商业秘密的非法窃取之外，随着市场环境更加宽松自由，企业和个人的自主性大大提升，员工流动性也随之加强，员工"跳槽"成为普遍现象。员工在流动过程中，不可避免地使用早先积累的经验和知识，这就给企业带来包括技术秘密在内的商业机密泄露的风险。因此企业对商业秘密法律保护的需求日益提升，并体现于司法保护中。

1991 年《民事诉讼法》首次从诉讼程序保密的角度提及商业秘密。1994 年《劳动法》（后经 2009 年、2018 年两次修订）仍从保密义务的视角，规定了劳动关系中商业秘密的法律保护。刑法上，尽管起初尚无侵犯商业秘密罪的条文，但在 1979 年《刑法》中，可类推适用盗窃罪条文：侵犯商业秘密的，可视为盗窃

11　《中华人民共和国技术引进合同管理条例》第 7 条规定："受方应当按照双方商定的范围和期限，对供方提供的技术中尚未公开的秘密部分，承担保密义务。"

12　参见黎聪：《中国商业秘密立法发展及反思》，《中国专利与商标》2019 年第 2 期，页 68—69。

财产，以盗窃罪定罪处罚。1992年12月11日最高人民法院、最高人民检察院《关于办理盗窃案件具体应用法律的若干问题的解释》（简称《解释》）第一条之（四）规定："盗窃公私财产，既指有形财产，也包括……重要技术成果等无形资产。"1994年6月17日，最高人民检察院、原国家科委联合发布了《关于办理科技活动中经济犯罪案件的意见》（简称《意见》），其中第五条规定："对非法窃取技术秘密，情节严重的，以盗窃罪追究刑事责任。"[13]

尽管刑法上已经有了对商业秘密须提供保护的基本认识，1993年9月2日通过、同年12月1日施行的《反不正当竞争法》却仅仅规定了侵犯商业秘密的民事责任[14]和行政责任[15]，而无刑事责任。该法系我国立法上在1991年《民事诉讼法》首次提及"商业秘密"概念之后，首次规定商业秘密的定义。[16] 相对于此前保护的混沌不清，《反不正当竞争法》可被认为是中国商业秘密保护的正式开端，这也是1992年中美两国政府签署的关于保护知识产权的谅解备忘录的成果之一。

---

13 例如徐英强、金俊盗窃重要技术成果一案（此案在前述《解释》之后，《意见》之前。案例引自最高人民法院、中国应用法学研究所编《人民法院案例选》第13辑，人民法院出版社1995年版）。1992年10月左右，徐英强唆使在上海卢湾外观技术研究所实验工厂工作的金俊，窃取该所出资20万元受让，由中国科学院上海硅酸盐研究所研制的KCO涂料技术。上海市中级人民法院依照刑法第151条、第23条、第24条和第67条第1款的规定，于1994年4月21日以盗窃罪判处徐英强有期徒刑2年，判处金俊有期徒刑1年，缓刑1年。二人均未上诉。

14 1993年《反不正当竞争法》第20条【损害赔偿责任】：

经营者违反本法规定，给被侵害的经营者造成损害的，应当承担损害赔偿责任，被侵害的经营者的损失难以计算的，赔偿额为侵权人在侵权期间因侵权所获得的利润；并应当承担被侵害的经营者因调查该经营者侵害其合法权益的不正当竞争行为所支付的合理费用。

被侵害的经营者的合法权益受到不正当竞争行为损害的，可以向人民法院提起诉讼。

15 1993年《反不正当竞争法》第25条【侵犯商业秘密行为的法律责任】：

违反本法第十条规定侵犯商业秘密的，监督检查部门应当责令停止违法行为，可以根据情节处以一万元以上二十万元以下的罚款。

16 1993年《反不正当竞争法》第10条【禁止侵犯商业秘密】：

经营者不得采用下列手段侵犯商业秘密：

（一）以盗窃、利诱、胁迫或者其他不正当手段获取权利人的商业秘密；

（二）披露、使用或者允许他人使用以前项手段获取的权利人的商业秘密；

（三）违反约定或者违反权利人有关保守商业秘密的要求，披露、使用或者允许他人使用其所掌握的商业秘密。

第三人明知或者应知前款所列违法行为，获取、使用或者披露他人的商业秘密，视为侵犯商业秘密。

本条所称的商业秘密，是指不为公众所知悉、能为权利人带来经济利益、具有实用性并经权利人采取保密措施的技术信息和经营信息。

1995 年原国家工商总局发布的《关于禁止侵犯商业秘密行为的若干规定》（1998 年修订）和 1997 年国家经贸委办公厅公布的《关于加强国有企业商业秘密保护工作的通知》对商业秘密的外延进行了进一步细化。[17] 此后，1997 年《刑法》首次全面引入侵犯知识产权犯罪，其中包括侵犯商业秘密罪，[18] 但其对商业秘密的定义等并无创新，其条文的行为模式部分，全部来自 1993 年《反不正当竞争法》第 10 条，基本没有改动。1999 年《中华人民共和国合同法》（以下简称《合同法》）则首次明确地将技术秘密列为合同标的类型之一。[19]

与此同时，国际技术贸易的发展导致国际环境愈来愈重视技术秘密，并最终落实于 1994 年签订的 TRIPs 协议。TRIPs 协议从整体上界定了商业秘密保护属于知识产权范畴。其第 39 条第 2 款规定商业秘密的构成要件，包括"其在某种意义上属于秘密，即其整体或者内容的确切体现或组合，未被通常从事有关信息工作的人普遍所知或者容易获得"；"由于是秘密而具有商业价值"；"合法控制该信息的人，为保密已经根据有关情况采取了合理措施"；第 39 条第 3 款规定了向政府或政府的代理机构提交的医用或农用化工产品相关数据的保护。我国在签订 TRIPs 协议之后，为了满足保护知识产权的国际需求，不断完善相关立法，著作权、商标、专利领域都进行了专门立法，在近三十年的立法与司法过程中，总结经验、不断修订完善，并通过实施条例、司法解释等进行补充规定，但在商业秘密这一领域鲜有较大突破。商业秘密在缺乏专门立法的情况下，依托于民法体系，其具体内容则借助《反不正当竞争法》来调整和规范。

3. 我国商业秘密保护的发展与强化

作为《民法典》编纂的重要一步，2017 年《民法总则》是我国民法立法之里程碑。在知识产权方面，《民法总则》明确将商业秘密作为知识产权的一种客

---

[17] 1995 年《关于禁止侵犯商业秘密行为的若干规定》："本规定所称技术信息和经营信息，包括设计、程序、产品配方、制作工艺、制作方法、管理诀窍、客户名单、货源情报、产销策略、招投标中的标底及标书内容等信息。"

[18] 1997 年《刑法》第 219 条。

[19] 1999 年《合同法》（已被《民法典》废止）第 342 条：
技术转让合同包括专利权转让、专利申请权转让、技术秘密转让、专利实施许可合同。
技术转让合同应当采用书面形式。

体。[20] 这就明确规定了商业秘密作为私权的法律属性。与此同时，2017 年修订了《反不正当竞争法》，这是该法自 1993 年制定以来的首次修订。在商业秘密方面，明确了非法获取商业秘密的"贿赂""欺诈"两种不正当手段（不限于此），更加细化和明确了第三人在明知应知情况下侵犯商业秘密的行为，以及以"具有商业价值"来取代"能为权利人带来经济利益"，以此三方面进一步强化商业秘密的保护。

我国商业秘密保护的这一进展的背景是在西方发达国家，商业秘密由于在市场中日益重要，大有超越专利、商标和著作权等传统知识产权的后来居上的趋势。在中西方的经济贸易关系中，中西方之间在科学技术水平、贸易和投资体量方面的对比的变化，以及在专利申请量上的力量对比变化，导致西方愈发重视"商业秘密"这一工具。在《民法总则》之前多年（从 2012 年开始），美国就反复在其年度"特别 301 报告"中指责中国的商业秘密保护问题。[21]

也恰好是《民法总则》通过和《反不正当竞争法》修订的 2017 年，美国以知识产权问题为由发起了对华贸易战。其作为借口的四点知识产权问题实际上是商业秘密问题和技术转移问题。[22] 在随后的 2020 年《中美第一阶段经贸协议》中，第一章"知识产权"在第一节"一般义务"之后便是"商业秘密和保密商务信息"问题。而中国立法机关则早在中美谈判尚在进行时，便于 2019 年完成了仅与上一次修改相隔两年的《反不正当竞争法》的修改，主要修改内容包括：获

20　2017 年《民法总则》第 123 条：
民事主体依法享有知识产权。
知识产权是权利人依法就下列客体享有的专有的权利：
（一）作品；
（二）发明、实用新型、外观设计；
（三）商标；
（四）地理标志；
（五）商业秘密；
（六）集成电路布图设计；
（七）植物新品种；
（八）法律规定的其他客体。

21　参见易继明：《改革开放 40 年中美互动与中国知识产权制度演进》，《江西社会科学》2019 年第 39 卷第 6 期，页 158，165。

22　参见易继明、李春晖：《我国知识产权制度及科技法律政策之新节点——评 2017 美对华 301 调查报告及我国之应对》，《陕西师范大学学报（哲学社会科学版）》2019 年第 48 卷第 1 期，页 61—62。

取商业秘密的不正当手段增列了"电子侵入","违反约定"扩展为"违反保密义务",增加了教唆、引诱和帮助侵权,明确侵权人不限于经营者,并对商业秘密概念以"商业信息"兜底。在中美协议签订后,我国制定了《最高人民法院关于审理侵犯商业秘密民事案件适用法律若干问题的规定》(法释〔2020〕7号),最高人民检察院、公安部则修改了《关于公安机关管辖的刑事案件立案追诉标准的规定(二)》第73条侵犯商业秘密刑事案件立案追诉标准(高检发〔2020〕15号)。[23] 如此,从立法到司法大大强化了我国对商业秘密保护的力度,完善了保护商业秘密的制度体系。商业秘密的"权利"属性日益凸显。但即使《反不正当竞争法》对商业秘密的保护已更为完善,其依然难以建立独立的制度体系,仍存空白和缺漏,比如缺乏对侵犯商业秘密之诉的抗辩制度、对商业秘密与公共利益的调整规则等。

(二)我国商业秘密保护之现状

1. 民事、刑事和行政之交叉保护模式

我国商业秘密的保护包括民事、刑事和行政三个方面,互为补充且存在交叉。

商业秘密民事立法主要从商业秘密相关权益保护的角度入手,对侵犯商业秘密的行为进行规制,并规定相应的法律责任。随着《民法总则》《民法典》的出台,商业秘密的重要性得以凸显,但知识产权在《民法典》中单独成编未能实现,《民法典》也没有专门关于侵犯商业秘密行为或者商业秘密权利保护的规定,只是在第501条涉及合同关系中对商业秘密的保护。在积极权利方面,其规范了技术秘密的转让。在消极权利方面,《民法典》的规定显然仅限于合同双方当事人之间对商业秘密的保护义务。因此,商业秘密民事保护的消极权利方面,仍然全部仰赖《反不正当竞争法》。

我国刑事法律方面对商业秘密的保护集中体现在《刑法》侵犯商业秘密罪和为境外窃取、刺探、收买、非法提供商业秘密罪的相关法律规定中。《刑法》第

---

[23] 需要注意的是,2022年对《关于公安机关管辖的刑事案件立案追诉标准的规定(二)》(公通字〔2022〕12号)全面删除了有关知识产权犯罪的规定,但是高检发〔2020〕15号目前仍然有效。

219 条规定，针对侵犯商业秘密且情节严重或特别严重的行为，处以有期徒刑、罚金等刑事制裁措施。本罪属结果犯，损失额是判定情节是否严重、犯罪成立与否的决定因素之一。[24] "第 219 条之一"则有所不同，只要为境外的机构、组织、人员窃取、刺探、收买、非法提供商业秘密的，即构成犯罪。

在行政法律方面，根据《行政处罚法》、《反不正当竞争法》，商业秘密侵权行为人应承担行政责任，包括责令停止侵权行为和罚款。商业秘密的行政保护建立在《反不正当竞争法》规定的基础上并进行了更加细化、具体的规定，如在《国家工商行政管理局关于禁止侵犯商业秘密行为的若干规定》的基础上，2020 年 9 月市场监管总局发布《商业秘密保护规定（征求意见稿）》，详细列举了构成侵犯商业秘密的若干行为，为市场主体提供明确指引。对商业秘密的行政保护是我国法律制度中比较特殊的，通过行政机关主动行使职权，对侵犯商业秘密的行为进行规制和惩处，具有快速、灵活、高效等优势，对于保护企业的商业秘密权益，维护市场的公平竞争秩序发挥重要作用。日本也通过在《不正当竞争防止法》中新增关于没收的规定，实现侵犯商业秘密的非亲告罪化，[25] 这和我国行政权力主动进行商业秘密违法行为的约束与规制相呼应。

2. 以《反不正当竞争法》为主导的分散立法模式

目前，我国商业秘密保护最重要的法律依据是《反不正当竞争法》中的相关规定。1993 年《反不正当竞争法》正式确立保护商业秘密的制度，从商业秘密的概念界定、侵权行为的认定、保护及救济措施等方面进行规定。在 2017 年和 2019 年，《反不正当竞争法》历经两次修改，现行 2019 年《反不正当竞争法》保护商业秘密的核心条款为第 9 条，建立在 1993 年法律条文的基础上，在侵犯商业秘密的行为类型、行为主体、认定商业秘密的保护范围等方面，都加强了对商业秘密的保护。这满足了国内推动科技产业发展和顺应国际保护知识产权潮流的双重需求。2019 年《反不正当竞争法》对侵犯商业秘密的主体和行为范围均有扩大，以求更加周全地保护商业秘密权利人利益。

《反不正当竞争法》2019 年的修改是在《中美第一阶段经贸协议》谈判过程

---

24 徐启明、孔祥参：《侵犯商业秘密罪的立法定位与司法认定》，《政法学刊》2011 年第 28 卷第 4 期，页 49。

25 郑友德、王活涛、高薇：《日本商业秘密保护研究》，《知识产权》2017 年第 1 期，页 116。

中进行的,很大程度上参考了美国 2016 年《商业秘密保护法》(DTSA)联邦立法,在保护范围、保护对象和行为规制上都与美国商业秘密保护制度十分接近,如对电子入侵手段的规制,采用"保密义务"的概念以约束更多行为主体,完善间接侵犯商业秘密行为的立法规定等。《反不正当竞争法》作为保护商业秘密的主导性法律,在规定商业秘密的内涵、侵犯商业秘密的行为认定和相应的法律责任方面,正在不断完善和体系化。

3. 其他各部门法律的专门规定

除上述主要法律文本外,在各相关领域,专门立法也会规定与商业秘密保护有关的内容,对本领域内与商业秘密有关的法律关系进行调整和规范。《劳动法》第 22 条、《法官法》第 23 和第 24 条规定了劳动者对用人单位的商业秘密负有保密义务,同时规定了用人单位对员工享有竞业禁止的权利。另外,对侵犯商业秘密的救济措施也进行了具体规定,包括支付违约金、停止侵害、继续履行、赔偿损失和解除合同等。这些规定进一步扩大了商业秘密的保护领域,提高了商业秘密保护的可操作性。[26] 由于商业秘密的纠纷大部分发生于雇员与雇主之间,作为调整劳动关系的法律,《劳动法》和《法官法》也成为司法实践中调整商业秘密纠纷的重要法律依据。雇主和雇员之间可通过合同约定来确定彼此的权利义务,但合同约定并非绝对自由,一些涉及雇员个人福利、带有公共性的条款,其法律效力仍须遵循公序良俗、诚实信用等民法基本原则的约束。而在没有当事人约定的情况下,法律规定的价值取向和利益平衡的选择就会成为司法实践中审判的基础。

公职人员基于法律规定,也负有保守商业秘密的义务。比如《法官法》和《检察官法》分别要求法官和检察官对履行职责中知悉的商业秘密和个人隐私予以保密;[27]《外商投资法》、《食品安全法》则要求行政机关及其工作人员对履行职责过程中知悉的相关商业秘密,应依法保密,不得泄露或非法向他人提供。[28]

总体来看,虽然我国《民法典》已将商业秘密作为一项单独的民事权利,但

---

26 刘介明、杨祝顺:《我国商业秘密保护的法律现状及完善建议》,《知识产权》2012 年第 12 期,页 73。
27 参见 2019 年《法官法》第 10、第 46 条,2019 年《检察官法》第 10、第 47 条。
28 参见 2019 年《外商投资法》第 39 条,2018 年《食品安全法》第 82 条。

我国主导性的法律规则依然是在《反不正当竞争法》的框架之下,设置一些关于商业秘密的界定、侵犯商业秘密行为的构成、对侵犯商业秘密行为追究相应法律责任等原则性的内容,其他规定则零散分布于《刑法》《劳动法》《法官法》《民事诉讼法》《公司法》《会计法》《科学技术进步法》等中。

二、我国商业秘密保护单独立法之必要性、合理性

(一) 我国商业秘密保护之不足

随着国内产业发展及我国在国际产业链上位置的变化,知识产权保护愈来愈成为我国经济健康发展和市场参与者维持国际国内竞争力的内在要求,而非如过去那样是在国外尤其是美国压力下的被动选择。因此,商业秘密保护早已被纳入国家知识产权战略。国务院早在 2008 年印发的《国家知识产权战略纲要》中就提出,到 2013 年达到"商业秘密……得到有效保护与合理利用"的目标,到 2020 年的任务是"引导市场主体依法建立商业秘密管理制度。依法打击窃取他人商业秘密的行为。妥善处理保护商业秘密与自由择业、涉密者竞业限制与人才合理流动的关系,维护职工合法权益"。国务院 2015 年发布的《国务院关于新形势下加快知识产权强国建设的若干意见》进一步提出"推动完善商业秘密保护法律法规,加强人才交流和技术合作中的商业秘密保护"。近些年,商业秘密保护作为维护企业竞争优势和国家经济安全的重要环节,在我国国家相关战略制定与实施中愈发受到高度重视。中共中央、国务院 2021 年发布的《知识产权强国建设纲要(2021—2035 年)》明确提出"制定修改强化商业秘密保护方面的法律法规";《"十四五"国家知识产权保护和运用规划》提出了多个专项工程,其中第一个专项工程就是"商业秘密保护工程",旨在通过政策引导和具体项目实施,加强商业秘密的保护力度,提升知识产权的整体保护水平,反映出国家层面对商业秘密保护的战略布局。[29]

总体上,商业秘密保护取得了有效进展,但仍存在一些问题,体现在如下

---

29 参见《"十四五"国家知识产权保护和运用规划》(国发〔2021〕20 号)第三(四)部分"专栏 1 商业秘密保护工程"。

方面：[30]

1. 商业秘密保护取证困难

有学者将商业秘密保护面临的困境总结为各种"难"：起诉难、取证难、判赔难、执行难等。泛泛而言，在中国法治环境尚不完善的情况下，各类案件或多或少存在各种"难"的问题。而商业秘密因其隐而不彰、边界浮动、没有载体或者载体多种多样的特性，导致其司法保护显得尤其困难，这主要体现在"取证难"，包括侵权证据、支持赔偿额的证据等。"取证难"导致权利人偏爱刑事诉讼，因其可仰赖公安和检察机关介入取证，并可对当事人构成心理威慑而便于取证（包括口供）并迫使被告屈服。这是商业秘密的特性带来的，因此解决其问题不仅仅在于证据规则方面，而应放在整个商业秘密保护立法的体系下去思考。

当然近几年在证据规则方面也取得了一些进展。2019年《反不正当竞争法》修改纳入了第32条，即在权利人提供了存在商业秘密的初步证据以及被告侵犯商业秘密的合理的初步证据之后，举证责任转移，由被告举证证明商业秘密不存在以及不存在侵犯商业秘密的行为。该条规定仍然存在的问题在于，初步证据到何种程度为"合理"，以及逻辑上只能证明有而不能证明无。该条款会不会因此使"钟摆"摆到另一个极端，还有待检验和观察。此外，最高人民法院《关于审理侵犯商业秘密民事案件适用法律若干问题的规定》（法释〔2020〕7号）涉及了诉讼活动过中对商业秘密的必要保密措施（第21条），对公检法保存的关联证据的调查收集申请（第22条），以及对侵权人所掌握财务证据的类似于证据开示制度的请求（第24条）。但该司法解释的规定实际上都很边缘，并不涉及商业秘密侵权的核心证据问题。

2. 赔偿额偏低

根据2017年的一份研究，商业秘密权利人的胜诉比率为48%，其中在17%的胜诉案件中权利人并未得到赔偿。在权利人获得赔偿的案件中，有近一半案件纠纷系根据最高人民法院出台的《关于审理不正当竞争民事案件应用法律若干问

30　参见李春晖：《我国十年来商业秘密保护状况》，《国家知识产权战略纲要》实施十年评估之"知识产权保护状况专题评估"结题报告之附件十一。国家知识产权资助课题，合同编号170834。

题的解释》规定，参照侵犯专利权定额赔偿标准计算（2008年《专利法》的标准为1万元以上至100万元以下），而权利人的索赔通常都在1000万元以上。[31]

随着《反不正当竞争法》的修正，法定赔偿和行政处罚的最高额度均有提高。但除少数案例外，大多案件中原告主张与实际判决赔偿额仍相差巨大。2021年，浙江高院发布八个商业秘密典型案例，其中民事案件判赔额（括号内为原告索赔额）分别为110万、53万（66万）、12万（30.5万）、30万、12万（21.4万）。[32] 2022年广东法院保护商业秘密典型案例中，民事案件判赔额（括号内为原告索赔额）分别为500万（2550万）、80万（491万）、30万（50万）、100万（全额支持）。[33] 最高人民法院知识产权法庭2022年典型案例中，原告索赔额与实际判赔额甚至相差10倍。[34]

赔偿不足的原因，一方面在于按照现行法律规定的计算方式难以取证，另一方面在于立法和司法的理念。例如在日本法律和实践中，计算赔偿时，不仅要考虑商业秘密侵权人获得的好处和利润，而且应考虑该商业秘密本身的价值。例如，一方面，从侵犯商业秘密的行为所获得的好处的角度，不仅仅表现为产品上的利润（有时，为了占领市场，也可能没有利润），而且反映在双方竞争优势的此消彼长。[35] 另一方面，从对权利人造成损害的角度，日本于2023年6月14日公布的《不正当竞争法防止法等的部分法律修正法案》（法律第51号）就规定，损害赔偿诉讼中超过被侵权人生产能力等的损害部分，也作为相当于使用许可费的金额计算[36]。实际上，在商业秘密的秘密性被永久破坏的情况下自然不用说，

---

[31] 韩俊英：《商业秘密侵权惩罚性赔偿问题研究》，《情报杂志》2017年第5期，页49—53，61。

[32] 《浙江法院发布商业秘密司法保护八大典型案例》，载知产财经官网，https://www.ipeconomy.cn/index.php/index/news/magazine_details/id/4340.html，2021年12月27日发布，2024年7月5日访问。

[33] 《广东法院保护商业秘密典型案例》，载广东法院网，https://www.gdcourts.gov.cn/gsxx/quanweifabu/anlihuicui/content/post_1047432.html，2022年4月21日发布，2024年7月5日访问。

[34] 最高人民法院：《最高人民法院知识产权法庭典型案例（2022）》，载最高人民法院知识产权法庭网站，https://ipc.court.gov.cn/zh-cn/news/view-2269.html，2023年3月30日发布，2024年7月5日访问。

[35] 参见曹苏：《保护商业秘密亟需完善立法》，《中央政法管理干部学院学报》1998年第6期，页46—47。

[36] 参见日本《不正竞争防止法》第五条规定，网址 https://www.japaneselawtranslation.go.jp/ja/laws/view/4709，最后访问日期2024年10月23日。

即使在商业秘密最终被维护、侵权最终被制止的情况下，在瞬息万变的市场上，对商业秘密的侵权行为即使只是短时期的干扰，其所造成的影响在很多情况下也不是金钱能够准确评估的。

3. 亟待妥善解决的人才流动中的商业秘密保护问题

很多商业秘密纠纷都与雇员辞职创业或在不同雇主之间的流动有关，而非纯粹的第三人对商业秘密的侵害。一方面，要保护雇主的合法利益；另一方面，应妥善处理保护商业秘密与自由择业、涉密者竞业限制与人才合理流动的关系。而现行法律对此仅有原则性规定，尚缺完善、有效的回应。现实中，雇主普遍存在不安全感，不能确信民事程序能够提供准确、及时的保护。原因一是在于前述取证难、判赔低等问题，另外还在于现行制度仅能制止已经发生的侵权行为，而除了协议约定外很难在司法程序上防患于未然。结果促使"权利人"寻求最激烈的刑事起诉，以惩罚对手和不忠实的雇员。刑事程序过度使用又导致其在某种程度上被异化为竞争对手之间的恶性竞争工具，这既不利于真正的商业秘密保护，也不利于劳动者正当权益的维护。[37]

4. 缺乏对行政/司法机关泄密的规制

可能泄露商业秘密的主体包括四类：秘密持有人的合同相对方、秘密持有人的雇员、无关第三人，以及因职责而获取商业秘密的行政/司法机关（及其职员）。前二者往往有合同条款的约束。无关第三人主要是指没有获知商业秘密的正常途径，而以传统方式（例如盗窃）突破保密手段的人，刑法最早对技术秘密的规制即针对此；另外，2019年《反不正当竞争法》针对间接第三人可能造成商业秘密持有人利益受损的行为也进行了规制，即"第三人明知或者应知商业秘密

---

[37] 有资料显示，我国商业秘密刑事案件中，60%与人才跳槽有关。而在商业秘密侵权的民事案件中，90%与人才流动有关。同时，跟人才跳槽有关的商业秘密案件从民事案件转化成刑事案件的以每年100%的速度在上升。一有人才流动就可能涉及侵权，一说侵权可能就要动用刑事手段，而且有一种倾向：基本是以公安机关为先锋。而公安机关在"商业秘密刑事保护优先论"理念影响下，或者出于地方保护主义的需要，自觉不自觉地插手到当事人的民事、经济纠纷之中，动辄以他人构成侵犯商业秘密罪为由，横加干预，有意无意地充当了一方当事人的代理人或保护神，这直接导致了商业秘密司法实践中侵权与犯罪几乎如影随形，损害了其他当事人的合法权益以及社会的公共利益。参见高晓莹：《论商业秘密保护中的刑民分野与协调》，《北京交通大学学报（社会科学版）》2010年第4期，页109—113。

权利人的员工、前员工或者其他单位、个人实施本条第一款所列违法行为,仍获取、披露、使用或者允许他人使用该商业秘密的,视为侵犯商业秘密。"因此,前三类主体侵犯商业秘密的行为都有明确的立法或法理依据。唯有行政/司法机关的泄密,很多都是原则性的规定,且相应的法律责任的设置比较粗略,往往是给予泄密者处分,对其进行构成犯罪的追究其刑事责任,而缺乏对商业秘密权利人所受损害的赔偿或补偿,也缺乏对其他经营者继续使用所泄露的商业秘密的考虑。因此,这些法律规范的重点在于对所规范主体的行为进行约束,而非从保护商业秘密的角度进行制度安排,导致对商业秘密的保护力度很弱且体系不全。例如前文已述及的最高人民法院《关于审理侵犯商业秘密民事案件适用法律若干问题的规定》(法释〔2020〕7号)第21条,尽管规定诉讼程序中对商业秘密的保密以及相应的民事责任和刑事责任,但一是仅涉及民事诉讼,二是语焉不详,不明确是否涵盖公职人员和法庭本身的行为。

5. 商业秘密保护司法体系不协调

在中国语境下,司法保护体系看起来是执法层面的问题,而与立法无关。但事实上,它是对立法理念,尤其是侵权责任部分的立法理念的折射。

当前,对于侵犯技术秘密的民事诉讼,由省、自治区、直辖市人民政府所在地的中级人民法院和最高法院指定的中级人民法院,以及北京、广州、上海、海南自由贸易港四个知识产权法院管辖,普通的商业秘密则原则上由基层人民法院管辖。而按照《中华人民共和国刑事诉讼法》,刑事调查和刑事诉讼级别上是由基层(即县级)公安、检察院和法院管辖,上诉由中级人民法院管辖。但是知识产权案件专业性较强,伴随着各地知识产权法院和知识产权法庭的建立,部分地区对该类案件也开始集中管辖,比如海南主要集中在海口琼山人民法院和三亚城郊人民法院管辖。对于行政执法的后续行政诉讼救济,其级别和地域管辖取决于进行行政执法的行政机关,而行政执法机关一般是县级以上市场监督管理部门。因此,知识产权审判的三合一改革中,与专利、商标、著作权相比,商业秘密(包括技术秘密)的三合一审判存在更多现行制度上的障碍。

以上管辖体系存在显而易见的不合理之处。正因为技术秘密案件的高度技术性,其民事侵权案件由最高人民法院指定的中级人民法院(以及知识产权法院)管辖。而刑事案件,因涉及当事人更严重的法律责任,显然应比民事案件更加慎重,至少应为相同的审级,却在基层人民法院审理。如此,一是专业性存疑,二是更容易存在地方保护以及其他操作空间的可能性。

目前的权宜之计,是基于最高人民法院有关"三合一"审判的精神,[38] 部分高级法院事实上对技术秘密刑事案件提级集中管辖,相应的检察院管辖也提级集中管辖。[39] 在此机制下,侦查机关可能是基层公安机关也可能是上级公安机关。但就全国范围来看,目前由法院自行决定的提级管辖尚属权宜之计,作为一种制度尚不稳定或未成形,且容易因自由裁量而产生随意性的弊端。

6. 保护不足与惩罚过当、权利滥用并存

从前几条已经看出对商业秘密的保护不足。立法上缺乏对雇主、雇员关系的周全考虑,缺漏对行政、司法机关泄密的规制,司法保护的体系设置上不协调,效果上取证难、赔偿额偏低。正因为民事保护不足,很多权利人偏好刑事诉讼,一方面因刑事诉讼可依仗公安和检察机关介入取证,可解决取证困难的难点,另一方面可对当事人形成有效的威慑。同时,立法分散亦导致司法分散,民事、行政和刑事没有很好地协调,级别管辖上混乱和不一致,这一方面导致审判质量问题,例如出现刑事审判结论是构成犯罪,而相关的民事审判却判定不侵权的矛盾情形,另一方面出现滥用商业秘密损害他人或社会公众利益的问题,如滥用侵犯商业秘密罪名导致他人利益受损(既包括权利人的偏好,也包括地方保护甚至腐败等因素),以及商业秘密权利人垄断其权利滥用市场支配力,或联合起来以各种不正当、不公平的手段对竞争对手施以排挤,使他人行使权利受到妨碍、限制甚至被剥夺。[40] 这些问题最终有损法律的统一与权威。

---

[38] 最高人民法院《关于在全国法院推进知识产权民事、行政和刑事案件审判"三合一"工作的意见》(法发〔2016〕17号)第8条:"知识产权民事案件的受理继续依照人民法院有关地域管辖、级别管辖和指定管辖的规定和批复进行。除此之外:中级人民法院辖区内没有基层人民法院具有一般知识产权民事纠纷案件管辖权的,可以层报最高人民法院指定基层人民法院统一管辖,也可以由中级人民法院提级管辖本辖区内的知识产权行政、刑事案件。……"

[39] 例如天津市高级人民法院、天津市人民检察院、天津市公安局《关于调整第一审知识产权刑事案件管辖的通知》(2023年5月1日起实施)规定,"涉及专利、植物新品种、集成电路布图设计、技术秘密、计算机软件的第一审知识产权刑事案件,由天津市第三中级人民法院集中管辖。需要提请批准逮捕、移送审查起诉的,由公安机关直接移送至天津市人民检察院第三分院,由该人民检察院向天津市第三中级人民法院提起公诉。"

[40] 胡良荣:《利益平衡:论商业秘密的竞争法保护与规制——以〈关于滥用知识产权的反垄断指南〉为视角》,《知识产权》2016年第12期,页52—57。

(二) 商业秘密保护之新挑战

在存在前述诸种不足的情况下,对商业秘密保护的需求反而愈加丰富和迫切。互联网和信息产业的发展,以及大众创业、万众创新的兴起,可能会产生更多数量和更多形态的商业秘密纠纷,行政执法和司法实践需要适应这样的新形势。[41] 具体来说,商业秘密保护面临的新挑战包括:

1. 新的商业秘密客体

由于互联网、云存储、大数据和人工智能等新兴技术的勃兴,不断地涌现无法划入除了商业秘密之外的现有知识产权体系的客体,或者利用除了商业秘密之外的现有知识产权制度无法有效保护的客体,例如各种来源和各种形态的数据。从来源来看,有个人数据、商业数据、公共场所的数据等等。从形态来看,有原始数据、脱敏数据,以及经过大数据分析和处理之后的衍生数据、结果数据等。后者的一种典型形态是经过大量数据训练出来的人工智能模型,其不符合专利保护的条件,却对功能的实现极为关键。对于这些新兴客体,理论界、实务界有各种思潮和方案,2021年通过实施的《中华人民共和国个人信息保护法》就回应了社会实践发展对法律制度的新需求,但相关权利主体也有可能将其作为"商业秘密"加以保护。而这些新兴客体如何界定,如何以及是否能够涵摄到现有商业秘密定义中,均系待解决的课题。

2. 新的侵权途径

互联网和信息技术的发展,导致可能的侵权途径比过去更为多样和隐蔽,如突破企业防火墙,或以其他方式非法进入企业计算机信息系统窃取企业商业秘密,以黑客手段拦截电子邮件从而获得竞争对手的技术信息或谈判信息,通过各种手段包括病毒植入间谍软件窃取商业秘密,对整体不公开但是可有条件或无条件访问具体条目的数据集的爬取等。同时,有合法渠道接触商业秘密的人也有更多的渠道泄露商业秘密,例如通过各种有形介质拷贝,或者通过FTP文件传输、

---

41 参见李春晖:《我国十年来商业秘密保护状况》,《国家知识产权战略纲要》实施十年评估之"知识产权保护状况专题评估"结题报告之附件十一。国家知识产权资助课题,合同编号170834。

电子邮件、BBS 电子公告板等方式有意或无意传播或泄露企业商业秘密等。对这些行为的规制也应是《反不正当竞争法》修改中应予关注的内容。尽管我国已制订《计算机信息系统安全保护条例》（1994 年发布，2011 年修订）、《计算机信息网络国际联网安全保护管理办法》（1997 年发布，2011 年修订）、《网络安全法》（2016 年发布），但从商业秘密保护的角度，尚未对各种可能的侵权途径加以系统地理论审视，从而缺乏对可能出现的侵权案件的实务上的预案。例如，对被爬虫爬取的数据集，在何种情况下满足或者不满足商业秘密的构成要件，或者在商业秘密客体中是否要纳入整体不公开，但是可有条件或无条件访问具体条目的数据集的情形。

3. 新的侵权后果

互联网和信息时代，信息的传播更为迅速和广泛。无论是新兴产业与传统产业相比，还是互联网环境下的传统产业与过去的传统产业相比，与信息传播相关的成功获利或侵权损害均具有高速发展的特性。因此，商业秘密在互联网和信息时代对企业而言更加重要，关乎其生存与发展，同时对侵权损害的评估却更加困难。问题的另一个侧面，则是与过去相比，商业秘密的泄露将更加难以逆转，因此在有侵权行为发生时，私有领域与公共领域的边界更加难以区分。

（三）商业秘密单独立法优于分散立法

面对前述商业秘密保护不足的老问题和保护客体、侵权途径、侵权后果等方面的新挑战，我国《民法典》对商业秘密的"链接式"规定，加上《反不正当竞争法》的基本框架及其他部门法中的零散规定，实际上远远不敷需要，导致了商业秘密保护的不足。

1. 分散立法缺乏系统性、有序性和逻辑自洽性[42]

商业秘密附属于其他法律的制度安排导致商业秘密制度缺乏自身的独立体系，难以结合我国民事、刑事、行政相交叉的复杂现实为解决实践问题提供明确

---

[42] 参见郑友德、钱向阳：《论我国商业秘密保护专门法的制定》，《电子知识产权》2018 年第 10 期，页 34—88。

的指引。一方面，相同层级的法律、法规之间在有关概念、原则上缺少协调统一，徒增法律适用难度，既容易产生积极的法律竞合问题，又容易产生消极的法律竞合问题。另一方面，各种法律法规甚至部门规章效力层次不统一，又缺乏程序保障，显然不能适应市场经济发展对商业秘密保护的要求。[43]

2. 分散立法缺乏完备性

这是前一问题的延伸。由于缺乏顶层设计和整体协调，不同的法律法规在立法主旨和侧重点上都各有不同，缺乏系统、有序的考虑，因此很难保证其内容上的统一性、协调性和完整性。各单行法各人自扫门前雪，导致存在法外空间。例如，目前对于行政机关的泄密缺乏规制，就可以认为属于此种情形。又如，各法律法规对商业秘密和技术秘密保护的侧重点各有不同：在保密义务上均涉及商业秘密，而在作为交易标的时，则仅仅涉及技术秘密。在具体的规则指引上不够具体详细，我国在商业秘密的抗辩制度（如反向工程、独立研发、合法来源等），以及公共利益对商业秘密的限制等方面，都存在规则空白与模糊地带。

3. 分散立法导致执法力度不足

这也是前述各问题的延伸。在分散立法的情况下，各个法律、各个执法机关，各自为政，不仅执法成本高，更会出现时而推诿、时而争权掣肘的现象，无法形成合力。例如司法实践中经常出现涉及侵犯商业秘密民事案件与刑事案件交叉重叠的情形，导致"先刑后民"抑或"先民后刑"的争论和困惑，亦肇因于在分散立法机制下无法预见此问题，而在发现此问题后，也不能在统一立法机制下及时加以解决。总的来说，有些立法未解决的问题有赖于司法实践的发展，司法实践中的错误做法有待通过立法来剔除，而有价值的司法经验则有待上升为法律。

4. 分散立法不符合国内外的期待和国际趋势

立法的形式体现了是否重视的态度。如今，综合美、欧、日、韩的立法选择来看，多数发达国家都已制定统一的商业秘密法，商业秘密专门立法已成国际趋

---

[43] 参见胡良荣：《全球化背景下我国商业秘密保护的审视》，《江苏大学学报（社会科学版）》2005年第2期，页24—30。

势。这并不意味着中国必须无条件地顺从某种国际趋势，而是表明加强商业秘密保护、统一商业秘密立法，合乎经济、技术和国际贸易发展的要求和趋势，是我国的现实需求。制定专门的商业秘密法，意味着我国同等重视商业秘密的保护和对其他知识产权的保护，意味着商业秘密具有重要的法律地位，否则不符合国内外对加强商业秘密保护的期待。因此，现阶段，我国应将商业秘密作为权利保护的客体类型之一，从权利义务关系出发，将涉及商业秘密的相对性法律关系与绝对性法律关系涵盖其中，从实体法和程序法两个层面入手，在强调保护商业秘密相关法益的同时，建立起反向的抗辩制度与权利限制规则，通过独立的商业秘密立法，来实现对这一领域法律关系的调整和安排，从而使得我国商业秘密法律规则愈发完善和体系化，司法保护愈加及时有效。

那么我国应制定一部什么样的商业秘密法？为应对分散而进行的统一，应统一到什么程度？毫无疑问，所谓统一、单独的商业秘密法，绝不应该只是现有规则的简单统合，而应有所创新和发展，它也不应止步于对现有各国统一商业秘密法的借鉴。当然，这绝不意味着我国的统一商业秘密法一定要提供所谓"更高"水准的保护（例如过于宽泛的商业秘密客体，片面强调严厉的行政和/或刑事责任等），而是应当提供就私权与公共利益的均衡而言"更为适当"，同时在此"更为适当"的标准下，提供更为系统、周全、及时、有效、方便的保护。要达到这样的保护，也必须有一部统一的商业秘密法才能实现。对此，笔者将在随后论述我国的统一商业秘密法应该解决的课题。

三、商业秘密保护单独立法的域外经验

目前，针对商业秘密进行单独立法已成国际趋势，美欧在 2016 年相继通过商业秘密专门立法，以确保相关规则的相对一致，并在单独立法中细化对商业秘密的保护规则，完善调查取证、诉前保全的一系列配套制度安排。而在日本和韩国，虽然商业秘密仍未脱离市场竞争秩序的大框架，仍在不正当竞争防止法中调整相对应的商业秘密法律关系，但是都在规则设置中针对商业秘密的实践问题进行了非常详细的安排，或通过行政指南的方式，或在立法中以附加条文的形式呈现，为商业秘密的司法实践提供具有可操作性的指引。

(一)美国:DTSA 推动联邦商业秘密保护一体化

商业秘密作为一项重要无形资产,很早就获得美国重视。在美国《商业秘密保护法》(Defend Trade Secrets Act,以下简称"DTSA")提出之前,美国公司的商业秘密主要通过《统一商业秘密法》和《经济间谍法》获得保护。1979 年,美国统一州法委员会发布《统一商业秘密法》(Uniform Trade Secrets Act,以下简称"UTSA"),以作为各州保护商业秘密立法的示范。目前,UTSA 几乎被全美各州所采纳,美国以外的近 38 个司法地区对其也予以采纳。但 UTSA 仅为示范法,并非联邦法律。各州或通过制定专门的商业秘密法规(包括部分或全部采纳 UTSA),或通过司法判例来建立区域内的商业秘密法律规则。因此,商业秘密的保护带有很强的地域性质,与各州经济发展形态、产业结构特征息息相关。1996 年颁布的《经济间谍法》(Economic Espionage Act,以下简称"EEA")首次将侵犯商业秘密列为联邦刑事犯罪行为进行规制,但刑事立法对于商业秘密保护仅能提供有限的解决方法,EEA 并未赋予商业秘密所有者单独向联邦法院民事起诉的权利,其仅能作为刑事诉讼的附带请求提出,限制了商业秘密所有者获得民事救济的途径。[44] 因此,上述两者对于解决实践当中的商业秘密相关法律问题均存在局限性,即缺乏统一的联邦法律规则。

为缓解因各州立法不统一、商业秘密保护地区差异大、商业秘密审判专业性要求高等问题,美国联邦立法推出了 DTSA 作为联邦法院审理商业秘密案件的重要法律依据。在适用范围上,作为联邦法的 DTSA 适用于争议商业秘密涉及跨州活动或跨国贸易中的商品或服务的情况。[45] 而各州法律则仅适用于州内的商业秘密案件,并不能适用于超越各州领域的情形。随着贸易往来不断频繁发生,仅通过州内立法为商业秘密提供保护显然已难以满足现实需要,当涉商业秘密的相关行为涉及跨州活动或跨国贸易往来时,DTSA 即可充分发挥功能,为保护商业秘密提供指引。

---

44 参见季冬梅:《众望所归:美国〈商业秘密保护法〉正式生效》,《科技与法律》2016 年第 3 期,页 625。
45 Defend Trade Secrets Act of 2016,Section 2.

DTSA 由 7 条规定组成，首先明确了该法名称为"商业秘密保护法"，之后依次对商业秘密窃取案件的联邦管辖权、案件执行、境外案件报告、国会相关共识、行为规范、责任豁免等进行详细规定。[46] 但 DTSA 并不会对各州自己的商业秘密立法产生冲击或取代。DTSA 仅是统一联邦商业秘密立法的初步尝试，基于联邦法院较州法院会更加具有专业性的考量，其给予了联邦法院管辖商业秘密案件的法律依据与权力。DTSA 并不具有取代州立法的优先级效力，各州法院依然采用州法来处理商业秘密案件，在地域差异与产业分化的影响下，各州立法带有自身的特点，各州法院在审判中也会基于多重因素的考量作出不同的选择，比如商业秘密保护的程度是否会对员工流动性造成不当阻碍、是否需要加强商业往来中的信赖利益保护、商业秘密保护是否符合产业发展规律等。

DTSA 的颁布使得联邦法院享有了商业秘密案件的管辖权，而相较于州法院，联邦法院在处理涉及科技、商事等领域的案件时具有更强的专业性，且处理跨州案件的时候，更不容易受到地区政策的影响。这更加有助于商业秘密保护的统一化和专业化，完善对商业秘密权益的法律保护。同时，在 DTSA 的指导下，联邦法院作出的司法判例能够为各地区法院提供很好的指引功能，使得州法院能够更加有效、合理地作出司法裁判。

（二）欧盟地区：《商业秘密保护指令》下的统一标准与各国立法差异

欧盟地区在 2016 年之前，对于商业秘密主要是借助各个成员国的国内立法进行保护。事实上，欧洲国家的统一商业秘密立法走在世界前列。1981 年，英国授权的法律委员会将其九年的研究成果、长达十五万字的《关于"保护秘密权利"立法报告》提交国会，提出对商业秘密的专门保护问题。瑞典法律委员会于 1983 年提出应制定专门的商业秘密法，使商业秘密得到充分保护。此后，瑞典制定了《商业秘密保护法》。据世界知识产权组织 1994 年的统计，瑞典是当时世界上唯一有商业秘密单行法律的国家。

欧盟于 2016 年通过了《商业秘密保护指令》（European Union Directive 2016/943 on the Protection of Trade Secrets，EU-TSD，以下简称《指令》），旨

---

46 季冬梅：《众望所归：美国〈商业秘密保护法〉正式生效》，《科技与法律》2016 年第 3 期，页 625。

在完善并统一欧盟范围内的商业秘密相关立法。欧盟通过区域内统一的商业秘密相关立法，加强欧盟范围商业秘密保护的区域协调，既是出于履行 TRIPs 协议的条约义务的目的，也是顺应欧盟创新的需要以及欧盟共同市场发展的要求。[47] 欧盟地区的相关立法体现了对保护商业秘密的重视，这同时还是因为欧盟对商业秘密保护也有很强的现实需要。欧盟知识产权局发布的《通过商业秘密和专利保护创新：欧盟公司成功的决定因素》指出，在 2010—2012 年期间，大型公司中 69.1％的公司拥有商业秘密，52.8％的公司申请了专利；中小型企业中 51.2％的企业拥有商业秘密。[48]

欧盟商业秘密的保护立法与世界其他国家或地区存在共通之处，即规定了构成侵犯商业秘密的情形及相应的法律责任，从而为商业秘密持有人提供法律保护的依据。值得注意的是，《指令》存在一定的独特之处，其不仅强调对于商业秘密的保护，也注重对于商业秘密相关权益的限制，在第 5 条具体规定了商业秘密保护的例外。他人在满足一定条件的情况下，可以获取、披露或使用相关商业秘密，这是一种创新性的规定。[49]这些例外情形主要包括：为了个人与媒体的言论、信息与新闻自由；基于公共利益的需要而揭露权利人的不当行为、错误行为或者非法行为；为保护员工利益所需等。

《指令》为成员国立法提供商业秘密的最低保护标准，但未涉及刑事制裁，[50]仅涉及民事领域的法律救济。《指令》第二章将与商业秘密有关的行为分为三类。第一类是具有正当理由的合法行为，如独立研发商业秘密相关信息，对涉密产品进行观察、研究、分解或检验，以及其他遵从诚实信用原则的商业行为。[51] 第二类是非法行为，包括未经商业秘密持有人同意获取商业秘密的行为，以及未经商业秘密持有人同意使用和泄露商业秘密的行为。成员国应当确保商业秘密持有者

47　孙益武：《欧盟商业秘密保护立法及其启示》，《德国研究》2014 年第 3 期，页 91。

48　*Protecting Innovation Through Trade Secrets and Patents：Determinants for European Union Firms*，European Union Intellectual Property Office，2017，p. 29.

49　周克放：《欧盟商业秘密保护例外问题研究》，《电子知识产权》2018 年第 7 期，页 21。

50　*Frequently asked questions：Protection against the unlawful acquisition of undisclosed know-how and business information（trade secrets）*，from http：//ec. europa. eu/growth/industry/intellectual-property/trade-secrets/faq/index _ en. htm，last visited on July 19，2024.

51　*Report of European Parliament Committee on Legal Affairs on Trade Secret*，from http：//ec. europa. eu/DocsRoom/documents/14622，published in June 2015，last visited on July 19，2024.

有权请求获得法律上的救济和保障,而主张对商业秘密享有权利的主体应当承担被告方存在实质非法行为的举证责任。第三类是非法行为中具有豁免理由的例外情形,包括:媒体基于言论自由进行相关报道;为维护公共利益的目的,揭露不法行为或非法活动;员工为履行相关工作职责而向员工代表进行汇报;欧盟或国内法规定的其他保护合法利益的情形。上述情形中商业秘密让位于公共利益成为豁免理由,是欧盟委员会对私人利益与公共利益进行衡量与比较的选择结果。[52]通过行为类型化的规定,《指南》有助于欧盟地区处理商业秘密案件的统一化和体系化,从而为涉商业秘密的行为提供明确指引,也促进司法效率的提升。

不过,该《指令》只是划定了欧盟地区对于商业秘密保护的最基本框架和要求,实践中商业秘密保护的法律依据仍是各成员国国内法。欧盟各成员国在签订《指令》之后,须在一定期限内将该《指令》的基本要求转化为国内法,以满足欧盟地区保护商业秘密的统一标准。但在《指令》未涉及的方面,各成员国可以依据自身实情进行差异化的规定。

欧盟知识产权局在2018年发布的《欧盟成员国商业秘密诉讼基准报告》中指出,在《指令》具体的实施过程中,欧盟各国在各自的立法与司法中,对商业秘密的保护依然存在细节上的差别。第一点就是在"商业秘密"的概念界定上,有的欧盟成员国(如丹麦、比利时、德国、爱尔兰等)通过判例法确定商业秘密的内涵与外延,而这些国家的法院往往借助于TRIPs协议中对商业秘密的认定标准进行分析和裁判;仅有意大利、葡萄牙两国,在工业产权法典(Industrial Property Code)中明确规定了商业秘密的含义;其他一些国家,则在多个法律条文中规定了与商业秘密有关的内容,但并未使用"商业秘密"(trade secret)作为统一用语,而是采用"保密信息"(confidential information)这样的近似概念,导致商业秘密的具体含义存在含混之处。[53]此外,商业秘密所属的部门法领域也存在不同,意大利、葡萄牙明确将商业秘密划定为知识产权的一种类型进行保护,而奥地利、德国、丹麦、西班牙等则在反不正当竞争

---

52 季冬梅:《欧盟通过〈商业秘密保护指令〉》,载北京大学科技法研究中心网站,http://stlaw.pku.edu.cn/hd/4850.htm,2016年5月4日发布,2024年10月10日访问。
53 *The Baseline of Trade Secrets Litigation in the EU Member States*, European Union Intellectual Property Office, 2018, pp.5-6.

法规则下为商业秘密提供保护，在比利时、法国、卢森堡、荷兰等国，商业秘密则由侵权法进行规范和调整，马耳他仅通过合同法来为商业秘密提供法律保护。[54]《指令》的颁布促使各成员国商业秘密立法的降差异化，但并不会消除一切不同，因此在司法实践中，仍然需要结合各个成员国的国内立法进行考量和判断。

（三）日本：以《不正当竞争防止法》为主导的保护模式

日本对于商业秘密的法律保护也经历了漫长而不断的发展和完善。在通过修改《不正当竞争防止法》纳入商业秘密保护之前，日本是通过侵权行为法、契约法、刑法等法律对商业秘密进行保护。[55] 1990年，日本《不正当竞争防止法》的修改正式提出商业秘密这一法律概念。这与我国的法律保护模式相同，针对合同违法行为中涉及商业秘密的内容建立相应的规则，同时还通过刑法惩处某些侵犯商业秘密的案件，且对涉商业秘密的不公平竞争行为进行规制，并提供相应救济措施。[56] 该法第2条具体列举了若干构成不正当竞争的情形，[57] 其中涉商业秘密的条款主要为：通过盗窃、欺诈、胁迫或其他不当行为获取商业秘密，或者使用或泄露如此不当获取的商业秘密；在不当获取商业秘密之时知晓或者因存在重大过失而未知晓，而获取商业秘密的情形，以及后续的使用或泄露商业秘密的行为；商业秘密持有人为获取不正当利益或为了损害权利人而泄漏商业秘密，及后续的使用或披露行为；等等。《不正当竞争防止法》主要针对商事活动中涉及商业秘密的情形进行规定，并没有明确将商业秘密作为一项独立的私权来对待。2002年《知识产权基本法》将商业秘密纳入知识产权范畴，[58] 商业秘密正式作为知识产权的一种类别。

---

54 *The Baseline of Trade Secrets Litigation in the EU Member States*，European Union Intellectual Property Office, 2018, p. 7.

55 刘金波、朴勇植：《日、美商业秘密保护法律制度比较研究》，《中国法学》1994年第3期，页108。

56 参见郑友德、王活涛、高薇：《日本商业秘密保护研究》，《知识产权》2017年第1期，页115。

57 参见日本《不正当竞争防止法》（修正案于2024年4月1日起生效实施）第2条。

58 *Intellectual Property Basic Act*，Act No. 122 of 2002，Article 2.

此外，日本经济产业省还制定了专门的《企业秘密管理指南》，[59] 作为处理商业秘密实际问题的指引。2015 年，随着日本商业秘密法律纠纷的多样化和复杂化，为了应对完善商业秘密相关制度的现实需求，日本经济产业省修订了该指南，放宽商业秘密的认定标准，加强对商业秘密的保护。[60] 修订前的《企业秘密管理指南》在注重诉讼中秘密管理要件的同时，对企业采取的最佳保密措施亦予以建议，但没有对这两者作出明确的区分。结果在审判实务中经常会出现侵权方辩解企业未遵照《指南》进行管理，所诉对象不满足秘密管理要件，不属于受保护的企业秘密。对此有人批评，中小型企业很难将保密措施做到滴水不漏。修订版指南接受该批评，一方面明确规定了为获得《不正当竞争防止法》规定的停止侵害措施等保护而必须实施的最低限度的对策，另一方面在制定的《企业秘密保护说明》（暂名）中予以相应的解说，通过分别规定的方式防止审判基准与最佳保密措施原则相混淆。[61]

（四）韩国 UCPA：针对商业秘密在市场竞争中的专门立法保护

商业秘密与市场竞争具有十分密切的关系，存在交叉的内容，但又并非完全能够由反不正当竞争法律规则所涵盖。韩国在商业秘密的保护上，并非纯粹地将商业秘密作为一项私权进行独立的民事权利保护，而是将其放置在市场竞争秩序中，将商事活动中的原则、规则与秩序和商业秘密的保护结合在一起进行规则安排。但是在规则安排上，商业秘密的规则与反不正当竞争法律规则具有同等的重要地位，这从韩国《反不正当竞争预防和商业秘密保护法》（Unfair Competition Prevention and Trade Secret Protection Act，以下简称"UCPA"）的法律名称上就能看出，商业秘密实际上是与调整市场竞争秩序的规则平等地存在，在该法中也占有十分重要的篇幅，而并非单纯地将商业秘密保护视为反不正当竞争法的一部分来对待。

---

[59] 参见《営業秘密管理指針》，平成 15 年 1 月 30 日（全部改订：平成 27 年 1 月 28 日），载 https://www.meti.go.jp/policy/economy/chizai/chiteki/pdf/20150128hontai.pdf，2024 年 7 月 16 日访问。

[60] Yasuhiro Sato, Hajime Watanabe, *Trade Secret Law: Guidelines Revised*, from https://www.iam-media.com/trade-secret-law-guidelines-revised, last visited on July 19, 2024.

[61] 松本慶，営業秘密保護の実務が変わる　不正競争防止法の改正で，http://judiciary.asahi.com/fukabori/2016020200001.html, last visited on June 07, 2016，转引自郑友德、王活涛、高薇：《日本商业秘密保护研究》，《知识产权》2017 年第 1 期，页 115。

韩国政府十分重视对技术信息的保护,严格监管未经授权披露或盗窃技术,其中包含一种"创意剽窃"(Theft of ideas)的类型,作为保护中小企业免受掠夺行为的一部分。[62] 在保护知识产权的传统法律体系中,《专利法》和 UCPA 占据重要位置。2017 年,韩国国会通过了 UCPA 的修正法案,这是韩国针对商业秘密的专门立法进行的一次较大范围和程度的调整。根据该法案,修改后的 UCPA 进一步放宽了商业秘密的定义标准。根据以前的 UCPA,"商业秘密"一词包括生产方法、销售方法或其他有用的技术或商业信息,这些信息不公开,具有独立的经济价值,并通过"合理努力"保持机密。修订法案删除了"合理努力"标准,并将生产方法、销售方法和其他有用的技术或商业信息视为商业秘密,只要这些信息仍然具有保密性。这次修订大大降低了信息成为商业秘密的门槛,为无法满足此前 UCPA 要求的"合理"维护标准的中小型企业提供更多的保护。UCPA 的刑事条款也进行了修改,例如,修订法案扩大了构成盗用商业秘密的行为类型,不仅包括"获取,使用或披露第三方商业秘密",还包括"披露商业机密以外的商业秘密";[63] 其还通过增加监禁和罚款来施以更严厉的刑事处罚。这些修订都为韩国的专利持有人和商业秘密持有人提供了更广泛的保护。2018 年,韩国国会又在 2017 年 UCPA 的基础上,进行了一些细节性的修订,其中包括,自 2019 年 6 月起,任何故意侵犯他人专利权和商业秘密的人将会受到惩罚性赔偿的处罚。[64] 韩国针对商业秘密相关立法进行的修订也表现出对加强商业秘密保护的趋势与选择。

UCPA 作为韩国在商业秘密方面的单独立法,在规则设置上,首先进行了原则化的安排,包括商业秘密的界定、侵犯商业秘密行文的构成等,在法条后

---

[62] Yulchon LLC, *Korea Strengthens Protections of Patents and Trade Secrets - Treble Damages, Changes in Burdens of Proof, and More*, from https://www.lexology.com/library/detail.aspx?g=264c775e-e702-4009-8979-190a962731cf, published on December 18, 2018, last visited on July 19, 2024.

[63] Un Ho KIM and Sun CHANG, *Korea strengthens protection against IP infringement and unfair competition (Amendment of the Patent Act and the Unfair Competition Prevention Act)*, from https://www.iflr1000.com/NewsAndAnalysis/Korea-strengthens-protection-against-IP-infringement-and-unfair-competition-Amen/Index/9145, published on January 16, 2019, last visited on July 19, 2024.

[64] 参见《韩国加大对知识产权侵权者的处罚力度》,载中国保护知识产权网,http://www.ipr.gov.cn/article/gjxw/gbhj/yzqt/hg/201812/1931054.html,2018 年 12 月 29 日发布,2024 年 7 月 19 日访问。

半部分，又结合实践中可能遇到的一些问题，进行了详细的补充规定，[65] 包括申请保密令、在调查过程中对商业秘密的保护等。这样的立法模式，对于我国商业秘密规则的安排具有较大的参考价值，因为我国目前也是在反不正当竞争法的框架下保护商业活动中的商业秘密持有人的利益，在遵循现有的《反不正当竞争法》对商业秘密的原则性规定的基础上，进行规则的细化与安排，实现法律规则的一致性与效率性。

四、我国商业秘密保护单独立法的重点和难点问题

1993年《反不正当竞争法》制定之后，随着多年的司法实践，理论界和实务界对商业秘密的保护，以及专门的商业秘密立法应当处理的问题，进行了广泛的研究。典型如郑友德教授的研究成果。[66] 一些初步达成共识（或未必是共识）的成果已经反映在 2017 年和 2019 年对《反不正当竞争法》的修改中，包括：第一，完善商业秘密定义，以"商业价值"替代原来"能为权利人带来经济利益、具有实用性"的要求，并且不限于技术信息和经营信息；第二，丰富了对侵犯商业秘密行为的具体列举，增加了"贿赂""欺诈"及反映互联网和信息时代特征的"电子侵入"；第三，扩大了保密义务的范围，不限于"约定"；第四，扩大了侵权行为的主体，从"经营者"扩展到所有人；第五，增加了共同侵权的规定；第六，完善和细化了第三人责任；第七，强化民事责任，增加了类似于专利法、商标法、著作权法的法定赔偿，并增加了惩罚性赔偿；第八，强化了侵犯商业秘密的行政责任；第九，明确了相对于行政责任和刑事责任，侵权人的财产优先用于承担民事责任；第十，规定了民事程序中的举证责任及其转移；第十一，规定了监督检查部门及其工作人员对调查过程中知悉的商业秘密负有保密义务。

---

[65] *Unfair Competition Prevention and Trade Secret Protection Act* [Enforcement Date July 26, 2017.] [Act No.14839, July 26, 2017, Amended by Other Act], Chapter Ⅳ Supplementary Provisions.

[66] 郑友德、钱向阳：《论我国商业秘密保护专门法的制定》，《电子知识产权》2018 年第 10 期，页 34—88。郑友德、高薇：《商业秘密立法保护重点难点 40 问》，商业秘密保护立法研讨会，2016年 6 月 19 日。

但是，以上修改对部分问题的研究尚不深入，或修改尚不完备。除此之外，还有一些重大问题尚未研究，或研究不足，或尚未达成比较普遍的共识。这些问题或者是作为一部权利保护法之基本问题，或者是作为这些基本问题的细化，或者并不属于权利保护法的基本问题而系与周边其他法律或权利的关系问题。趁此专门立法之机，我们应有一次全面完善的思考，以使我国的商业秘密专门立法不仅仅是流于形式的对现有规定的简单统合，也不仅仅是对域外经验的照搬照抄，而是有所突破、有所创造，成为一部创造历史的《商业秘密保护法》。

（一）知识产权法价值体系的协调

任何权利的保护，无论是否为财产化的权利，都存在"适度"的问题。对知识产权及其中的商业秘密也是如此。要在商业秘密的保护范围和保护强度，以及公平竞争秩序、人才自由流动、信息协同共享、方便和激励创新之间维持恰当的平衡。

易继明教授在论述专利制度时，提出权利保护的长、宽、高的概念。[67] "长"和"宽"涉及对权利范围本身在制度上的设计，"高"则属于权利被侵犯后的保护强度。显然，如果长、宽、高同时太强，或者同时太弱，都会导致权利人的权利过大或过小，相应地，在私权与公共利益之间的平衡即会左右移动。因此，合理的配置应当是当长、宽较大时，高度应较小，或者当长、宽较小时，高度应较大，以维持三者之积即权利的总效果于一合理的度量。就商业秘密而言，则需要相应考虑三个维度：长度，即商业秘密应保护多久；宽度，即商业秘密包括哪些信息；高度，对侵犯商业秘密的赔偿及惩罚应有多大的强度。对于这个长度，商业秘密与其他知识产权不同，无法确定一个准确的期限，但是这涉及其在时间上丧失权利的条件——保密（当然还有基本上没有疑义的独立研发、反向工程等），即保密条件何时丧失，或曰终止于何时。

上述三个维度中，宽度基本上已达共识：商业秘密保护的客体，应包括所有符合商业秘密三要素的信息，而不限于技术信息和经营信息。美国商业秘密

---

[67] 易继明：《评中国专利法第四次修订草案》，载易继明：《私法》第15辑·第2卷（总第30卷），华中科技大学出版社2018年版，页2—81。

保护历史上对"单一或短暂"的"简单信息"、非"连续用于业务经营中"的信息的限制，以及对现实的经济价值的要求，也都已成为过去。[68] 因此核心在于长度与高度的均衡。

知识产权保护的正当性不单来自基于劳动的自然权利，还是综合平衡人的自然权利与社会经济发展需要的结果，即自然权利论与工具论的结合。[69] 知识产权的保护，除了保护权利人的合法权益，另一重要的公共政策目标和价值取向是推动应用、促进科技进步和经济社会发展。[70] 在作为商业秘密之重要组成部分的"技术"方面，建立专利制度的基本逻辑是"公开换保护"，鼓励发明人的技术公开。商业秘密制度与专利制度通过鼓励公开来激励创新不同，系通过创造诚信的商业环境来促进产业良性发展。但是，商业秘密制度的目的在于弥补专利制度不及之处，[71] 而非取代专利制度。因此，商业秘密的保护受到严格的限制，以免与专利制度相冲突：权利人必须承担其商业秘密不再成其为商业秘密的风险——既包括合法的泄密（例如反向工程、未采取保密措施等），也包括非法的泄密，即侵权活动。一旦泄密，则商业秘密不复存在。

正因为泄密后果对商业秘密的存续是致命的，因此对侵犯商业秘密行为的惩罚的严厉性才有合理的理由。相反，专利制度中，由于公开的技术受到法律制度创建的财产制度的保护，有稳定的 20 年保护期，毫无因侵权活动而丧失之虞，对侵权活动以民事责任规制足矣。因此，存在这样的对应关系：泄密而丧失权利的高风险—商业秘密的短期性—侵犯商业秘密的严厉责任；无丧失权利之虞—权利的长期稳定性—侵权责任较轻（限于民事责任）。也就是说，商业秘密易丧失的特性，已经由侵犯商业秘密的惩罚严厉性所弥补。那么，在商业秘密立法中，对于有关制度的设计，即应考虑上述与专利制度的分工，以及其"长宽高"的协调。

---

68 参见崔明霞、彭学龙：《商业秘密法律保护世纪回顾》，《法学论坛》2001 年第 6 期，页 32—33。

69 参见易继明、李春晖：《知识产权的边界：以客体可控性为线索》，《中国社会科学》2022 年第 4 期，页 131。

70 例如《专利法》第 1 条："为了保护专利权人的合法权益，鼓励发明创造，推动发明创造的应用，提高创新能力，促进科学技术进步和经济社会发展，制定本法。"

71 *Kewanee v. Bicron*，416 U. S. 470，94 S. Ct. 1879 (1974).

这就涉及商业秘密保护的权利属性定位这一重大问题：有没有商业秘密"权"？它是不是一项如物权和其他知识产权一样的绝对财产权？[72] 这一争论之所以存在和之所以敏感，背后隐藏的逻辑在于：基于对绝对财产权的迷信，如果对商业秘密保护适用财产规则，则倾向于（虽然不是必然）基于财产权为绝对权而认为所有人均负有尊重该财产权的义务，从而导致减弱权利人自身的保密责任，而加重其他相对人的保密义务，包括（善意）第三人的保密义务，以及不使用的义务。相反，如果对商业秘密保护适用责任规则，或将商业秘密保护法视为一种行为规制法，则前述结论不再那么确定，而可以基于更多的参考因素来合理确定。对侵犯商业秘密的救济强度，同样受权利属性定位的类似影响。

《民法典》通过将"商业秘密"列为一项"专有"的知识产权客体，似乎已经回答了上述问题。但结论并非如此简单。财产权和财产规则一般要求产权有清晰的边界，但是，商业秘密并不像版权一样有着客观的物质载体，也不像专利和商标一样通过审查获得授权，且保护的对象复杂多样，包罗万象。商业秘密的保密性与非公开性使权利范围的确定本身就很困难，因此是一项通过诉讼程序得以证明的特殊的知识产权，[73] 具有很强的个案分析属性。因此，有的学者提出对商业秘密也建立强制许可、法定许可和强制披露制度[74]——虽然在商业秘密过于泛滥的情况下也有必要，但由于商业秘密的上述性质，其可适用的场景和作用非常有限。

另外，已有很多学者正确地认为，权益与权利之分并不科学，凡得法律保护者，皆为权利。[75] 若非为法律保护者，则为期待利益。事实上，传统上所谓"权益"与"权利"之分，实为责任规则与财产规则之分。换言之，是否将一项获得

---

[72] 例如参见黄晖：《郑成思知识产权文集：商标和反不正当竞争卷》，知识产权出版社2017年版，页490。

[73] 徐瑞：《商业秘密的保护与限制》，《知识产权》2015年第1期，页83—84。

[74] 黄武双、陈勇：《商业秘密与公共利益》，载王立民、黄武双：《知识产权法研究》（第6卷），北京大学出版社2008年版，页226—242。

[75] 李春晖：《绝对权、绝对义务及其相对化民事权利与法益保护的单一框架》，《中外法学》2023年第3期，页646—667。

保护的利益当作"权利",这本身并未最终决定保护该权利(或权益)的强度——虽然通常认为财产化的权利会得到更强的保护,但实际上责任规则也可以强保护,财产规则也可以不那么强——进而也并不意味着对"权利"的重视与否。保护规则的选择只是考虑社会、经济制度上的合理性和救济的方便性。因此,无论商业秘密"权"是否存在或是否为一项财产权,均不妨碍考察前述三个维度。

因此,结论仍然如前:商业秘密保护制度的构建,应在尊重知识产权公共政策目标以及商业秘密与专利制度分野的前提下,考虑私权与公共利益的平衡。在此前提下,仍须尊重这样的制度设计:商业秘密占有(权)的高风险,以及侵犯商业秘密的严厉责任。对于后者,在所有知识产权领域都已达成共识,对于商业秘密而言目前制度上已经并存补偿性民事责任、惩罚性民事责任、行政责任和刑事责任,所需改进者在于各种责任的具体标准。对于前者,当下须解决两个重大问题:一是保密义务的轻重;二是第三人的责任和义务。

1. 保密义务的轻重

2019年《反不正当竞争法》的修改,将保守商业秘密的约定义务修改为广泛的"保密义务",不再将保密义务的情形限制在"约定"或者用人单位提出"要求"。那么,保密义务有哪些具体情形?需要在立法中明确,还是留待司法实践去填补?保密义务的存在是否降低甚至替代对权利人保密措施的要求?这些问题都有待回答。

鉴于商业秘密本身的不确定性,就具体权利人而言,其存在与否以及其范围为何,不完全是客观事实问题,而取决于权利人的主观认知。如果权利人不认其为商业秘密,即放弃了其权利,则显然不能以相对人负有保密义务为由,破坏信赖利益,再行主张权利。无论是权利人的保密责任,还是相对人的保密义务,都应有具体的指向。在司法实务中,法院亦并不认为"法定保密义务"可以满足"合理保密措施"的要件。[76] 当然,在权利人已普遍采取保密措施和保密制度的情

---

76 原化学工业部南通合成材料厂、南通中蓝工程塑胶有限公司、南通星辰合成材料有限公司与南通市旺茂实业有限公司、周某和陈某等侵害商业秘密纠纷案。参见最高人民法院(2014)民三终字第3号民事判决书。

况下，负有保密义务的人不能以没有针对自己的保密措施或者保密约定为由，否定保密义务和商业秘密的存在。这是有无保密义务的区别。

同样，鉴于商业秘密的不确定性，保密义务一般应为法定。目前，《个人独资企业法》《海关法》《对外贸易法》《证券法》《反垄断法》《法官法》等均对依职权或业务之便知悉他人商业秘密的行为主体设定了保守商业秘密的义务。商业秘密立法可以考虑适当地总结、整合，与各部门法相配套。例如在诉讼程序中得知商业秘密的第三人，应负不得使用、披露的义务。在实务中，已有若干法院推行保密承诺书[77]、保密令[78]等制度。作为阶段性成果，前述《关于审理侵犯商业秘密民事案件适用法律若干问题的规定》（法释〔2020〕7号）第21条规定了诉讼程序中对商业秘密的保密以及相应的民事责任和刑事责任。可参考EU-TSD和DTSA的规定，将该义务最终上升为"法定义务"，明确纳入商业秘密之保密义务的范畴（自然亦解决了其责任问题），并辅以程序上的保障，例如权利人的保密声明或者请求等。至于法院和法官的保密义务，请见随后对政府保密责任的讨论。

例外在于交易惯例中的保密义务。虽然一方面其可视为交易合同的一部分，另一方面其仅为约定不完备情况下，对普遍存在的交易合同的例外补充。但是绝不能因此将保密义务扩展到更多的领域。例如在雇主与雇员之间，若无法定亦无

---

[77] 早在2004年江苏省高级人民法院已推出保密承诺书制度，见《江苏省高级人民法院关于审理商业秘密案件有关问题的意见》（现已失效）第12条。按不完全统计，逐步推行此一制度的地方司法文件还有上海知识产权法院2017年《侵害商业秘密纠纷审理指引》、2020年北京市高级人民法院《关于侵害知识产权及不正当竞争案件确定损害赔偿的指导意见及法定赔偿的裁判标准（一）》、2010年江苏省高级人民法院《侵犯商业秘密纠纷案件审理指南》、2021年北京知识产权法院《侵犯商业秘密民事案件诉讼举证参考》、2021年江苏省高级人民法院《侵犯商业秘密民事纠纷案件审理指南（2021修订）》、2022年北京知识产权法院《计算机软件著作权民事案件当事人举证手册》。最高人民法院也最早在2012年《关于审理因垄断行为引发的民事纠纷案件应用法律若干问题的规定》（现已失效）第11条规定了针对商业秘密的保密承诺书，此后，2020年最高人民法院、最高人民检察院《关于办理侵犯知识产权刑事案件具体应用法律若干问题的解释（三）》，2020年最高人民法院《关于知识产权民事诉讼证据的若干规定》，2023年最高人民检察院《人民检察院办理知识产权案件工作指引》均规定了这一制度。

[78] 如2019年江苏省高级人民法院《关于实行最严格知识产权司法保护为高质量发展提供司法保障的指导意见》、2020年福建省高级人民法院《关于强化知识产权司法保护 更好服务保障创新创业创造的意见》、2021年江苏省高级人民法院《侵犯商业秘密民事纠纷案件审理指南（2021修订）》。

约定，应不存在默示的保密义务。详见后文。因此，原则上，保密义务应为约定保密义务或者法定保密义务。如果保密义务过于宽泛，进而免除权利人的保密责任，则将形成表达被著作权法、思想被商业秘密保护法全面自动保护的局面，导致公有领域受到侵蚀，信息流通的自由也会面临很大威胁。即便对于法定保密义务，保密义务范围往往是基于个案认定的结果。因此，立法中除了明确法定保密义务的范围外，还应当列出判断法定保密义务范围的指导性规则或原则，从而为司法实践提供指引。

2. 第三人的责任和义务

关于第三人责任，2019 年《反不正当竞争法》第 9 条第 3 款规定，"第三人明知或者应知商业秘密权利人的员工、前员工或者其他单位、个人实施本条第一款所列违法行为，仍获取、披露、使用或者允许他人使用该商业秘密的，视为侵犯商业秘密。"

但是，无论是否将商业秘密"权"视为财产权，都存在一个问题：在特定案件中，商业秘密何时终止其存在。如前所述，作为与专利制度相配合的制度，其中的权利人应承担商业秘密失密的高风险，如此才能激励创造者使用专利制度。如何设定权利人的风险，可以有滑动的标准。可能存在的场景包括：

（1）直接第三人在明知或应知的情况下从第一手侵权人获得、披露和使用商业秘密；

（2）直接第三人善意获得，但是随后知晓第一手侵权人的侵权行为，而仍然披露、使用商业秘密；

（3）直接第三人从第一手侵权人善意获得并披露、使用商业秘密；

（4）间接第三人从直接第三人或间接第三人处获得、披露和使用商业秘密。该间接第三人又可以分为明知或应知、善意取得后知晓、善意取得和披露使用三种情况。

目前的《反不正当竞争法》仅规定了第一种情形，而没有考虑后三种情形，应予完善。

目前之通例，至少认为与第一手侵权人直接接触的直接第三人，在明知和应知，或者随后得知侵权行为的情况下仍负有保密和不得披露、使用的义务，[79] 即第一、二种情形。此隐含了：商业秘密不因第一手侵权行为而失密。完全善意的第三人（情形三）不负侵权之责，且原理上应导致商业秘密的失密，一般也无疑义。有人认为第三人之善意抗辩权在美国《统一商业秘密法》中被否定，但事实上这只是相关判例当中所处理的一种特殊情形，不能将善意第三人的免责绝对化：如果商业秘密被附保密条件许可给一个公司，被告对该公司的善意购买并不导致被告免责。[80] 由于美国判例法的特殊性和多变性，该案并没有普遍的指导意义。

而对于第（四）种情形，笔者认为，第三人的链条必须终止于直接的第三人。间接的第三人不再受任何义务的约束，这是商业秘密权利人必须承担的风

---

[79] 例如日本 Unfair Competition Prevention Act，Article 2（1）

The term "Unfair Competition" as used in this Act means any of the following：

...

（ⅳ）the act of acquiring by theft，fraud，duress，or other wrongful means（hereinafter referred to as an "Act of Wrongful Acquisition"），or the act of using or disclosing（including disclosing in confidence to a specific person or persons；the same applies hereinafter）Trade Secrets through an Act of Wrongful Acquisition；

（ⅴ）the act of acquiring Trade Secrets with the knowledge，or through gross negligence in not knowing，that there has been an intervening Act of Wrongful Acquisition，or the act of using or disclosing Trade Secrets acquired in such a way；

（ⅵ）the act of using or disclosing an acquired Trade Secret after having learned，or through gross negligence in not having learned subsequent to their acquisition，that there had been an intervening Act of Wrongful Acquisition；

（ⅶ）the act of using or disclosing Trade Secrets disclosed by the company that owns them（hereinafter referred to as the "Owner"）for the purpose of wrongful gain，or causing damage to the Owner；

（ⅷ）the act of acquiring Trade Secrets with the knowledge，or with gross negligence in not knowing，that the Trade Secret's disclosure is an Act of Improper Disclosure（meaning，in the case prescribed in the preceding item，the act of disclosing Trade Secrets for the purpose prescribed in the same item，or the act of disclosing Trade Secrets in breach of a legal duty to maintain secrecy；the same applies hereinafter）or that there has been an intervening Act of Improper Disclosure with regard to the relevant Trade Secret，or the act of using or disclosing Trade Secrets acquired in such a way；

（ⅸ）the act of using or disclosing acquired Trade Secrets after having learned，or through gross negligence in not having learned，subsequent to their acquisition，that disclosing them was an Act of Improper Disclosure or that there had been an intervening Act of Improper Disclosure with regard to the relevant Trade Secrets；...

[80] *Forest Laboratories，Inc. v. Pillsbury Co.*，452 F. 2d 621（CA7，1971）.

险。否则，如果被泄露的技术秘密能够如物权一样享有追及权，能够追及所获知的任何第三人包括善意第三人，无疑会令技术秘密获得比专利更强的保护，这不符合知识产权体系设计专利制度的初衷，也会令各创新主体更方便地建立各自的技术壁垒，无助于信息的流动和共享，最终有损创新环境。

概言之，应维持商业秘密权利人的高保密责任和（法律上的）高风险，同时维持对侵权人的严厉责任。如果令权利人的义务过轻而相对人及第三人的义务过重，使商业秘密效能与专利相匹敌，则继续对侵犯商业秘密的行为科以过于严厉的责任就是不妥当的，另一方面也会侵蚀专利制度的正当性和必要性，违背知识产权公共政策目标。有的学者认为在技术日新月异的新时代，应赋予商业秘密更强的财产权特征，同时又要出于公共利益的目的，对加强后的商业秘密加以促进其公开性的限制，如建立强制许可、法定许可、强制披露制度等，[81] 与其如此，还不如把促进技术公开的工作交给市场：竞争对手会千方百计地让商业秘密公开，法律只需维持合理的秩序；如此也形成制度供给市场上专利制度与商业秘密制度的竞争。某些论者所挖掘的商业秘密制度的激励信息公开与分享的功能，例如不限制独立创造、反向工程等，[82] 实质上并非对信息公开与分享的激励，而是因为商业秘密保护不构成如专利权一样的垄断效果，是对其他人的创新的容忍而非激励，更非对信息公开的激励。

当然，这种强调权利人自身的保密责任和保密风险的制度，确实意味着商业秘密保护法更接近于一种行为规制法——本来，商业秘密脱胎于反不正当竞争法，作为规范市场竞争行为的分支而存在，调整竞争关系，保障商业道德。[83] 换言之，由于其价值，商业秘密确实是财产，但法律并不凭借"法之力"来维持权利人对商业秘密的占有，而是依赖权利人自身的力量（保密措施）来维持其占

---

[81] 黄武双、陈勇：《商业秘密与公共利益》，载王立民、黄武双：《知识产权法研究》（第6卷），北京大学出版社2008年版，页226—242。另参见张玉敏：《知识产权与市场竞争》，法律出版社2005年版，页216—217；韩兴：《专利制度危机背景下的技术秘密法律制度研究》，《知识产权》2014年第8期，页10—15，68。

[82] 韩兴：《专利制度危机背景下的技术秘密法律制度研究》，《知识产权》2014年第8期，页10—15，68。

[83] Sharon K. Sandeen, Elizabeth A. Rowe, *Trade Secret Law* (2nd ed.), including the DTSA of 2016, West Academic Publishing, 2018, p.4.

有[84]——商业秘密不过是占有（权）的客体而已，法律只是规制第三人不得以非法的方式改变其占有。"商业秘密（案件）的审理重点并不在于商业秘密的具体内容，而是被控侵权人获取商业秘密手段和途径的合法性。"[85] 只是从商业秘密可以许可和转移的角度来看，其仍然存在所有权的成分。

相反，如果强调相对人的普遍义务，以及对（善意）第三人的追及权，强调秘密的可回复性，则完完全全将商业秘密"权"转换为一种彻底的"所有权"，商业秘密保护法将是一部地道的财产法，而不是行为规制法。如前所述，从知识产权公共政策目标及由此导致的知识产权内部价值体系的协调来看，仍宜采前一种路径。但这并不妨碍使用"商业秘密权"这个词，也不妨碍将其视为一种财产权。但它是跟其他知识产权不一样的财产权，其"长宽高"的设置和协调不同于其他知识产权：保护强度可以很高，客体范围可以很宽，但同时其权利的生命期应该受到约束——或者说，仍应当在很大程度上视商业秘密保护法为行为规制法，否则专利法将受到侵蚀，信息和技术的流动、人员流动自由将受到不利影响，除非认为专利制度已经面临危机或者失败，需要以增强的商业秘密制度来替代其功能。[86] 但本文仍以专利制度的有效运行为前提。即使专利制度存在危机或者失败的情形，其改进路径除了商业秘密制度外，还包括对专利制度本身的改革，而未必是抛弃知识产权制度对专利制度与商业秘密制度的角色设定。[87]

（二）利益的均衡和防止权利滥用

在前一节的原则之下，商业秘密制度的均衡设计需要考虑一些具体的细节，

84　易继明、李春晖：《知识产权的边界：以客体可控性为线索》，《中国社会科学》2022年第4期，页126，132。

85　卢纯昕：《反不正当竞争法商业秘密条款的修订研究》，《法治论坛》2017年第3期，页218—228。

86　韩兴：《专利制度危机背景下的技术秘密法律制度研究》，《知识产权》2014年第8期，页10—15，68。

87　事实上，专利制度目前存在的问题主要是低质量专利的专利丛林造成的。在这种情况下，似乎不享有垄断权的商业秘密保护更能促进竞争。见韩兴：《专利制度危机背景下的技术秘密法律制度研究》，《知识产权》2014年第8期，页10—15，68。但此论仍然只是回归了专利制度与商业秘密保护之区分的老问题：商业秘密保护不受垄断权之累，但是对于权利人来说存在高风险，对于社会来说则存在信息流通不畅的问题。低质量专利丛林引发的问题可以从提高专利质量和限制非生产专利实体（NPE）两个角度来应对，见李春晖：《专利恶意诉讼之认定标准及法律责任》，《知识产权》2019年第4期，页31—43。

全面考虑各方面利益的均衡。其中一个重要方面是防止商业秘密的滥用造成限制或排除竞争的后果。

1. 对商业秘密"权"的限制

（1）侵犯商业秘密与反向工程之间的区别与界限

各国立法中一般认为他人有进行反向工程的自由，即通过研究和解构产品，来获取与产品有关的技术秘密是允许的，这被认为是对技术秘密的一种合理限制，正是这种限制与专利制度相结合，促成"公开换垄断"的实现。

但对反向工程的态度也不可一概而论。例如，可以约定禁止反向工程，相当于对技术秘密采取保密措施，有其合理性。另外，德国认为反向工程并非当然合法——如果反向工程是针对一项十分复杂的产品而实施的，则应被认定为侵权。[88] 其理论基础在于，正如马尔库塞的研究表明，技术中立的传统观念已不再适应现代社会，技术是负载价值的。[89]"技术所负载价值的实现需要法律的介入，立法应当遏制技术的负面价值，促进和保障技术正面价值的实现。对反向工程而言，法律不能一味肯定或否定，而应从能否确保技术正面价值实现的角度出发对不同的情形予以区别对待。"[90]

不过，笔者认为，尽管"技术中立"确实不再放诸四海而皆准，但是对一项技术或者产品本身的反向工程，是对权利人已经投入市场或者公诸于世的对象的研究，跟研究位于公共空间的任何自然物或者人造物并无区别，因此是正当的。"技术中立"不成立的场合，系其被用于侵入时。在各种新技术发展的条件下，反向工程可能与"侵入"存在界限模糊的情况。例如，对网络、数据库、视听产品的防火墙和电子保密措施的突破可否视为"反向工程"？[91] 按现行法律，这些行为应算作"侵入"，为侵权行为。二者的区别在于：反向工程所

---

[88] Ansgar Ohly, "Reverse Engineering: Unfair Competition or Catalyst for Innovation?" *in* Joseph Straus, ed. *Patents and Technological Progress in a Globalized World: Liber Amicorum*. Berlin: Springer, 2009, pp.535-552.

[89] 李华荣：《技术正义论》，《华北工学院学报（社科版）》2002年第4期，页18—21。

[90] 韩兴：《专利制度危机背景下的技术秘密法律制度研究》，《知识产权》2014年第8期，页10—15，68。

[91] 例如参见崔国斌：《网络反爬虫措施的法律定性》，《中国法律评论》2023年第6期，页157，165。

突破的是技术秘密本身；而侵入行为所突破的只是"锁"，其所获得的秘密信息不是这个"锁"本身，而是"门"里面的信息。

因此，回到德国学者的立场，除非反向工程突破的是产品中"锁"一样的屏障，则不存在正当性，否则即为正当的。而这个"锁"不仅是物理和技术上的锁，也是权利人和相对人观念上所共知的锁。比如，对软件的版权数字措施的破坏是侵犯版权的行为，如果对一个承载了能够被视为重大技术秘密的技术方案的功能软件也设置了类似于版权数字措施的技术屏障，则对之的破坏同样也被视为侵犯了技术秘密。对于技术措施的有效性，崔国斌从社会成本角度进行了有益的探讨。[92]

（2）基于公共利益的泄密责任和忠实义务豁免

美国对"告密者"的责任豁免首见于《反不正当竞争法第三次重述》第 40 条。[93] 基于保护公共利益而必须泄露商业秘密的情况下，如庭审过程中因法律规定而强制披露的情形，泄露商业秘密者不承担法律责任；同时，基于公共健康和安全等其他公共利益的保护，揭露与他人犯罪行为或欺诈有关的秘密信息也可以享有责任豁免。2016 年，美国 DTSA 进一步明确规定了几种"告密者"（whistleblower）的法定豁免情形，即在法院立案中或者向政府机关非公开性地披露商业秘密，或在法律诉讼程序中向己方律师作必要披露。[94]

在德国，"出于对雇主利益的保护，劳动者不得擅自将雇主的内部信息向公

---

[92] 例如参见崔国斌：《网络反爬虫措施的法律定性》，《中国法律评论》2023 年第 6 期，页 157。

[93] "In other circumstances, however, the disclosure of another's trade secret for purposes other than commercial exploitation may implicate the interest in freedom of expression or advance another significant public interest. A witness who is compelled by law to disclose another's trade secret during the course of a judicial proceeding, for example, is not subject to liability. The existence of a privilege to disclose another's trade secret depends upon the circumstances of the particular case, including the nature of the information, the purpose of the disclosure, and the means by which the actor acquired the information. A privilege is likely to be recognized, for example, in connection with the disclosure of information that is relevant to public health or safety, or to the commission of a crime or tort, or to other matters of substantial public concern."

[94] "责任的豁免根据联邦或州的商业秘密法，个人不应当承担刑事责任或民事责任，泄露是以直接或者非直接的方式，将秘密提交给联邦、州，或当地政府官员、律师，且仅为报告或调查涉嫌违法事件的目的；或在申诉或者提交其他法律诉讼及其他程序的公印文书中泄露商业秘密；或在满足一定条件时，在反报复诉讼中商业秘密的使用，因雇主报复而提起诉讼的个人为报告涉嫌违法的行为，向己方律师泄露商业秘密且在庭审过程中使用该商业秘密信息的可免责。"参见季冬梅：《众望所归：美国〈商业秘密保护法〉正式生效》，载《科技与法律》，2016 年第 3 期，页 639。

众揭露,否则将构成对忠实义务的违反。但基于社会公共利益大于私人利益的考量,如果雇主做出的行为将对公共利益造成迫切的危险,那么此时出于对公共利益保护的目的,即便劳动者对雇主该行为的揭露将对雇主利益造成巨大的损害,也并不会构成对忠实义务的违反。近年来,正是基于这种公共利益保护中的忠实义务豁免情形的运用,'吹哨人'制度在德国劳动法学界获得了显著的发展。"[95]

TRIPs 协议亦规定"为保护公众利益所必需"是禁止公开保密信息的例外。

但是,我国现行法律仅在政府信息公开制度中以商业秘密豁免的例外提及公共利益,并未对私法规范下的公共利益豁免加以规定,遑论在商业秘密保护语境下阐述公共利益之内涵。不过,在实务当中,在涉及国家利益、公共利益的重大问题上,企业往往需承担一定的社会责任,行政和司法机关很有可能为具有正当理由的"告密者"或"吹哨人"提供责任豁免,在个人利益和社会公共利益的个案权衡中做出合理选择。无论如何,我国的商业秘密保护单独立法,公共利益豁免当为不可或缺的内容。

(3) 基于公共利益的强制许可、法定许可和强制披露制度[96]

强制许可、法定许可与强制披露的区别在于,前二者被许可人负有保密义务,而后者将导致商业秘密的完全丧失。由于要衡量公共利益,相关决定应由所涉公共利益相关的行政主管部门做出。例如涉及公共健康的,应由公共健康和卫生部门做出;涉及环境保护的,应由环境保护部门做出。

这些制度可以参考专利法、著作权法相关规定,但是不可照搬,因为:一方面商业秘密具有秘密性,在未被许可前是由商业秘密权人完全掌握和控制的,行政机关强制要求披露的行为显然需要更加慎重;另一方面,由于其未经审查和授权的性质,其内容又具有相当程度的广泛性和任意性,需要进行合理的甄别。

后文将要讨论的政府信息公开制度中商业秘密豁免的例外可以被认为是一种强制披露制度。即商业秘密豁免是政府信息公开制度的例外,当涉及对公共利益的"重大影响"时,该例外又有例外,即相应商业秘密仍应披露。

---

95 李亘:《德国劳动者忠实义务的制度发展与历史变迁》,载《德国研究》2017 年第 3 期,页 98—113,136。

96 参见黄武双、陈勇:《商业秘密与公共利益》,载《知识产权法研究》2008 年第 2 期,页 226—242。

(4) 商业秘密相关公共利益的标准和裁量

上述泄密责任和忠实义务的豁免,以及强制许可、法定许可和强制披露制度,事实上是公共利益分别在政府一侧和在相对人一侧的表现。而需要在立法和司法中考虑的,是何为"公共利益"或"公众利益",以及何为对公共利益的"重大影响"。尤其要避免对"公共利益"泛化解释,以防止公共利益理由的滥用。当然也要防止无视公共利益。

"我国司法实践中,公共利益的考量其实是很多的,表现为法院作出的判决首先需要符合国家和社会整体利益大局的需求。然而,审判中的心证过程缺乏公开性,判决书中更少有表述,这样会使得公共利益的考量不规范,导致过滥适用或无视公共利益的存在。如果借鉴立法发达国家的制度,如发布禁令的要素、公共利益考量因素等,将公共利益的适用范围和适用方法予以明确和规范,无疑会大大提高我们的司法水平和公信度。"[97]

按照美国涉及商业秘密禁令时考量公共利益的判例,公共利益的内涵可以包括:① 国家安全;② 公众健康;③ 环境保护与安全;④ 公共设施的建设与使用;⑤ 信息自由传播与新闻自由;⑥ 商业道德、自由竞争与反垄断;⑦ 保障个人的宪法权利。[98] 其他公共利益还有阻止违法犯罪,即促进公共安全。

但是这并不意味着凡跟任何公共利益沾边即应有豁免或例外,例如并不意味着为了公共健康的目的凡是药企都应公开涉及其所有药物的技术秘密。无论面对什么公共利益,立法技术和司法实践,都要恰当把握公共利益与私权的平衡,或毋宁说,适当地尊重私权以激励创新,也是另一种公共利益。

2. 雇主权益与劳动者权益的均衡

商业秘密纠纷的主要场景是雇员与雇主的纠纷。毫无疑问,雇主与雇员,尤其是离职雇员的利益是冲突的,各自的权利既需保护,亦需平衡。总体而言,平衡点向哪一侧移动,与公共政策的价值取向密切相关。比如在美国某些州,当雇员离职后从事的新工作不可避免地会泄露原雇主的商业秘密时,原雇主可以申请

---

[97] 黄武双、陈勇:《商业秘密与公共利益》,载《知识产权法研究》2008 年第 2 期,页 226—242。

[98] 黄武双、陈勇:《商业秘密与公共利益》,载《知识产权法研究》2008 年第 2 期,页 226—242。

禁令救济，限制该雇员从事新工作，[99] 即"不可避免泄密之禁令救济"(inevitable disclosure injunction)。[100] 但依赖科技产业、重视创新环境的加州担心该禁令救济会不合理地限制雇员流动性，对该制度持否认态度，在授予限制雇员从事特定新工作的禁令救济时，采用更加严格的标准，即只有当雇员从事新工作会对雇主的商业秘密构成实际威胁时才授予该项禁令，该禁令又被称为"构成侵犯商业秘密威胁之禁令"(threat to misappropriation injunction)。

因此，商业秘密保护立法在雇主与劳动者权益平衡方面要考虑两方面典型的问题，即保密义务与竞业禁止。

(1) 雇员之保密义务是否需要约定

与前文所讨论之"约定义务"到宽泛的"保密义务"的修改相对应，须考虑对雇员而言，哪些行为会存在违反保密义务的风险？雇员的保密义务是否必须基于约定？或者即便有约定，雇主是否需要有更为积极的行为，例如采取妥善的保密措施以表明所涉信息确为商业秘密，而不仅仅是依靠宽泛的约定？后两个问题的答案应为肯定的。

有的学者主张赋予劳动者更多的义务，"在受技术保密合同约束的同时，掌握技术秘密的劳动者应对用人单位承担强制性的默示保密义务和竞业禁止义务。"[101] 这是一种危险的倾向。不能在一方面强调商业秘密的财产化和私权属性的同时，却允许权利人怠于通过积极措施声明和稳固其权利，而在权利边界完全不清楚的情况下强加给劳动者默示保密义务。如此将导致劳动者无所适从，唯有对雇主从一而终，严重妨碍择业和劳动自由。

当然，在之前美国的一些司法判例中，即使没有明确的约定，或在约定不够周全的情况下，基于雇员的身份、地位（比如明知某项技术为核心机密的工程设计师），保密义务会存在有无与大小的差异。理论上，保密义务的范围大小可基于商业秘密的内容、负有保密义务者的职权与工作内容、商业秘密持有人采取的保密措施的范围等多种要素进行综合判断。但是，鉴于我国的成文法传统缺乏美国司法系统个案审查的灵活性，立法中不宜设置在司法实践中难以"控制"的广而空泛的保密义务。

99　*Whyte v. Schlage Lock Co.*，101 Cal. App. 4th 1443（2002）.
100　*Pepsi Co., Inc. v. Redmond*，54 F. 3d 1262（7th Cir. 1995）.
101　王千华：《关于技术秘密立法若干问题的思考》，《河北法学》2001年第3期，页17—21。

（2）雇主商业秘密权益与劳动者流动自由的均衡：竞业禁止之合理性

在我国商业秘密的相关立法趋势中，既重视提高商业秘密的保护水平，还兼顾劳动自由权利的保障。与前一部分信息自由流动优先相应，人才自由流动同样应优先。"应保护劳动力市场的流动性，让市场对劳动力资源的配置起决定性作用。因此，企业采取保护商业秘密的措施不得过度或不当限制劳动资源的自由流动，不得干涉雇员对劳动的自主选择权利。竞业限制应以保护商业秘密为限，在受限制的期限、行业、企业等问题上需合理、公平。"[102] 因此，国务院 2008 年印发的《国家知识产权战略纲要》，提出要"妥善处理保护商业秘密与自由择业、涉密者竞业限制与人才合理流动的关系，维护职工合法权益。"

近期，美国的竞业限制条款相关规定亦呈现新态势。美国联邦贸易委员会（FTC）于 2024 年 4 月 23 日发布了一项最终规则，全面禁止竞业限制协议。[103] 该规则基于对《联邦贸易委员会法案》第 5 条和第 6（g）条的解释，认为竞业限制构成了不公平的竞争方式，因此决定在全国范围内禁止此类协议。此举旨在保护劳动者的自由选择工作的权利，鼓励创新，并激发创业精神。根据该最终规则，企业被禁止在规则生效后签订新的竞业限制协议。值得注意的是，规则生效前已存在的、针对高级管理人员的竞业限制协议仍然有效，而针对其他员工的竞业限制协议则不再被执行。这意味着大多数员工将不再受离职后加入竞争对手公司或自行创业的限制。

禁止竞业限制条款被看作是对员工权益的重大保护举措，因为它解除了对员工离职后就业选择的限制，促进了劳动力市场的自由流动。这有助于增强市场竞争，提高创新力，并给予员工更多的职业发展机会。对企业而言，这一规则可能减少了保护商业秘密、客户关系和技术优势的手段，增加了人才流失风险带来的威胁。但同时，这也促使企业通过提升内部文化和创新环境来留住人才，而非依赖法律约束。FTC 在提出此规则时引用了大量经济学和法学研究，指出竞业限制条款对整体经济和劳动力市场具有负面影响，限制了创新和经济增长，主张开放的就业市场更有利于经济活力和长期发展。尽管该项规则已发布，但在正式实施

---

[102] 傅宏宇：《美国〈保护商业秘密法〉的立法评价》，《知识产权》2016 年第 7 期，页 120—126。

[103] *FTC Announces Rule Banning Noncompetes*，*from* https：//www.ftc.gov/news-events/news/press-releases/2024/04/ftc-announces-rule-banning-noncompetes，published on April 23，2024，last visited on June 18，2024.

前仍面临着不小的法律挑战。美国商会等组织以 FTC 越权为由提出异议。尽管如此，FTC 坚持其有权为执行法律而依据法律制定此类必要的规则，以防止不公平的竞争方法。

美国的这一变革预计会对美国的就业市场、企业战略以及劳动法律实践产生深远的影响，同时也可能成为全球范围内关于竞业限制法律讨论的一个重要参考案例。在这一背景下，我国的商业秘密保护立法应慎重思考竞业禁止问题。如果仍然保留这一制度，则应慎重思考竞业禁止之合理范围。

（3）竞业禁止之合理范围

竞业禁止包括约定的与法定的竞业禁止两种，前者又包括在职约定和离职约定。在商业秘密保护法的语境下，需要考虑是否设立以及设立什么样的法定竞业禁止，以及约定竞业禁止应受什么样的限制及何时有效、无效。法定竞业禁止顾名思义就是法律直接规定相关主体承担的竞业禁止义务，我国立法散见于《公司法》《合伙企业法》《商业银行法》《保险法》等法律文件中，但基本上均限于在职的竞业禁止。此原则应延续。

对约定竞业禁止的限制，包括：对合同适用对象（人）的限制、对时间的限制、对地域的限制、对所涉商业秘密以及相关行业的限制、对竞业禁止的经济补偿、对约定或未约定之违约责任的限制、免责条款等。[104] 对此，国内立法和域外立法均有丰富的经验。在未来的商业秘密立法中，重要的工作是结合中国的实际，作出恰当而均衡的决定。原则上，应如《瑞士民法典》第 340 条规定，雇主不能证明其存在值得保护的利益的，该竞业禁止协议无效。[105] 未获充分经济补偿的竞业禁止也应无效。

虽然商业秘密本身的定义中客体范围是开放性的，但是在具体场景中，仍须区分某种信息是否为商业秘密。在竞业禁止中，何谓商业秘密则十分重要。比如，招徕客户或前同事是否属于与商业秘密有关的竞业禁止范畴？尤其是客户信息是否为商业秘密？这些均受公共政策价值取向的支配。例如在员工流动性很强的加州，其商业秘密立法中对"竞业限制或竞争""禁止招揽对方雇员""禁止招

104　胡良荣：《论劳动权和商业秘密权保护的冲突与协调——以〈劳动合同法〉的立法取向为视角》，《江苏大学学报（社会科学版）》2007 年第 6 期，页 57—63。

105　胡良荣：《论劳动权和商业秘密权保护的冲突与协调——以〈劳动合同法〉的立法取向为视角》，《江苏大学学报（社会科学版）》2007 年第 6 期，页 57—63。

揽对方客户"等合同条款的效力认定标准十分严格。在判例中,只有当这些合同条款是为了保护公司商业秘密相关权益时,它们才合法有效,即单纯以限制雇员离职后与原单位竞争、招揽原单位雇员或客户为目的的条款不发生法律效力。而在其他州的判例中则对"竞业禁止"合同条款的效力持肯定态度。

不过,同为大陆法系国家的德国更值得借鉴。"德国的立法例及理论见解可使雇佣双方所持权利、义务明确化,有效地让双方所处地位均等,并降低冲突的发生。换言之,就离职竞业禁止的有效性及合理性判断标准,应当通过法律明文规定的方式加以明确和细化,使雇佣双方对彼此间所拥有的权利和义务都一清二楚。"[106]

3. 合理配置民事赔偿、刑事责任与禁令之合理强度或范围

按照之前确立的原则,只有对尚未丧失保密条件的商业秘密才可适用禁令保护,而不能通过禁令令已经失密的商业秘密恢复其保密属性,无论是否将商业秘密权视为财产权均不影响此判断。但是,对于造成商业秘密丧失其保密属性的情况,应使赔偿或者惩罚足以补偿权利人的损失或者吓阻侵权人的侵权行为。因此,对商业秘密灭失所造成的损失或者获取的利益的计算,应更新思维,考虑权利人的预期利益,并辅以惩罚性赔偿。在民事责任与刑事责任之间,民事责任优先,在权利人可获得充分赔偿的情况下可免除刑罚;而在无法实现充分赔偿的情况下,应对侵权人科以足够严厉的刑罚。

雇员劳动自由与雇主商业秘密权利遵循同样的原理。信息流动和人员流动自由是应当优先保障的价值,宜采不得禁止雇员缔结新的劳动关系之立场。[107] 在美国联邦贸易委员会(FTC)全面禁止竞业限制协议的最终规则之前,美国《商业秘密保护法》就在保护商业秘密与劳动自由之间进行了仔细的平衡,要求保护商业秘密的禁令不得禁止雇员缔结新的雇佣关系,也不得与禁止限制商业活动的州法(如《加州商业与职业法典》第 16600 条)相冲突。[108] 在立法议案中,相关条

---

106 邓恒:《德国的竞业禁止制度与商业秘密保护及其启示——兼论《法官法》第 23、24 条的修改》,《法学杂志》2017 年第 3 期,页 99—105。
107 与前文所讨论之商业秘密丧失条件相呼应:商业秘密保护之价值权衡的平衡点,应倾向于保护信息的流通。故对间接第三人所获知的商业秘密,应视为已经流入公共领域。
108 傅宏宇:《美国〈保护商业秘密法〉的立法评价》,《知识产权》2016 年第 7 期,页 120—126。

款表述为"禁令不得在雇员避免了实际或潜在侵权的情况下限制其缔结新的雇佣关系"。[109] 立法议案的表述被认为是以联邦立法承认了不可避免披露原则,破坏了州法的立法选择与平衡。[110] 为了回应上述批评,国会对此条款内容进行了修改,使得法案更倾向于保护雇员流动和劳动自由,并且尊重各州的相关立法规定。[111]

对于雇员因转换工作而确实造成的对原雇主商业秘密的损害,应由雇员或新雇主以民事赔偿的方式承担,但须有合理的前提:一是合理确定保密义务;二是民事责任之轻重不可变相产生禁止缔结新劳动关系之效果。换言之,只有在雇员存在违约行为或者虽未违约但有"不可避免之披露"之外的侵权行为时,才可承担违约责任或其他侵权行为的相应责任。

(三)商业秘密的国际保护或跨境保护

国际保护有两层含义。一层是对境内的外国人提供国民待遇,这是自《巴黎公约》以来形成的知识产权保护基调。商业秘密问题从一开始隐藏于"反不正当竞争"中而不那么明晰,到越来越明确地作为知识产权保护的客体,经过多年的市场经济发展,对在中国经营的市场主体的商业秘密应予以保护,殊无疑义。

另一层含义,或者说新问题,则涉及境外的主体或者境外的商业秘密。这个问题随着2017年中美贸易战肇始时美国对中国的指责而越发引人注目。具体观

---

[109] S. 1890 in the Senate of the United States (114th Congress 1st Session), July 29, 2015. From https://www.govinfo.gov/content/pkg/BILLS-114s1890is/pdf/BILLS-114s1890is.pdf, last visited on July 6, 2024. Section 2(b)

(3) REMEDIES.—In a civil action brought under this subsection with respect to the misappropriation of a trade secret, a court may—

(A) grant an injunction—

(i) to prevent any actual or threatened misappropriation described in paragraph (1) on such terms as the court deems reasonable, provided the order does not prevent a person from accepting an offer of employment under conditions that avoid actual or threatened misappropriation described in paragraph (1); …

[110] Brook K. Baker et. al, *Professors' Letter in Opposition to the Defend Trade Secrets Act of 2015*, November 17, 2015, p. 5. From https://cyberlaw.stanford.edu/sites/default/files/blogs/2015%20Professors%20Letter%20in%20Opposition%20to%20DTSA%20FINAL.pdf, last visited on July 6, 2024.

[111] 但是又有批评认为这对承认不可避免披露原则的州法构成了冲击,导致这些州出现平行适用的不统一的立法,产生适用上的困难。参见傅宏宇:《美国〈保护商业秘密法〉的立法评价》,《知识产权》2016年第7期,页120—126。

察此次中美知识产权和贸易争端,可以总结有关商业秘密的几种情形:① 国内主体侵犯(可能于国内并无直接营业活动的)外国主体的位于外国的商业秘密;②(可能于国内并无直接营业活动的)外国主体侵犯国内主体的位于国内的商业秘密;③ 国内或外国主体,于境外侵犯国内或者外国主体的商业秘密,但有关产品或服务延及境内;④ 国内主体在境外涉及商业秘密侵权(作为权利人或者侵权人),但是有关产品或者服务并不延及境内。这四种情形的法律适用和法院管辖均可能存在疑问。

从商业秘密的特点看,其跟版权一样无须政府审批。但是版权存在明显的地域性特点,即各国对同一作品是否应享有本国版权保护,以及版权的具体权能,有不尽相同的规定。且无论是正版还是盗版作品,必定有在市场上的传播。对于商业秘密而言则有所不同,虽然各国法律可能对保密条件、侵权行为等的规定有所不同,但是核心仍然在于被视为商业秘密的信息本身及其披露和使用,而由于商业秘密的保密特性以及因此而来的非传播性,其在全世界具有唯一性。这就带来法律适用和管辖上的疑问:一个位于全球某个地区或国家范围内的商业秘密,理论上是否可能跟任何一国的法律扯上关系?当然,如果是技术秘密,可能体现于全球流通的产品上。但技术秘密本身无论是从技术角度还是从法律角度都存在边界模糊性,因此往往难以如专利、商标或者版权一样将具体的商业秘密与具体的产品进行比对。

但无论如何,经过全世界诸多双边协议和多边协议、公约的确认,尤其是TRIPs协议的确认,基本上任何地点(当然需在成员国内)的商业秘密(未披露信息)都应获得国际保护,尽管有关条文并未明文提及跨境的商业秘密及其保护。在法律适用层面,当遵循一般的原则:权利的存在和有效性认定应当适用权利的取得和维持所在地法律,侵权应当适用行为地法律。较为复杂的是法院管辖问题。

从比较法上看,美国基于"最低限度联系"的长臂管辖应毫无悬念。在天瑞集团公司对ITC裁决提出上诉一案中,美国联邦巡回上诉法院认为,即使商业秘密的盗用发生在美国境外,337条款也适用,因为利用境外盗用的商业秘密生产的货物的进口将导致不公平的竞争。[112] 在盗用商业秘密的情况下,不需要如"法

---

[112] *TianRui Grp. Co. v. U.S. Int'l Trade Comm'n*, 661 F. 3d 1322, 1328 (Fed. Cir. 2011).

定知识产权"（例如专利）一样要求与国内产业相关，只要原告能够证明盗用行为对其国内产业造成了损害（如竞争优势）即可，而不管原告是否在国内使用了被盗用的商业秘密。[113] 这对应上述第③种情形。而在2017年中美贸易争端爆发时，美国所指控的侵害商业秘密的情形，则属于第②种情形。

在欧洲，"根据EU-TSD第4条和第10条，直接生产、提供或将侵权产品投放市场，或为了实现这种目的而实施的进口、出口或储存侵权产品的行为将视为侵害商业秘密；并禁止以实现上述三种目的而进行的进口、出口或储存侵权产品；要求查封扣押或要求交付涉嫌侵权的产品以及被进口的产品，用以阻止涉案侵权产品进入欧盟市场。那么，在国际贸易中发生在欧盟外部的涉及侵害商业秘密的行为，同样可认定其属于不法使用商业秘密而构成侵权，可予以直接规制。"[114] 这同样对应于上述第③种情形。

日本的情况有所变化。2015年修改之前的《不正当竞争防止法》只对在日本境外不正当使用或者泄露由日本境内的个人或企业所控制的商业秘密的行为给予刑罚。修改后的《不正当竞争防止法》扩大了刑罚的范围，规定获取日本境外的商业秘密要受到刑罚，而无论是否由日本境内的个人或企业所控制。[115] 2023年6月14日实施的《不正当竞争防止法》，规定在国外发生侵害日本企业商业秘密的情况下，企业也可以向日本法院提起诉讼，适用日本的《不正当竞争防止法》。但是，如果商业秘密仅用于日本境外的商业目的，则不适用此规定（《不正当竞争防止法》第19条之2第1项）。即在境外不正当获取由任何主体控制的商业秘密，并且涉及日本境内的商业目的，则日本法院可管辖，这对应第①种和第③种情形。

可见，由于第④种情形不涉及境内产品和服务，侵权行为也在境外，其应由侵权行为及/或利益所在地管辖。第③种情形则是最常见的可在国内管辖的情形。对于第①种和第②种情形互为镜像的情形，虽然双方在国内并无竞争关系，但侵权方获取了利益而被侵权方必定也损失了利益，因此有必要规制和管辖。尤其是，如上所述这两种情形也属于部分外国法和外国法院可以管辖的情形，我国当然亦须纳入规制，以在特定案件中争取主导权。

---

113 *TianRui Grp. Co. v. U.S. Int'l Trade Comm'n*, 661 F. 3d 1322, 1337 (Fed. Cir. 2011).
114 郑友德、钱向阳：《论我国商业秘密保护专门法的制定》，《电子知识产权》2018年第10期，页34—88。
115 郑友德、王活涛、高薇：《日本商业秘密保护研究》，《知识产权》2017年第1期，页116。

（四）救济的原则和途径

对于一项权利，最关键的不在于设权，而在于权利的实现。事实上，美国 DTSA 的核心内容即为对窃取商业秘密的司法救济条款。[116] 前文提到，我国对商业秘密侵权的救济同时存在不足和过当的情况：民事救济不足，而刑事救济过当和滥用。

权利的属性决定救济的途径。在合同关系之外我国对技术秘密的司法保护其实最早始于刑法，因为彼时技术秘密的保护侧重于保密，私权不彰。尽管笔者主张商业秘密保护法在很大程度上仍然是或者相当于行为规制法（即使为财产法也应对商业秘密的保密性严格限制，殊途同归），但不可否认的是与商业秘密有关的权利是私权。

对私权的救济应以民事责任为主，行政责任、刑事责任次之，除非涉及超过私权利益的公共利益，例如对市场秩序的严重破坏，或者涉及外国实体的经济间谍行为等。因为，"关于民事权益的法制应树立促进、保护、救济和惩戒的递进式目的实现顺序，促进、保护和救济目的应优于惩戒目的，只有在实现前目的有碍的情况下才允许后目的的实现，后目的的实现是为了给前目的的实现消除障碍，提供保障，刑罚所能带来的效果存在于惩戒目的的实现中，与同样存在于惩戒目的实现中的惩罚性赔偿和行政处罚相比，刑罚少了救济和效率的价值，具有更纯粹的惩戒意义，而效率和救济这些更具经济意义的价值可能更适应市场经济解决纠纷的要求，因此刑罚应具有最后性和保留性。"[117]

以民事责任为主有两层含义。一是，在程序上应首先选择民事程序。当然，我们的行政执法比较有特色，在众多知识产权领域可以同时履行颁布禁令（责令停止违法行为）、民事调解（《反不正当竞争法》无此规定）、行政处罚和移送刑事侦查检察机关的职能，因此优先选择民事程序也包括通过行政机关停止违法行为，以及借此机会达成调解。仅当民事利益无法实现时，才诉诸行政处罚和刑事程序。二是，在实体法上和司法实践（以实体法为前提）中必须提供充分的民事

---

[116] DTSA 一共只有七个条款。其中，第 2 条为对于窃取商业秘密案件的联邦管辖权；第 3 条为窃取商业秘密案件的执行；第 4 条为境外窃取商业秘密案件的报告；第 7 条为豁免条款。

[117] 徐启明、孔祥参：《侵犯商业秘密罪的立法定位与司法认定》，《政法学刊》2011 年第 4 期，页 46—52。

救济，这包括在可能的情形下及时颁布禁令，以及在禁令不可行的情况下提供充分的赔偿，甚至是惩罚性赔偿。当商业秘密彻底丧失时，赔偿不仅应考虑过去，也应考虑未来的损失。只有当侵权人无力承担充分的民事责任时，才有必要动用刑罚使其得到惩罚。

知识产权更有其特殊性，因其是否侵权的判断十分具有专业性，尤其是权利本身的存在和稳定性尚存疑问（商业秘密更是如此），因此宜由专业性更强的民事法庭（在知识产权方面已与行政法庭"二合一"）先行确定权利是否稳定（包括行政确权程序）和是否侵权。再者，从证据角度来考虑，对民事证据的要求低于对刑事证据的要求，故从常理来判断，民事侵权容易成立而刑事罪行不易成立，因此先民后刑合乎逻辑。[118] 仅当涉及重要的公共利益、国家利益时，例如涉及经济间谍、国家安全时，才能优先处理刑事案件。有人认为，刑法独立性判断在刑事领域有其价值及普遍适用的空间。但是，涉知识产权犯罪有所不同，其犯罪构成的基础性条件在于犯罪行为人对知识产权人权益的侵害。因此，在侵犯知识产权犯罪领域，无法以刑法独立性来判断涉及知识产权的行为是否属于刑法规制的范畴，而应坚持二次违法原则，只有在完成判断知识产权侵权行为或行政违法存在的前提下，才可以进一步判断相关行为是否属于刑法规制的范围。[119]

事实上2019年《反不正当竞争法》第27条的规定，即已在民事责任、行

---

[118] 虽然法理上刑事审判应比民事审判更为严谨，但在中国实践的现实中，刑事法庭（尤其是基层法院）的知识产权专业性显然不及中级人民法院的知识产权审判庭。这导致了一些错案的发生，不构成民事侵权的行为，反而作为犯罪行为来处理。如宜兴市清新粉体机械有限公司诉宜兴市宏达通用设备有限公司、陆某侵害商业技术秘密纠纷案，即出现民事诉讼与刑事诉讼不一致的情况，当事人只是因为涉案金额未达追诉标准而未担刑责而已。见宜兴市人民法院（2004）宜刑初字第23号刑事判决书，江苏省无锡市中级人民法院（2005）锡知初字第20号、江苏省高级人民法院（2005）苏民三终字第119号判决书。

[119] 刘军华、丁文联、张本勇等：《我国知识产权刑事保护的反思与完善》，《电子知识产权》2018年第5期，页86—102。另，对于上文所论述的两点，即对侵犯私权行为的除罪化，以及民事侵权判定应先于刑事犯罪的判定，熊理思博士从两个方面角度进行了较全面的论证，即，"至少要满足以下两个条件，立法者才能将刑事诉讼程序放在一个更为优先的位置：一是从价值上判断刑事诉讼较之民事诉讼更具社会意义，二是从技术上分析刑事诉讼较之民事诉讼更能全面揭示案件事实真相。"熊理思博士还总结了先刑后民的其他弊端：第一，刑事程序缺少民事上的诉前禁令和诉前证据保全制度；第二，刑事程序缺乏民事上的财产保全制度；第三，刑事程序上缺席审判制度的缺失，也使得"先刑"成为知识产权权利人的"不能承受之重"；第四，"先刑后民也为公安机关插手经济纠纷提供了可能和方便。"见熊理思：《知识产权刑事保护与其他法律保护之间的关系协调》，华东政法大学2016年博士学位论文，页119—122。

政责任和刑事责任之间，认定了侵权人对权利人承担民事责任是最重要的，而不是侵权人对政府和国家承担的行政责任和刑事责任。[120] 商业秘密保护立法应延续这一思路，彻底捋清民事责任与刑事责任之间的关系，并可以为其他领域的刑民交叉问题作出示范。

简言之，侵犯商业秘密的救济可以按照如下原则设置：

第一，设立充分的民事救济。侵权人应充分赔偿权利人过去、未来的损失，包括惩罚性赔偿。

第二，侵犯商业秘密的行为危害公共利益、公共秩序的，包括类似于经济间谍的行为（不仅损害权利人利益，亦损害行业、国家利益；受益的亦不仅是侵权人，还包括外国政府或行业），应处以刑罚，且为公诉罪名。当涉及此类罪名时，刑事程序优先。但是，公诉罪名无论从立法上，还是从司法上，都应秉持谦抑原则，不可泛化。不可形成"凡侵犯商业秘密者，均破坏了社会主义经济秩序，进而损害了公共利益，从而被诉以公诉罪名"的逻辑和实践。

第三，当权利人无法获得充分的民事救济时，例如侵权人无法偿付侵权赔偿，则权利人可选择继续追究侵权人刑事责任。相应罪名应为自诉罪名。罪名和刑期与权利人无法清偿的赔偿相应，而非如现行《刑法》以获利多少为准。

如此形成"民事赔偿—刑事自诉罪名—刑事公诉罪名"的等级体系。

在上述架构下，关键是立法和司法实践上必须充分、足额赔偿，以及设立惩罚性赔偿（2019年《反不正当竞争法》已增加）。如何充分、足额赔偿，除了司法实践上须有以权利人为核心的理念之外，在立法技术上，一是应当在诸种计算方式（目前许可费计算方式仅存在于司法解释法释〔2020〕7号中）中取高者，而非规定任何特定的顺序；二是要充分考虑权利人未来的损失，而非仅是现在和以前的损失（法释〔2020〕7号第19条规定了商业秘密灭失时赔偿须考虑其商业价值）。如果考虑到侵犯商业秘密行为本质上是对市场和竞争秩序的破坏，刑法传统上对侵犯商业秘密行为有较严厉的处罚，那么以高额的民事赔偿来代替刑罚有其充分的合理性，既惩罚侵权人，又补偿权利人。该层次结构的形成，亦隐含了必然要求刑事审判的审级至少应如民事审判一样，而不是如现行程序法中，在审判程序上本应比民事程序更严格、更谨慎、更专业的刑事程序，反而由比技术

---

[120] 《反不正当竞争法》第27条："经营者违反本法规定，应当承担民事责任、行政责任和刑事责任，其财产不足以支付的，优先用于承担民事责任。"

秘密的民事审判审级（中级人民法院）更低的基层人民法院管辖，并相应地由基层公安机关及检察院侦查、起诉。如此亦自然消除了"三审合一"改革中的大多数障碍。

上述架构的一个效果是，必须分别考虑不同的侵权行为以及不同的侵权后果，而不是如现行《刑法》一样把所有民事侵权行为均纳入犯罪行为构成。现行《刑法》的方式具有如下弊端：[121]

第一，侵犯商业秘密罪条文基本上直接抄录反不正当竞争法，有故意让刑民纠结之嫌。这一立法方式在实践中容易引导权利人，尤其是原雇主，为打击竞争对手而偏爱使用刑事手段，[122] 造成堪称"沉重"的社会效果。[123]

第二，将商业秘密侵权行为一并纳入刑法，并等量齐观，立法的谦抑性则会不足。比如，仅仅"获取"而尚未披露、使用的行为，并未造成损失，而仅有进一步侵权的危险。

第三，对违约行为给予刑事处罚，不符合国际立法惯例。

第四，将第三人间接侵犯商业秘密的行为（即使明知）均规定为犯罪不够科学。

以上种种，完全不符合"谦抑原则"。侵犯商业秘密罪属于法定犯，与自然犯相比，在刑事制裁时应考虑到处罚的必要性和合理性，否则无法达到预期的社会效果。另外，侵犯商业秘密罪的立罪宗旨必须是促进而非束缚市场主体的创造自由。[124]

基于对《刑法》的上述认知，学者亦提出过对《刑法》的修补建议。但根本解决之道，应为前所建议的架构，以民事责任为主，并区分自诉和公诉罪名。这一方案对整个侵犯知识产权罪都有借鉴意义。该建议方案不仅仅是贯彻刑法谦抑原则，更是对整个救济体系的更合理有效配置。

---

121 参见高晓莹：《论商业秘密保护中的刑民分野与协调》，《北京交通大学学报（社会科学版）》2010年第4期，页109—113。

122 魏玮：《商业秘密刑事保护优先论的思考》，《知识产权》2007年第6期，页58—63。

123 参见高晓莹：《论商业秘密保护中的刑民分野与协调》，《北京交通大学学报（社会科学版）》2010年第4期，页109—113。

124 参见高晓莹：《论商业秘密保护中的刑民分野与协调》，《北京交通大学学报（社会科学版）》2010年第4期，页109—113。

五、我国商业秘密保护单独立法之总体原则和方案

（一）我国商业秘密保护单独立法之总体原则

基于以上讨论，我国的商业秘密保护单独立法应遵循以下原则：

1. 立法应具有先进性、前瞻性

单独立法作为对国内外各种需求的回应，立法成果应有实质性的进展，而非对现有散见于各种法律的规范的简单聚合。因此，应当对本文所讨论的各种问题，包括现行商业秘密保护制度所具有的取证难、赔偿低、体系不协调、保护不足与过当和滥用并存等问题，给出答案和方案。应当针对商业秘密保护所面对的新挑战，包括新客体、新侵权途径和新侵权后果，作出前瞻性的安排。发挥后发优势以及大陆法体系化的优良传统，制订一部系统、完备的有划时代意义的商业秘密保护法。

2. 尊重知识产权制度之公共政策目标，协调好商业秘密保护与其他知识产权保护尤其是专利保护的关系

整个知识产权制度体系不仅仅是为了保护权利人的合法权益，其另一重要的公共政策目标和价值取向是激励创新、推动应用、促进科技进步和经济社会发展。应尊重该公共政策目标以及由此而来的商业秘密与其他知识产权制度尤其是专利制度的分野。简言之，商业秘密保护与专利保护互为补充；作为一种自力维持的财产，商业秘密的保护需要与专利、著作权等法定权利达成均衡。

3. 作为上一原则的延伸，应平衡权利人的权利与义务，商业秘密权利人的保密责任和风险应与侵权行为的救济强度相互适应

无论是否视商业秘密权为财产权，均应强调和保留权利人的保密责任，以及其无论因为合法或非法的原因而失密、灭失的风险。否则，商业秘密权将变成似专利权一样的法定权利，却无诸如技术公开这样的相应义务，违背知识产权制度的整体目标。但是，在此前提下应相应加强救济的强度，包括赔偿额度和刑罚强度。

4. 把握好利益的均衡、防止权利滥用

商业秘密的合理风险，除了因侵权导致的失密、灭失风险外，必须维持合理的合法失密、灭失风险，因此应处理好反向工程、公共利益例外、忠实义务豁免等问题，并考虑对商业秘密保护的恰当限制，如强制许可、法定许可和强制披露制度，防止滥用商业秘密权益。同时，在保密协议、竞业禁止协议方面要保护劳动者合法权益，恰当平衡雇主与雇员利益。要处理好政府权力与其义务、责任的平衡，对行政以及司法机关违反保密义务之后除了政务责任之外的民事责任、刑事责任予以明确和细化。

5. 把握好私法与公法的平衡，私权的充分救济与刑法谦抑原则的平衡，合理配置救济途径

商业秘密权的本质是私权，仅在商业秘密至少具有部分国家秘密性质时才有公法规制上的问题，因此要注意商业秘密与国家秘密、商业秘密保护与国家保密法规制度、国家安全法规制度之间的区分和衔接。因此，在商业秘密的私权部分，刑法救济仍应谦抑，应当以诉诸民事责任优先，仅当民事救济无法有效救济私权或者对私权的侵害确实较大程度上损害公共利益、公共秩序时，才求助于刑事救济。从而构建充分又合理的民事、行政、刑事相结合的救济制度。

6. 把握好国家利益与国际义务的平衡

在商业秘密保护愈加国际化，国际科技创新竞争愈发激烈的背景下，一方面既要充分维护国内权利人、国内产业的利益，又要遵守国民待遇原则，公平对待外国权利人，营造良好的营商环境。另一方面，既要对国外长臂管辖进行一定的反制，也要在新形势下对与我国存在管辖联系点的商业秘密案件积极管辖。

(二) 我国商业秘密保护单独立法之结构方案

对商业秘密单独立法的结构模式，学者有各种不同的建议。例如：

模式一：① 总则（概念、属性等）；② 商业秘密权的内容（专有权、许可权、转让权等）；③ 侵权行为表现（采列举加概括的方式规定）；④ 法律责任

（特别注意突出民事责任的规定）。[125]

模式二：① 总则部分。要对立法宗旨、调整范围（包括主体、客体）以及保护商业秘密所应坚持的基本原则作出规定。总则部分的重点是对商业秘密的定义、范围、商业秘密权做出明确界定。② 商业秘密的法律条件，即构成要件。对法律应予保护的和不予保护的要作出规定。③ 商业秘密权。要对商业秘密权的内容、归属、丧失作出相应规定。④ 商业秘密的侵权责任。[126]

模式三：① 商业秘密保护法的指导思想；② 商业秘密的定义和构成要件；③ 商业秘密的权属及权利；④ 商业秘密的保护和管理；⑤ 竞业限制；⑥ 举证责任；⑦ 法律责任。[127]

模式四：20世纪90年代的《商业秘密保护法》草案，内容包括商业秘密的实质条件、商业秘密权利人的权益、商业秘密的保护、商业秘密侵权行为及应负的责任。[128]

参考以上国内学者不同观点和比较法上的立法例，以及本文的研究，笔者建议《商业秘密保护法》规定以下章节：

第一章，一般规定或总则。可以包括立法宗旨、主管机关，商业秘密的基本概念、基本权利、有关其保护的基本原则等。其中，有关商业秘密的许可和转让等积极权利可仅作原则性规定，指引参考《民法典》合同编。本章还可以涉及主体、客体的地域性考虑以及相关实体规则和冲突法规则。

第二章，商业秘密的取得、维持与丧失。商业秘密的取得本质上是技术（技术秘密）或信息（经营秘密等）的产生。由于有《民法典》合同编等规范技术合同，因此本法在技术秘密方面只宜作原则性规定或者指引参考其他法律。"商业秘密的维持与丧失"集中规定商业秘密赖以存在的保密措施，以及商业秘密在何种情况下不成其为商业秘密。这部分内容是本法的核心内容之一，决定其与专利

---

[125] 参见朱显荣、印保海：《商业秘密立法保护问题探析》，《政法学刊》2005年第1期，页105—108。

[126] 参见王晓珉：《论我国保护商业秘密的专门立法》，《法商研究（中南政法学院学报）》1996年第2期，页56—60。

[127] 参见崔明霞：《论我国商业秘密保护立法》，《中南财经大学学报》1998年第5期，页10—14。

[128] 参见罗玉中、张晓津：《Trips与我国商业秘密的法律保护》，《中外法学》1999年第3期，页23—29。

法的协调。"商业秘密的维持"可以涉及雇员的保密协议和竞业禁止协议、诉讼程序中的保密制度、提交给政府机构的数据的保密制度等。但这些条文需要考虑与《劳动法》《法官法》、诉讼法和有关行政法律的协调。

第三章,权利的限制。可以规定商业秘密的法定许可、强制许可、强制披露制度,以及公共利益抗辩等相应的程序。其中,强制披露制度可以涉及政府信息公开制度之商业秘密豁免制度之例外。

第四章,侵权责任。可总括规定侵权责任体系,即禁令、民事赔偿责任加上民事赔偿责任不足时的自诉罪名刑事责任,并具体规定各种侵权行为及其责任,以及救济程序和相应的证据规则。可以包括对侵权危险(潜在侵占)的救济。对于本章下的侵权,行政机关的权限类似于专利管理机关,仅为制止侵权(类似于法院禁令)和调解。

第五章,国家利益和公共利益。本章规定影响国家利益和公共利益的侵犯商业秘密的行为,及其行政处罚和公诉罪行刑事责任,以及相应的救济程序、证据规则等。本章内容可以包括类似于美国《经济间谍法》的功能,但须与其他有关法律相协调。

第六章,附则。

以上方案,可以成为全面、创新、有前瞻性的商业秘密保护单独立法方案。

科创领域包容审慎监管的理论逻辑、基本内涵与制度构建

初 萌[1]

摘要：包容审慎监管是政府监管科创领域的一项基本原则，其在具体实施中存在概念理解混乱、具体措施不明、实施效果差等问题，需要进一步厘清其理论逻辑与基本内涵。包容审慎监管的理论逻辑在于新发展格局下政府与科创企业关系的重塑，内生经济增长理论、风险社会理论和包容性增长理论能够为其提供支撑。在基本内涵方面，"包容"与"审慎"具有一体两面性，它们统一于发展与安全兼顾的价值，监管与合作并举的理念，以及全过程、场景化、动态调整式的监管体系之中。在制度的具体展开中，应当强化激励创新的监管举措，确立"信息"在监管中的核心地位，基于主体画像实施差异化监管，从顶层设计、治理体系、治理策略、动态调整机制、人才与创新资源的保护等角度对科技创新监管制度进行完善，实现激励创新与风险可控的统一。

---

[1] 作者简介：初萌（1990— ），女，汉族，广东佛山人，中央民族大学法学院讲师，北京大学国际知识产权研究中心研究员，法学博士，研究方向为知识产权法、科技法。

关键词：包容审慎监管；科技创新；理论逻辑；基本内涵；制度构建

基金项目："中关村建设世界领先科技园区背景下的北京科技创新一流法治环境研究"，北京市科学技术委员会、中关村科技园区管理委员会二类规划类课题（课题编号：20230277002）；中央民族大学青年教师科研能力提升计划项目"科技创新领域包容审慎监管研究"（项目编号：2023QNTS29）。

目次：

一、问题的提出

二、理论逻辑：新发展格局下的政府与科创企业关系重塑

  （一）基于内生经济增长理论的包容监管

  （二）立足于"风险社会"的审慎监管

  （三）包容性增长理论与包容审慎监管的契合性

三、基本内涵：一体两面的"包容"与"审慎"

  （一）价值之维：平衡发展与安全

  （二）理念之维：监管与合作并举

  （三）体系之维：全过程、场景化、动态调整式监管

四、科创领域包容审慎监管的制度化落实

  （一）强化激励创新的监管举措

  （二）确立"信息"在监管中的核心地位

  （三）基于主体画像实施差异化监管

  （四）优化面向未来的监管制度设计

结语

一、问题的提出

针对新业态新模式实施包容审慎监管，是响应科创企业发展诉求、推动高质量发展的关键举措。顶层设计方面，自 2020 年 1 月 1 日起实施的《优化营商环境条例》第 55 条强调"政府及其有关部门应当按照鼓励创新的原则，对新技术、新产业、新业态、新模式等实行包容审慎监管"；2021 年修订的《科学技术进步法》第 35 条亦规定"国家鼓励新技术应用，按照包容审慎原则，推动开展新技术、新产品、新服务、新模式应用试验，为新技术、新产品应用创造条件"。随着《中华人民共和国国民经济和社会发展第十四个五年规划和 2035 年远景目标纲要》发布，"对新产业、新业态实施包容审慎监管"已提升至"监管能力现代化"的战略高度，其作为科技监管基本原则的地位更加稳固。

虽各界对包容审慎监管的法律地位已达成共识，但其在各地区的具体落实仍有一定的差距，主要体现在概念理解、具体措施、实施效果三个方面。关于"包容审慎"的内涵，实践中存在两种误区：一是将这一概念"窄化"，或重"包容"而轻"监管"，[2] 或仅关注包容审慎监管的执法维度，[3] 将其等同于不予处罚、从轻处罚、减轻处罚清单，[4] 缺乏更为全面的考量；二是对这一概念作出片面解读，主张需要加强执法的重点领域不适用包容审慎监管。[5] 科技创新领域亦缺乏对"包容审慎监管"内涵的明确界定，典型的如《上海市推进科技创新中心建设条例》第 51 条和《北京国际科技创新中心建设条例》第 34 条都仅规定了包容审慎的监管原则，但并未对其内涵进行澄清。在具体措施方面，深圳市市场监督管理

---

[2] 参见卢代富、李晓文：《超大型平台并购初创企业的反垄断法规制研究》，《重庆邮电大学学报（社会科学版）》2023 年第 4 期，页 52。

[3] 有学者通过实证分析发现，各地探索包容审慎监管制度时，多以包容审慎执法为抓手，特别是将行政处罚作为改革创新的重点。参见江国华、王孜航：《包容审慎执法清单的法理与逻辑》，《湖湘法学评论》2022 年第 4 期，页 28—38。

[4] 参见《黑龙江省药品监督管理局关于印发全面推行包容审慎监管执法"四张清单（试行）"（2023 年修订版）的通知》（黑药监规〔2023〕8 号）；另参见《省司法厅：福建省全面推行包容审慎监管执法"四张清单"》，载福建长安网，http://www.pafj.net/2022/fzrwhfzsj2022_1101/23700.html，2023 年 5 月 5 日访问。

[5] 参见《云南省人民政府办公厅关于积极推行行政执法包容审慎监管的意见》第二部分"主要任务"之第（五）项"加强重点领域执法"。

局、福建省市场监督管理局相继印发新兴产业包容审慎监管指导意见,从市场准入、执法监管、风险管控、营商环境等角度提出具体举措,[6] 但不少措施仍处于探索阶段,一些措施仅提出目标要求而缺乏落地手段。此外,虽然在科创领域对触发式监管[7]、"观察期"[8]、免责清单[9]等制度的探索不断,但更为细化的适用指引依旧匮乏。在实施效果方面,产业发展初期监管缺失、直到出现严重损害消费者利益的事件后才采取严厉措施予以整治的局面并未从根本上改善,监管缺失和监管过严并存。[10] 有学者更是直言,我国政府对高科技企业的监管陷入了"一管就死、一放就乱"的怪圈,[11] 这也反映出包容审慎监管的实施未能发挥应有的作用。为解决上述问题,有必要进一步厘清包容审慎监管的理论逻辑、基本内涵,并据此展开制度构建。

二、理论逻辑:新发展格局下的政府与科创企业关系重塑

党的二十大报告中,对我国全面建成社会主义现代化强国的战略安排是分两

---

[6] 参见《深圳市市场监督管理局关于印发促进新兴产业发展实施包容审慎监管的指导意见的通知》(深市监〔2021〕634号)和《福建省市场监管局关于印发促进新兴产业发展实施包容审慎监管指导意见的通知》(闽市监规〔2022〕5号)。

[7] 例如,安徽省铜陵市市场监管局印发《铜陵市市场监管系统服务"十大新兴产业"发展实施"触发式监管"工作方案》,着重为"十大新兴产业"中信用风险较低的市场主体提供宽松的发展环境,同时设定不可逾越的监管底线。参见铜陵发布:《探索触发式监管助力"十大新兴产业"发展》,载https://mp.weixin.qq.com/s/-xGsG_V0R8pFXLiNvIdM7A,2024年7月13日访问。

[8] 例如,《广东省生态环境厅关于印发〈深入优化生态环境执法方式助力稳住经济大盘的十二项措施〉的通知》(粤环函〔2022〕500号)第(四)项指出,"对列入省人民政府战略性支柱产业集群和战略性新兴产业集群的行业企业……探索实施执法'观察期'制度,优先适用警示告诫、行政约谈等柔性执法方式"。

[9] 例如,2022年6月8日,国务院国企改革领导小组办公室召开推广"科改示范行动"经验、强化科技创新激励专题推进会,提出"建立完善支持科技创新的合规免责清单"。参见改革办:《国务院国企改革领导小组办公室召开推广"科改示范行动"经验、强化科技创新激励专题推进会》,载国务院国有资产监督管理委员会,http://www.sasac.gov.cn/n2588020/n2588057/n8800048/n8800068/c24966531/content.html,2024年7月13日访问。

[10] 参见戴建军、田杰棠:《互联网新兴业态规制研究》,北京:中国发展出版社2017年12月第1版,页58。

[11] Zeyi Yang, *Why the Chinese government is sparing AI from harsh regulations—for now*, available at https://www.technologyreview.com/2024/04/09/1091004/china-tech-regulation-harsh-zhang/, Apr 9, 2024, last visited Jul 7, 2024.

步走：从二〇二〇年到二〇三五年基本实现社会主义现代化；从二〇三五年到本世纪中叶把我国建成富强民主文明和谐美丽的社会主义现代化强国。[12] 党的二十大报告强调"未来五年是全面建设社会主义现代化国家开局起步的关键时期，主要目标任务是：经济高质量发展取得新突破，科技自立自强能力显著提升，构建新发展格局和建设现代化经济体系取得重大进展"。[13] 作为科技进步的生力军、创新链产业链融合的关键环节，企业能否充分发挥创新主体地位，直接关乎上述目标的实现。以此为指引，科创领域包容审慎监管应当以促进经济高质量发展与科技自立自强为目标，重塑政企关系。

（一）基于内生经济增长理论的包容监管

经济学的新古典增长理论强调外生变量对经济增长的推动作用，其认为，只有当经济中存在外生的技术进步或外生的人口增长时，经济才能实现持续增长。[14] 这一理论曾风靡一时，但其统治力最终因对经济现实解释的不力而消退，主要体现在如下三个方面：其一，根据该理论，发展中国家的经济将比发达国家增长更快，各国增长率将最终趋同，但事实上各国生产率的增长存在广泛的差异；其二，该理论指出，由于发达国家的资本收益率低于发展中国家，在资本可以跨国流动的条件下，资本应从发达国家流向发展中国家，但事实上更多的国际资本是在发达国家之间流动；其三，该理论认为各国政府的经济政策对经济增长没有影响，但现实中，一些发展中国家在政府的积极干预下，实现了比其他初始条件类似的发展中国家更快的发展，这说明某些经济政策对增长效应具有促进作用。[15]

内生经济增长理论将关注视角从外生变量转向内生变量，能够为上述现象提供有力解释。1983 年，美国经济学家罗默首次提出该理论，并因此获得 2018 年诺贝尔经济学奖。罗默的内生经济增长模型包括知识溢出模型和知识驱动模型。

---

[12] 习近平：《高举中国特色社会主义伟大旗帜 为全面建设社会主义现代化国家而团结奋斗——在中国共产党第二十次全国代表大会上的报告（2022 年 10 月 16 日）》，载《人民日报》2022 年 10 月 26 日第 1 版。

[13] 习近平：《高举中国特色社会主义伟大旗帜 为全面建设社会主义现代化国家而团结奋斗——在中国共产党第二十次全国代表大会上的报告（2022 年 10 月 16 日）》，载《人民日报》2022 年 10 月 26 日第 1 版。

[14] 参见朱勇：《新增长理论》，商务印书馆 1999 年版，页 8。

[15] 参见朱勇：《新增长理论》，商务印书馆 1999 年版，页 51。

知识溢出模型阐释了这样一种现象：由于知识具有溢出效应，如不存在政府干预，厂商生产知识所获得的私人收益率将低于社会收益率，从而缺乏投资于知识生产的激励。因此，政府需要向生产知识的厂商提供补贴，促使一部分生产要素流向研究部门，进而提高经济增长率和社会福利水平。[16] 知识驱动模型则注意到一些技术同时具有非竞争性和部分排他性，而部分排他性能够保证研究厂商可以从技术创新中受益。由于创新厂商拥有一定的市场力量，可能获得由新知识带来的垄断利润，因此经济中存在促使厂商投资于研究开发活动的激励。[17] 无论采取何种模型，内生增长理论的核心观点都认为内生的技术进步是经济实现持续增长的决定因素。研究表明，数字技术与生产部门的整合将长期助力产业结构优化调整，推动经济高质量发展；数字技术与金融部门的深度融合在短期内将因融资约束缓解而显著带动高技术产业发展，加快经济增长动能转换；[18] 大数据具有"乘数作用"，有助于持续推动经济增长，且这一作用将因为应用程度的提高而增大。[19] 可见，在我国经济运行之中，内生经济增长理论对技术创新与经济增长关系的论述已经得到有效验证。

内生经济增长理论对科技创新监管具有重要的启示意义。高质量发展的推进、新发展格局的构建仰赖于技术创新，技术创新需要以商业化使用来获得经济效益，需要以大量客户购买来衡量效果，需要以市场占有率来检验成败。"创新技术要发展，必须要使用。如果有了技术突破，谁都不用，束之高阁，那就难以继续前进。"[20] 为推动创新技术的有效运用，政府应当为技术发展提供相对宽松的政策环境，给予科创企业相对自由的发展空间；倘若走到产业发展之前，以过早的介入、过于严厉的执法扭曲创新资源配置、损害产业创新能力，最终也将不利于创新生态的形成与发展。

16　参见朱勇：《新增长理论》，商务印书馆1999年版，页55—56。
17　参见朱勇：《新增长理论》，商务印书馆1999年版，页16—19。
18　参见田秀娟、李睿：《数字技术赋能实体经济转型发展——基于熊彼特内生增长理论的分析框架》，《管理世界》2022年第5期，页56—71。
19　参见杨俊、李小明、黄守军：《大数据、技术进步与经济增长——大数据作为生产要素的一个内生增长理论》，《经济研究》2022年第4期，页103—119。
20　习近平：《论科技自立自强》，中央文献出版社2023年版，页20。

（二）立足于"风险社会"的审慎监管

科技创新是现代化的内生驱动力，而科技创新对既有问题的解决也塑造了一种基于技术理性的意识形态[21]——人们开始认为技术可以解决一切问题，如果未能解决的话，也只是因为技术的发展尚未达到应有的高度。启蒙早期的社会弥漫着技术乐观主义情绪。

不过，随着科技加速进步引发的生态危机使自然与社会的对立凸显，技术哲学逐渐呈现出人文主义转向。[22] 如贝克所言，生产力在现代化进程中的指数式增长使风险释放到前所未有的程度，[23] "风险"已成为当代社会的本质属性。随着科技不断嵌入人类生活，从环境污染到数字鸿沟，从人的"去隐私化"、透明化到人工智能对低端劳动的取代，由科技进步所引发的风险呈现出全球化、弥散性特点，其带来的后果往往是不可逆的。出于对技术侵蚀人权现象的反思，"对风险的治理"日益成为一项重要的政治议题。

事实上，对于科技运用引发的社会问题，贝克的风险社会理论主要是从制度层面来进行回应的。作为一个制度主义者，贝克将风险界定在一个由制度性的结构所支撑的风险社会之中，[24] 认为在风险外化之时否认其发生、隐藏其根源是一种政治上"有组织的不负责任"行为。为纠偏这一现象，需要推崇一种负责任的监管理念。这种监管理念要求我们在面对风险时强化人类未雨绸缪的能力，构建风险共同体，以负责任的态度对技术使用的后果和影响进行评估，全方位介入技术运用过程，实现技术运作不良后果可改、可控。[25]

以负责任的态度实现风险治理，在监管领域即体现为审慎监管理念。审慎监

---

[21] 参见［德］哈贝马斯：《作为"意识形态"的技术与科学》，李黎、郭官义译，学林出版社1999年版，页39。

[22] 参见黄欣荣：《现代西方技术哲学》，江西人民出版社2011年版，页26。

[23] 参见［德］乌尔里希·贝克：《风险社会：新的现代性之路》，张文杰、何博闻译，译林出版社2018年版，页3。

[24] 参见徐瑞萍：《科技时代的社会风险和政府管理——贝克的风险社会理论及其对政府危机管理的启示》，《自然辩证法通讯》2006年第4期，页73。

[25] 参见初萌：《知识产权法的人本主义伦理转向——以建构主义的技术观为视角》，《科学学研究》2022年第8期，页1349。

管有两层含义：一是审时度势、谨慎干预[26]，慎用监管手段以防阻碍创新；二是"守住基本规则和安全底线"。[27] 其中，第一层含义可被"包容监管"所覆盖，第二层含义更接近"审慎"之本质——以人本主义为导向的、实现风险可控的有效监管。包容监管是对创新的包容，审慎监管是对风险的审慎。[28] 正如我国时任总理李克强所言，包容审慎监管并不意味着政府部门可以"放手不管"，恰恰相反，有效监管的责任比过去更重了，惟有积极探索审慎监管，方能及时防范风险，促进新产业、新业态健康发展。[29]

（三）包容性增长理论与包容审慎监管的契合性

作为发展经济学的一个概念，包容性增长指向公平合理的经济增长，注重增长中的机会平等、共享与可持续发展。[30] 实现包容性增长，"根本目的是让经济全球化和经济发展成果惠及所有国家和地区、惠及所有人群，在可持续发展中实现经济社会协调发展"。[31] 作为社会主义市场经济国家，我国在确保市场经济发展的同时，也要兼顾分配的公平和效率，以建立有效的社会安全保障体系，降低市场失灵带来的风险，促进社会主义的平等价值实现，[32] 这凸显了包容性增长理论与我国国情的契合性。以这一理论为基础，科技监管应当融入差异化的平衡理念，针对不同企业类型、发展阶段，以精准激励为导向，实施分类、分级的包容审慎监管。具体而言，科技创新领域包容审慎监管应当处理好如下关系。

一是竞争自由与竞争公平的关系。竞争自由与竞争公平既相辅相成，也相互

---

26 参见张效羽：《行政法视野下互联网新业态包容审慎监管原则研究》，《电子政务》2020年第8期，页72—73。

27 《李克强考察国家市场监督管理总局并主持召开座谈会》，载中国政府网，http://www.gov.cn/xinwen/2018-09/13/content_5321713.htm，2023年5月6日访问。

28 参见侯东德、田少帅：《金融科技包容审慎监管制度研究》，《南京社会科学》2020年第10期，页87。

29 参见本刊综合报道：《李克强：包容审慎 促进新产业新业态健康发展》，《中国科技产业》2017年第7期，页9。

30 参见汝绪华：《包容性增长：内涵、结构及功能》，《学术界》2011年第1期，页13。

31 参见胡锦涛：《深化交流合作 实现包容性增长——在第五届亚太经合组织人力资源开发部长级会议上的致辞》，载中国政府网，http://www.gov.cn/govweb/ldhd/2010-09/16/content_1703949.htm，2023年5月7日访问。

32 参见韩大元：《中国宪法上"社会主义市场经济"的规范结构》，《中国法学》2019年第2期，页19。

对立。在传统法律体系中,主流观点认为两者分别由《反垄断法》和《反不正当竞争法》所守护,不存在重叠。正因如此,自由竞争价值在不正当竞争案件的审理中极少受到关注,几乎处于失语状态。[33] 然而,随着新经济场景不断涌现、"眼球经济"中新旧业态对消费者注意力的争夺已成常态,在法律规则、行业道德尚未成型之际,究竟是市场后进入者对在先进入者所拥有的用户和流量的争夺构成不公平竞争,还是先进入者对后进入者获取用户和流量的阻挠行为构成对自由竞争的干扰,成为反不正当竞争相关法律不得不回应的问题。一个典型的例子是,在分析抓取数据行为是否构成不正当竞争时,既有观点认为数据集合存在商业价值、属于《反不正当竞争法》保护的权益,[34] 也有观点主张要以经营者对数据采取技术管理措施作为保护的前提,[35] 这两种观点分别可以从竞争公平和竞争自由的角度获得支持。在具体案件中,仍需强化以提升效率为导向的竞争效率观评价思路,[36] 从被抓取者与抓取者之间的关系、数据抓取者对被抓取数据的需求程度、被抓取者的市场地位、抓取的行为方式等角度展开更为精细的分析,这种思维方式不一味强调被抓取者数据权益的保护,与包容性增长理念具有更高的契合度。

二是原始创新与序贯创新的关系。科技领域的创新具有路径依赖性,在原始创新基础上所做的改进方案,属于序贯创新。原始创新应当对序贯创新予以一定程度的包容。《专利法》规定了依存专利的强制许可,在一项取得专利权的发明或者实用新型满足"比之前已经取得专利权的发明或者实用新型具有显著经济意义的重大技术进步"和"其实施又有赖于前一发明或者实用新型的实施"[37] 两项条件时,允许在后专利权人向专利局申请强制许可。虽然这一制度从未在实践中运用,其蕴含的尊重序贯创新、倡导利益平衡等思想的先进性是毋庸置疑的。诺贝尔经济学奖获得者费尔普斯指出,近年来促进消费品增长的创新减少了,原因是老的产业受到过度保护,阻止了新企业进入。[38] 在创新密集的数字经济领域,

---

[33] 参见陈耿华:《反不正当竞争法自由竞争价值的理论证成与制度调适》,《比较法研究》2021年第6期,页157。

[34] 参见北京知识产权法院(2021)京73民终1011号民事判决书。

[35] 参见张浩然:《数据财产与数据安全法益保护的重叠及协调》,《法律适用》2022年第9期,页94。

[36] 参见王濡:《互联网不正当竞争法律评价的法经济学分析》,《广东财经大学学报》2020年第6期,页89—94。

[37] 参见《专利法》第56条。

[38] 参见戴建军、田杰棠:《互联网新兴业态规制研究》,中国发展出版社2017年版,页67。

市场先进入者易因规模效应、用户黏性而形成垄断地位，尤为需要警惕。遗憾的是，在我国强化知识产权保护的进程中，原始创新企业寻求对序贯创新企业施加禁令的做法屡见不鲜，"知识产权"一定程度上沦为了实施垄断的保护伞。对于此类行为，若主观上存有恶意，且产生阻碍序贯创新发展的不良行为后果，则应综合运用反垄断法、反不正当竞争法、知识产权滥用等相关规定予以规制，这也是包容性增长的应有之义。

三是创新激励与惠及于民的关系。技术进步在造福于民的同时，也使人与人之间的差距因运用技术能力之不同而扩大，数字时代的"数字弱势群体"即典型。因经济状况、学习能力等差异，以及数字化、智能化社会引发的社会结构和社会关系变革等原因，此类主体在获取、理解和运用相应信息并享有数字红利时处于劣势。[39] 从这个角度来看，我国《著作权法》为图书馆、阅读障碍者的使用设定豁免条款[40]，以为数字弱势群体获取信息提供便利，无疑是包容之举。作为激励创新的制度设计，知识产权执法应当关注激励的边界，如果对一种行为的禁止并不会对创新产生额外激励，也不会对已有的激励产生损害，就不应基于保护投资的理论对其进行规制；[41] 如果某些使用方式是创新者在产出创新成果时无法预期的，就应基于"可预期性"标准不允许创新者嗣后主张这一权利。[42] 在一定程度上，公有领域是原则，赋予知识产权保护才是例外。对创新技术的知识产权保护亟须注入人本主义理念，[43] 唯此方能实现技术成果更大惠及于民，于技术共享中实现开放包容、可持续发展。

三、基本内涵：一体两面的"包容"与"审慎"

科创领域包容审慎监管一方面需要以内生经济增长理论为指引，实现增长目

39　参见宋保振：《"数字弱势群体"权利及其法治化保障》，《法律科学（西北政法大学学报）》2020年第6期，页53—64。

40　参见《著作权法》第24条。

41　参见初萌：《版权扩张之反思——以技术理性为视角》，《科技与法律》2013年第1期，页40—42。

42　参见［美］Shyamkrishna Balganesh：《可预期性与版权激励》，张凇纶译，载易继明主编：《私法》（第11辑·第2卷），华中科技大学出版社2014年版，页71—119。

43　参见初萌：《知识产权法的人本主义伦理转向——以建构主义的技术观为视角》，《科学学研究》2022年第8期，页1345—1350。

的；另一方面也需立足于风险社会，严守安全底线，实现风险可控。这是包容审慎监管的价值之维。考虑到科技创新领域固有的监管信息不对称问题，包容审慎监管理念的落实有必要仰赖监管机构之外的力量，引入合作治理理念，这是包容审慎监管的理念之维。科技创新日新月异，产业竞争格局瞬息万变，包容性增长所考量的竞争自由与竞争公平、原始创新与序贯创新、创新激励与惠及于民的关系亦呈现出复杂样态，我们需要在具体场景之中实现发展与安全的价值平衡，深入企业、产业发展的全过程并实施动态调整，这是包容审慎监管的体系之维。依托于价值、理念、体系三个维度，有助于进一步明确包容审慎监管的基本内涵。

（一）价值之维：平衡发展与安全

以科技创新引领的新经济在提高效率的同时，也大幅增加了系统性风险，从而引发了效率价值与安全价值更为明显的冲突。[44] 平衡发展与安全，是科创领域包容审慎监管的价值之维，唯此方能"建久安之势、成长治之业"。[45]

一方面，科创领域的包容审慎监管需要以发展为导向，这是构建高水平社会主义市场经济体制的必然要求。市场经济的本质，在于以开放公平、有序竞争的方式，促进市场主体主观能动性的发挥，使其在自身利益最大化的动机驱使下不断创新生产、运营、销售等市场活动开展方式，并间接推动整个社会资源的优化配置。在制度领域，以专利权为代表的知识产权制度即为推动科技创新而设置的市场化机制，通过赋予技术领先者在市场交易中的定价权而激励技术创新，从而间接推动社会的技术革新与再创新。党的二十大报告指出，在加快构建新发展格局的进程中，我们要"充分发挥市场在资源配置中的决定性作用"[46]，此乃构建高水平社会主义市场经济体制的必要组成部分。为落实这一要求，政府除了需要完善激励创新的制度设计以外，也应在监管层面有所为、有所不为，以市场机制运行失灵作为监管介入的前提，尽可能减少对创新主体的负面激励。

我国互联网蓬勃发展的历史，即监管以发展价值为导向、充分发挥市场决定

---

[44] 参见刘权：《数字经济视域下包容审慎监管的法治逻辑》，《法学研究》2022年第4期，页40。

[45] 习近平：《论科技自立自强》，中央文献出版社2023年版，页55。

[46] 习近平：《高举中国特色社会主义伟大旗帜 为全面建设社会主义现代化国家而团结奋斗——在中国共产党第二十次全国代表大会上的报告（2022年10月16日）》，载《人民日报》2022年10月26日第1版。

性作用的典型体现。微信、易信等即时通信工具在发展初期并无牌照，在线音乐、视频平台早期曾充斥着侵权作品，学术期刊服务存在授权不规范的瑕疵，区块链技术最早被我们称为"骗子"的一批人所使用……互联网新业态总是不断突破着既有的监管底线。但若仅仅因为一种新业态缺少传统经济领域所需的牌照、技术存在被滥用的可能或者新技术场景无法适应传统法律与合规实践，便剥夺新技术运用的机会，人们便无法享受即时通信带来的便利、版权人将失去互联网市场、科研人员搜寻资料的成本会极大提升、"数字藏品"亦无法发挥丰富人类精神世界的功能，人类进步的进程终被放缓。包容审慎监管的本质即在于采取一种"让子弹飞一会儿"的监管态度，让新技术的效用在运用中充分体现、潜在风险在运用中充分暴露，从而不仅能够使监管机构在获取足够信息的前提下调整策略、制定有针对性的监管方案，还能为企业完善合规举措、挖掘合作共赢的商业模式提供空间，最大化监管效益。

另一方面，科创领域的包容审慎监管需要强化安全意识，这是落实总体国家安全观的重要维度。2014 年 4 月 15 日，习近平总书记在中央国家安全委员会第一次会议上首次提出了总体国家安全观，要求以人民安全为宗旨，以政治安全为根本，以经济安全为基础，以军事、文化、社会安全为保障，以促进国际安全为依托，走出一条中国特色国家安全道路。[47] 党的二十大报告进一步指出，将总体国家安全观贯穿于党和国家各方面工作，需要"以军事科技文化社会安全为保障"[48]。在推动知识产权事业由大到强的发展过程中，《知识产权强国建设纲要（2021—2035 年）》也强调了国家安全和产业安全的紧迫需求。[49] 总体而言，科创领域监管对安全的需求体现在两个维度：其一，应当防止片面追求科技发展而损害经济、政治、文化等其他领域的安全，实现发展与安全之平衡；其二，科技发展本身也是国家安全的重要组成部分，只有将重要技术牢牢掌握在自己手中，才能最大限度减少"卡脖子"风险，从而在发展中谋安全，在国际竞争中立于不败之地。

---

[47] 参见习近平：《坚持总体国家安全观 走中国特色国家安全道路》，载《人民日报》2014 年 4 月 16 日第 1 版。

[48] 习近平：《高举中国特色社会主义伟大旗帜 为全面建设社会主义现代化国家而团结奋斗——在中国共产党第二十次全国代表大会上的报告（2022 年 10 月 16 日）》，载《人民日报》2022 年 10 月 26 日第 1 版。

[49] 参见易继明：《新时代中国特色知识产权发展之路》，《政法论丛》2022 年第 1 期，页 9。

我国正面临百年未有之大变局，贸易壁垒愈演愈烈，"新规则"层出不穷。从美国将华为纳入管制"实体清单"，到《2022年芯片与科学法案》意图阻碍中国芯片产业发展，再到英国首相恶意诋毁中国滥用技术、操纵关键资源，技术的妖魔化、意识形态化成为一些国家获取竞争优势的筹码。在这样的国际背景之下，无论我们如何高举技术中立与全球化的大旗，如若关键技术受制于人，自主创新能力上不去，就容易被人抓住"命脉"，安全利益便无从实现。关键核心技术攻下了就是"国之重器"，攻不下就是"国之命门"。[50] 监管机制创新应当服务于尽快突破关键核心技术的目的，使我国掌握创新主动权，在全球科技竞争中立于不败之地。

发展与安全既相互促进，也潜含冲突。两者之间的关系因技术所属领域、技术应用方式、技术对国际竞争的影响等因素而呈现出不同样态，需要在具体场景中展开有利于二者平衡的制度构建，总的原则应当是"在发展中促安全，在确保安全的前提下求发展"。

（二）理念之维：监管与合作并举

信息不对称是科技创新领域监管的一大特点。传统领域的监管无论是基于损害后果进行还是基于侵害行为而进行，由于监管对象具备显性、具象化的特点，监管机关能够获取足够的监管信息，故而具有相对充足的监管能力。科创领域则不然。一方面，风险社会理论对规制节点提前提出了要求；另一方面，风险本身隐而不显，且因技术的应用方式而处于不断变动之中，监管机关很难预先设定标准，也很难准确把握监管介入的最佳时机，而不至于导致激励偏差。这一问题又因监管人员缺乏必要的技术知识而进一步加剧。遗憾的是，我国目前对科技创新领域的治理模式仍然是传统的"命令-控制"型规制模式，其主要体现为两类规则：第一类规则规定了政府机构设立的若干标准，并赋予特定行政机关以行政许可方式进行监管的权力；第二类规则强制被监管者采取政府部门设立的统一的技术或管理标准，并赋予政府部门依据相应技术或管理标准进行监管的权力。违反两种规则的行为都将面临行政处罚乃至刑事处罚。[51] 囿于规制能力的不足以及规

---

[50] 参见蔡珏、董晓辉：《努力把关键核心技术掌握在自己手中》，《红旗文稿》2023年第10期，页32。

[51] 参见刘岳川：《科技创新的法律规制》，《华东政法大学学报》2023年第3期，页38。

则制定的滞后性，以"命令-控制"为核心的传统规制模式呈现出与科技创新领域规制需求的低耦合度，最终将有损于社会的创新活力。

对于信息不对称引发的规制难题，我国实践中呈现出以强化科创企业主体责任而弥补监管漏洞的态势。根据学者的观点，主体责任是任何主体做好分内之事所应主动承担的积极作为和不作为的义务，其要求主体不断发挥主观能动性，积极履行法定义务、约定义务和道德义务，[52] 主体责任范围之广可见一斑。主体责任往往落实为对相关牌照主体的要求，广电部门对互联网电视的监管即提供了一个很好的例证。为有效应对互联网电视侵权内容传播风险，国家广播电视总局要求各互联网电视牌照单位对本互联网电视集成平台以及市场上所有转载本平台应用软件的互联网电视平台和终端产品抓紧进行全面排查，凡装载了牌照方互联网电视应用软件的平台或产品，牌照方对该平台或产品负有内容安全管控责任，发生内容安全事故的，依规严肃追究牌照方管理失责的责任。[53] 由于主体责任更多体现为结果责任，[54] 通过将监管成本转移给企业主体，信息不对称场景下监管机构的监管能力得到强化。但是，施加过于严苛的主体责任一方面会为科创企业带来过高的运营成本，另一方面也容易使政府逃脱应有的监管责任，[55] 进而削弱政府公信力，引发企业对监管机构的不信任。此外，对结果的过严控制也可能导致企业不敢创新、不能创新。

引入合作治理理念，是信息不对称场景下更值得推崇的方案。合作治理能够消解监管机构与被监管企业之间的对立情绪，以实现科技发展、社会进步与人的

---

52 参见刘权：《论互联网平台的主体责任》，《华东政法大学学报》2022 年第 5 期，页 82。

53 参见国家广播电视总局网络视听节目管理司 2019 年 9 月 27 日发布的《关于进一步强化互联网电视集成平台管理和规范传播秩序的通知》。

54 例如，在《关于进一步压实网站平台信息内容管理主体责任的意见》中，对主体责任的内涵界定如下："网站平台要以弘扬社会主义核心价值观为己任，培育积极健康、向上向善的网络文化，确保网上主旋律高昂、正能量充沛；对信息内容呈现结果负责，严防违法信息生产传播，自觉防范和抵制传播不良信息，确保信息内容安全。建设良好网络秩序，全链条覆盖、全口径管理，规范用户网上行为，遏制各类网络乱象，维护清朗网络空间。健全管理制度机制，准确界定行为边界，切实规范工作流程，强化内部管理约束，做到有规可依、有规必依，保障日常运营规范健康。加强未成年人网络保护，注重保障用户权益，切实维护社会公共利益。"从表述上看，这里既有合规管理等行为层面的要求，也有"对信息内容呈现结果负责""确保信息内容安全"等结果层面的要求；当两者并存时，由于事实上企业难以因行为满足合规要求而豁免其结果上的责任，因此可以认为结果责任处于更为核心的地位。

55 参见刘权：《论互联网平台的主体责任》，《华东政法大学学报》2022 年第 5 期，页 91。

自由为目标，共同促进科技事务的治理。同时，该模式体现出一种公共治理观，强调监管的参与性和民主性，注重监管的透明性和可问责性。[56] 基于合作治理的监管应当在一定程度上弱化结果责任，以包容审慎的态度明确科技企业的注意义务，防止其因无法预见、无法避免的原因而承担动辄得咎的后果，避免损害创新激励。

（三）体系之维：全过程、场景化、动态调整式监管

作为科技监管的一项基本原则，包容审慎监管对科创领域监管立法具有统领性，其并非仅仅落实于"不予处罚清单"、宽容期等具体的"点"，而应覆盖到方方面面，实现基于场景的全过程监管，并适时进行动态调整。

全过程监管包含事前、事中、事后三个阶段，分别在新技术运用之前、运用之中以及产生不良后果之后展开。对于事前监管，由于技术具有中立性，在付诸具体实施之前并无好坏之分，这一阶段应避免直接干预技术的发展，但应基于技术可能的运作方式开展风险评估，以为后续分级管理的落实提供基础。这一阶段应当对创新激励政策尤为重视，对技术的重要性进行评估，综合运用专利制度、研发津贴补偿、税收优惠等政策为创新技术的发展提供支撑。对于事中监管，技术一旦投入使用，便会被社会组织、社会群体的各种利益、诉求和价值判断所塑造和限制，在鼓励创新的同时，激励企业树立对社会发展负责的技术使用态度，理应成为这一阶段监管的重要导向。此时应当对技术可能引发的法律问题进行全面、系统的梳理，搭建起特定技术领域的规制框架。例如，人工智能生成物引发的法律风险主要体现在非法使用个人信息、产出虚假有害信息、侵犯知识产权三个维度，规制应在相应的领域展开。一旦技术的运用产生不良后果，监管的重点则应转向后果的补救。此时，前期对创新成果的扶持政策也可在一定程度上反哺规制体制，[57] 实现"以技治技"的技术之治。对过往不成功经验的适时总结也应纳入考量，探讨有无能够进一步前置的监管节点，或有无应该调整的监管方案，以及是否应当对某些技术使用方式按下"暂停键"，以预防未来可能的风险。

---

56 参见冯果、李安安：《包容性监管理念的提出及其正当性分析——以农村金融监管为中心》，《江淮论坛》2013年第1期，页115。

57 参见宋亚辉：《数字经济创新中的"科林格里奇困境"及其规制》，《武汉大学学报（哲学社会科学版）》2023年第3期，页159。

全过程包容审慎监管也是大众与专家共同参与的监管，其既需要专家提供的技术与信息支撑，也需从民众意见中输入价值。具体而言：一方面，引入专家意见有利于在确定的目标导向下解决技术监管中的信息不对称问题，寻求最佳监管方案。另一方面，特定领域专家的知识储备存在"偏于一隅"的特点，只见树木不见森林，这种专业化趋势最终也会削弱理智的指导力量，[58] 需要民众引领价值发展来弥补。易言之，民众意见是价值理性的体现，专家意见则是目的理性的体现，[59] 两者在科技监管中同等重要，不可偏废。需要指出的是，鉴于民主的内涵在当代政治哲学中极大扩展，已超出选举、投票、协商的范畴而包含政治参与、对话和公众互动等公共理性的实践，[60] 行政立法、执法中也应对民众非正式渠道的价值反馈予以足够重视，以增强回应性。

场景化监管关注被监管的技术使用方式以及被监管企业的具体特点，提出具体问题具体分析的监管思路。新经济领域金融监管、个人信息保护等实践之中不乏这一监管思路的体现。科创领域场景化监管需综合考察科创主体运用技术所带来的社会收益、社会成本，以及是否存在更优的替代性监管方案等，确定发展价值和安全价值在特定场景中的优先级别，以展开更为具体的制度设计。

包容审慎监管体系的构建也需面向未来设立动态调整机制，如此监管机构才有可能直面科技创新及其运用场景日新月异的新局面，以"在监管中学习"的态度积极拥抱监管领域的新方法，实现社会效益的最大化。随着技术不断更新迭代，技术使用者控制风险与损害的成本、运用技术的收益也在不断变化之中，需要适时开展监管效果评估，完善相关规定以实现动态反馈。一方面需明确立法评估启动事由，完善公众参与机制，解决对公众意见"重征集、轻处理"的问题；另一方面，对于条件不成熟情况下所进行的试验型立法，应注重"日落条款"的设定，明确立法者评估的时间节点，同时为市场主体开展创新活动提供相对稳定的规制预期。

58　参见［英］A. N. 怀特海：《科学与现代世界》，傅佩荣译，上海人民出版社2019年版，页203。

59　关于"目的理性"和"价值理性"的论述，参见［德］马克斯·韦伯：《社会学的基本概念》，顾忠华译，广西师范大学出版社2011年版，页51。

60　参见［印］阿马蒂亚·森：《正义的理念》，王磊、李航译，中国人民大学出版社2012年版，页302—304。

四、科创领域包容审慎监管的制度化落实

在明确了科创领域包容审慎监管的价值、理念、体系之后,下一步需要考量的,就是如何进行具体的制度设计。实践中从市场准入、执法监管、风险管控、营商环境等角度提出的具体举措有一定的参考价值,但仍较为分散。依笔者之见,科创领域包容审慎监管的具体落实中应注重监管思维的提炼,其可具体化为四个关键词:激励创新、获取信息、主体画像、未来导向。

(一)强化激励创新的监管举措

传统监管模式的合理性主要源于以下两点:一是矫正正义观,即个体应为自身行为所导致的公共利益损害承担责任;二是执法的威慑作用,即通过执法威慑市场主体遵守法律,优化营商环境。在科技创新领域,传统监管模式的合理性受到挑战。一方面,矫正正义的实现需以确定存在加害行为为前提,而在后技术研发者对在先技术的使用是否构成侵权往往不易判断。尤其是,当涉及技术特征的替换时,需要结合等同原则判定在后技术方案是否落入在先获得专利权的技术方案范围之内,判定结果并非显而易见。鉴于合法与非法的边界并不明晰,关于是否存在需要矫正的"不正义"以及行为人对这种"不正义"的产生是否具有过错的判断,均存在不确定性。另一方面,营商环境更为注重竞争公平,这对科技创新领域亦无例外,《知识产权强国建设纲要(2021—2035年)》就提出了崇尚创新和公平竞争的核心理念。[61] 但相较而言,激励创新这一效率价值才是科创领域监管更为基础的目的,毕竟唯有通过创新领域的竞争引领产业链升级,方能实现低位竞争向高位竞争的转变,引领经济社会高质量发展。

基于上述差异,科创领域包容审慎监管应当强化激励创新的监管举措,使监管服务于市场机制的充分实现,摒弃"强调监管则认为服务工作可有可无"和"强调服务则无原则地弱化监管"的错误思想,将监管与服务有机结合,转向服

---

[61] 参见易继明:《知识产权强国建设的基本思路和主要任务》,《知识产权》2021年第10期,页33。

务型监管。[62] 具体而言，一方面需要将眼光前置，以源头保护为切入点，提升专利行政授权、确权的质量，减少后续复审、无效等程序可能带来的资源浪费，为企业提供更为稳定的保护预期，提升监管公信力，维持创新激励。另一方面，在处理侵权行为时也应基于侵权方的主观心理状态采取不同的处理方式。对于无意识或过失的侵权行为，基于序贯创新的考量审慎适用"停止侵害"的救济方式；在行政调解中，强化以贡献度为核心的损害赔偿额认定规则，既保护原始创新者的权益，又避免对后续创新造成不必要的阻碍；对于故意、情节严重的侵权行为，则应采取必要的制止措施以形成威慑，维护市场秩序和创新环境。

（二）确立"信息"在监管中的核心地位

对科创领域监管工具的运用应当审慎，旨在实现促进创新和依法治理的和谐共生。在监管过程中，应优先考虑对企业干预最小的信息规制方式，这是引入合作监管理念、弥补监管不足的必然要求。具体而言，信息在监管中应占据核心地位，并从信息提供和信息输入两个维度进行具体落实。

在信息提供方面，技术研发者、技术服务提供者应当向监管机构和社会公众提供必要的技术信息，以支持监管活动的有效开展。一方面，被监管对象应向监管机构提供包括技术安全评估报告、个人信息保护政策、训练数据来源、企业风险管控制度、损害预防机制、突发事件处理机制、行业内部最佳实践说明等信息，并实时更新，以确保监管机构能够适时调整监管策略。另一方面，被监管对象需向社会公众提供的信息取决于该信息对公众利益的影响。以人工智能服务提供者为例，其至少应当做到如下三方面：一是对算法进行备案，方便相关领域竞争者、行业协会、社会公众等利益相关群体开展监督，促进算法不断改进；二是在事先的用户协议及事后的个案纠纷等场景中对人工智能决策中获取、使用个人信息的情况进行说明，保障公众知情权；三是对人工智能生成信息予以标注，使公众对信息的来源和真实性有相对清晰的判断。总之，应结合信息对公众利益的影响，合理确定提供信息的时间、方式和具体内容。

在信息输入方面，技术研发者、技术服务提供者的合规义务可能来源于多个

---

[62] 参见顾汝华：《盐城国资委：从权力型监管到服务型监管》，《国资报告》2017年第1期，页96。

外部渠道。其中，相关法律、行政法规、地方性法规的规定是主要合规依据，行业最佳实践、行业标准、商业道德、科技伦理等法律体系之外的行为准则也需考量。在技术运用引发不良后果时，监管机构可根据对这些行为准则的遵循程度来决定是否适当减轻或免除相关责任。最后，社会公众提供的有价值的监管信息也是重要的信息来源。为有效接收此类信息，技术研发者、技术服务提供者应提供合规官的联系方式和便捷的投诉渠道，以对公众反馈的监管问题进行及时、有效的回应。

（三）基于主体画像实施差异化监管

实施具体问题具体分析的差异化监管，是包容审慎监管的重要维度，这种差异化监管基于对监管对象的主体画像而展开。"主体画像"从"用户画像"概念衍生而来，后者是随着大数据应用而产生的一项技术，主要是指在收集与分析消费者社会属性、行为习惯等主要信息的基础上，抽取用户信息并进行标签化和结构化处理，呈现出用户的全貌，[63] 其本质在于用户信息的标签化。受此启发，本文在"贴标签"的意义上使用"主体画像"的概念。作为包容监管与审慎监管辩证统一、协调平衡的产物，包容审慎监管在具体的制度设计中需要考虑公共风险的监管深度和强度，[64] 这与主体所处的产业发展阶段有关；同时，也要将主体自身的风险应对能力纳入考量，基于主体画像设置差异化的监管举措。

一是评估主体的发展阶段。根据企业生命周期理论，企业通常可分为初创期、发展期与成熟期。一般来说，初创期的企业以迅速占领市场为主要目的，内部合规制度可能尚未健全，此时监管机构应对因缺乏法律知识而导致的初次违法行为予以一定的包容，更多采用约谈、辅导等柔和执法方式，[65] 避免"一棒子打死"，挫伤企业创新的积极性。同时，加强对科创企业的合规指导，引导企业将风险管理流程融入企业战略、经营、财务、投资、市场等领域，有效防范法律风

---

[63] 参见赵刚、姚兴仁：《基于用户画像的异常行为检测模型》，《信息网络安全》2017年第7期，页19。

[64] 参见刘太刚：《从审慎监管到包容审慎监管的学理探析——基于需求溢出理论视角下的风险治理与监管》，《理论探索》2019年第2期，页56—62。

[65] 参见邢鸿飞、吉光：《行政约谈刍议》，《江海学刊》2014年第4期，页124。

险。随着企业在发展中不断壮大，根据责任与能力相匹配、责任与风险相匹配的原则，则需要相应提升企业对潜在风险的注意义务。网络服务商从最初通常仅需承担"通知-删除"义务，发展到基于引发的风险与控制能力承担一定程度的事先过滤义务，就是最典型的例子。[66]

二是分析主体在产业链中的位置。党的二十大报告提出"以国家战略需求为导向，集聚力量进行原创性引领性科技攻关，坚决打赢关键核心技术攻坚战"，[67]这就需要解决"卡脖子"技术问题。目前我国"卡脖子"技术主要包括光刻机、触觉传感器、精密机床、芯片、飞机发动机、操作系统等35项，[68]涵盖关键设备、关键元器件、关键工艺和关键工业软件等领域，尤其集中在上游细分行业中。[69]依据这一事实，为实现打赢关键核心技术攻坚战的目标，对产业链上游企业的监管更应围绕包容创新展开，营造相对宽松的创新环境。随着产业链向下游不断延伸，一般来说，因从原始创新转为特定场景下的改进创新、应用创新，企业的创新属性也有所弱化，但其风险却因提供的内容、获取的数据与服务对象有直接联系而大幅上升，此时更应强调审慎监管，注重安全利益。我国司法实践中，有案例认为应区分云计算基础设施服务商与存储空间服务商，前者无须为用户侵权而担责，[70]正是考虑到产业链不同阶段对技术特征和商业伦理的不同要求，这种差异化的监管思路值得推广。不过，对于系统性的巨大风险，一般需要快速从源头切断风险源，此时，要求产业链前端企业采取措施往往更为有效。域外国家要求网络接入服务商屏蔽以盗版为生的网站，正是基于此理。可见，基于主体在产业链中不同位置的差异监管还应视其可能引发的安全隐患大小而动态调整。

---

66 参见崔国斌：《论网络服务商版权内容过滤义务》，《中国法学》2017年第2期，页215—237。

67 习近平：《高举中国特色社会主义伟大旗帜 为全面建设社会主义现代化国家而团结奋斗——在中国共产党第二十次全国代表大会上的报告（2022年10月16日）》，载《人民日报》2022年10月26日第1版。

68 参见张军、陈劲：《破局："卡脖子"技术突破的战略与路径》，科学出版社2022年版，页14—16。

69 参见郑玉：《先进制造业关键核心技术缺失的现实表现与中国应对》，《企业经济》2024年第1期，页71。

70 参见北京知识产权法院（2017）京73民终1194号民事判决书。

三是聚焦主体所属产业的竞争样态。这一问题关乎《反垄断法》的实施。以美国为例,反垄断执法在很长一段时间呈现出从结构主义向行为主义的转向,[71] 其背后的逻辑在于存在市场支配地位与实施垄断行为之间并不具备必然联系,尤其是当市场中不存在准入障碍时,若监管机关基于短暂获取的市场地位而进行规制反而会损害创新激励。这种转向更倾向于进行事后救济。近年来,平台的兴起与迅速扩大使人们开始反思这一规制路径,人们渐渐发现,虽然结构上的支配地位与实施垄断行为不存在必然联系,但由于技术的加持,平台网络外部效应已经达到前所未有的高度,不少大型互联网平台能够广泛采集数据、应用算法推荐、制定单方规则,进而形成"隐性强制"权力,[72] 成为事实上的必要设施,其拒绝许可、独家许可等行为更容易带来阻碍创新的后果。更有甚者,这些企业在实践中往往采取"掐尖式并购",[73] 以维护平台生态系统为名通过关闭 API 接口、屏蔽链接、强制不兼容等方式排斥竞争对手,形成了相对固定的行为模式,而其带来的竞争损害后果往往难以弥补。如果我们采取一种更具囊括性的"消费者福利"概念,将产品质量、持续创新等利益纳入衡量的话,[74] 这种行为理应受到反垄断法规制。对于此类行为,与其让其"病入膏肓",不如采取早期介入的方式予以补救,[75] 基于特定市场结构下企业从事垄断行为的较大可能性,逐步构建起《反垄断法》事前干预范式,[76] 实现激励创新与自由竞争之间的平衡。

---

71 参见钟瑞栋:《从结构主义到行为主义——反垄断法的历史演进、发展趋势及我国的立法选择》,《厦门大学法律评论》2001 年第 2 期,页 38—44。

72 参见马平川:《平台数据权力的运行逻辑及法律规制》,《法律科学(西北政法大学学报)》2023 年第 2 期,页 99。

73 "掐尖式并购"主要是指大型科技企业利用其市场优势地位,特别是流量和数据优势,对市场前景较好,或存在潜在竞争威胁的初创企业进行的并购。这类并购以前很少受到重视,原因是并购对象很小,而且经常与平台看起来没有竞争关系,因此不足以引起反垄断机构的注意。参见孙文轩:《治理资本无序扩张:防止掐尖式并购被划重点,其如何阻碍了创新》,载 https://new.qq.com/rain/a/20220131A094NT00,2023 年 5 月 18 日访问。

74 See Lina M. Khan, "Amazon's Antitrust Paradox", The Yale Law Journal, vol. 126, 2017, pp. 710-805.

75 参见[英]阿里尔·扎拉奇、[美]莫里斯·E·斯图克:《算法的陷阱:超级平台、算法垄断与场景欺骗》,余潇译,中信出版集团 2018 年版,页 323。

76 参见张玫瑰:《互联网平台反垄断法律规制的范式转型——反垄断法事前干预范式的构建》,《政治与法律》2023 年第 4 期,页 162—176;另参见王磊:《论平台垄断的合规治理》,《行政法学研究》2023 年第 4 期,页 133。

（四）优化面向未来的监管制度设计

实现人的自由全面发展是科技进步的根本目的。以此为指引，科创领域包容审慎监管需要探索科技社会效益最大化、负面效应最小化的实现路径。面向未来的思维方式，能够为此路径的具体设计提供指引。

其一，面向未来的监管需注重监管机构之间的协同，健全科技监管体制机制。如学者於兴中所言，"促进与监管之间的适当平衡是实现'科技向善'理想的关键"[77]，这对新业态监管具有启示意义。考虑到不同部门治理目标的差异性，若缺乏监管协同，这两项利益实难取得平衡，例如科技、知识产权部门往往会更倾向于"促进"利益的实现，网信、出版管理部门则更注重对非法信息的监管。为统筹发展与规制，美国在白宫科技政策办公室下成立了国家人工智能倡议办公室，负责协调政府机构之间人工智能政策制定和实施，通过顶层设计的完善增强统筹协调能力。根据 2023 年通过的《党和国家机构改革方案》，我国组建中央科技委员会，作为党中央决策议事协调机构，对党和国家以往涉及科技创新的战略决策和宏观领导机构进行归并整合，这有利于从国家发展全局统筹科技创新。未来若能依托于中央科技委员会，整合政府、行业协会、社会力量，完善科技创新、科技伦理、技术运用三位一体的科技监管体制机制，或可强化监管合力、提升监管效能。

其二，面向未来的监管需要强化"以技治技"的治理策略，推动监管手段走向数字化、智能化。技术带来的风险最终要靠与之制衡的技术手段来克服，这不仅是技术创新的意义所在，也是对监管的重要启示，是监管效力的重要保障。应当充分挖掘技术在侵权识别、实时监测、源头追溯、维权指导等方面的作用，全方位构建行政执法技术支撑体系。[78] 同时，也要依托公共数据资源深挖数据价值，在监管中形成大数据思维，实现用数据说话、用数据管理、用数据决策，提升政府监管的精准性和有效性。[79]

77　参见於兴中：《数字素养：从算法社会到网络 3.0》，上海人民出版社 2022 年版，页 25。
78　参见董涛：《国家治理现代化下的知识产权行政执法》，《中国法学》2022 年第 5 期，页 80。
79　参见胡煜、罗欣伟、王丹：《数字革命：新时代的产业转型逻辑》，电子工业出版社 2020 年版，页 78。

其三，面向未来的监管应强化适应性监管，[80] 并以先行先试、动态调整制度为依托。起源于英国金融监管领域的"监管沙箱"制度为创新提供了受监督的安全测试区，有助于实现风险可控，其本质也是先行先试制度的一种，且已在国际社会进一步推广。例如俄罗斯 2020 年 9 月颁布的《第 258-FZ 号联邦法律——关于俄罗斯联邦数字创新领域的试验性法律制度》就允许在全国范围内创建数字沙箱，且政府有权豁免某些阻止实施数字创新的立法要求。[81] 从广义上看，对于风险不明的新兴业态可尝试限定适用主体（例如特定企业）、适用领域、适用地域（例如自贸区、高新技术区）、适用时间（例如"日落条款"）等多种先行先试方案，引导科创企业查找问题、改进设计、降低风险，监管机构则在试验进程中评估、调试监管方案，待成熟后再予以扩散，从而实现"以点带面"的监管效果。

其四，面向未来的监管应落实到创新人才与创新资源的保护。我国最高人民法院曾发文明确，对于科研单位用于科技创新、产品研发的设备、资金和技术资料，一般不予以查封、扣押、冻结；对资金暂时周转困难、尚有经营发展前景的负债企业，应慎用冻结、划拨流动资金等手段。[82] 上述手段有利于维护科创企业正常生产经营秩序，最小化对创新活动的负面干预，为科创企业创新创造提供稳定的预期。充分考虑科技创新工作的体制机制和行业特点，认真研究科技创新融资、科研成果资本化产业化、科研成果转化收益中的新情况、新问题，保护科研人员凭自己的聪明才智和创新成果获取的合法收益。[83] 在实践中，不断摸索科研人员合法获利与非法获利、可豁免的科技探索失败与骗取科研经费等行为的界限，既要小心维护科研人员的创新热情，也要对打着科研旗号的违法行为予以严厉规制。总体而言，包容审慎监管的发展方向应当是在救济之余防止社会财富流失、保护科研人员的创新动力与信心。

80　参见张友连、胡洁林：《论法治营商环境中的"包容审慎"监管》，《浙江工业大学学报（社会科学版）》2020 年第 3 期，页 270。

81　参见崔亚东主编：《世界人工智能法治蓝皮书（2021）》，上海人民出版社 2021 年版，页 104。

82　参见最高人民法院《关于充分发挥审判职能作用为企业家创新创业营造良好法治环境的通知》。

83　参见最高人民检察院《关于充分发挥检察职能依法保障和促进科技创新的意见》。

结语

科技是一把双刃剑，它引领着美好生活，也使人类社会处于风险之中。如何在科技创新领域贯彻包容审慎监管理念，以促进科技创新、科技向善，实现安全与人权、政府与市场的平衡，[84] 一直是国家治理的重要议题。包容不是纵容，审慎也不等于无所作为。为切实践行《法治政府建设实施纲要（2021—2025年）》关于"完善与创新创造相适应的包容审慎监管方式"[85] 的要求，政府应当立足于新发展阶段，在充分认识科技创新规律的基础上，重塑政企与科创企业之间的关系，转变监管理念、行为方式，提升监管效能，以统筹发展与安全、活力与秩序。

---

[84] 参见初萌：《科技立法基本原则、监管趋势与未来展望》，《科技进步与对策》2024年第5期，页96。

[85] 参见《中共中央 国务院印发〈法治政府建设实施纲要（2021—2025年）〉》，载中国政府网，https://www.gov.cn/zhengce/2021-08/11/content_5630802.htm，2024年7月13日访问。

论药品试验数据排他权

陈孟麟[1]

摘要：药品试验数据同时具备商业数据属性和监管数据属性，其利益也因此被二分：一是包含商业策略和医疗信息的商业数据之利益；二是包含药品安全有效性信息的监管数据之利益。药品获批上市之后，药品安全有效性信息便脱离权利人的自力控制而进入公有领域。药品试验数据排他权以法律之力维持权利人对药品安全有效性信息的排他控制，排除其他人对药品试验数据的特定利用行为，从而保护权利人在药品试验数据上意欲实现的特定利益，同时允许权利人自由转让该利益，因而可以被视为一种财产权利。从功利主义角度考察，其正当性基础在于：它是激励药品创新的本质性的、必需的手段。

关键词：药品试验数据保护；排他权；药品创新；药品专利

---

[1] 作者简介：陈孟麟（1995— ），男，汉族，湖南长沙人，北京大学博士研究生，研究方向为知识产权法、科技法。

目次：

引言

一、药品试验数据排他权的起源：美国《哈奇-维克斯曼法案》

二、药品试验数据排他权的理论解释

 （一）药品试验数据的利益二分：商业数据利益与监管数据利益

 （二）有关药品试验数据排他权的现存解释及其评价

 （三）药品试验数据排他权的本质——药品安全有效性信息的排他控制

三、药品试验数据排他权的功利主义正当性

 （一）药品创新的特殊性

 （二）专利制度对药品创新的激励失灵

 （三）药品试验数据排他权是激励药品创新实施的最佳选择

结论

引言

药品试验数据排他权制度起源于美国药品监管立法。《TRIPs协议》以及我国在《中国加入工作组报告书》中的承诺是我国药品试验数据排他权保护的主要国际义务来源。[2] 为落实我国入世承诺,我国从2002年起逐步推动药品试验数据排他权的立法工作。然而,时至今日,我国关于药品试验数据排他权的立法成果仍止步于原则性规定。[3] 2018年,《药品试验数据保护实施办法(暂行)(征求意见稿)》出台,较为系统性地规定了药品试验数据保护制度,围绕"完善和落实药品试验数据保护制度,促进药品创新,提高创新药物的可及性,满足临床用药需求"的立法目的,对原有法规中存在的缺陷与不足进行了完善,对创新药、创新治疗用生物制品、罕见病治疗药品、儿童用药和专利挑战成功的药品共五大类药品给予试验数据排他权在一定期限内的保护。不过,该项立法并未得到进一步推进。目前,国内加快药品试验数据保护制度的落地,强化试验数据保护力度的

---

[2] 《中国加入工作组报告书》第284条:"中国代表进一步确认,为遵守《TRIPs协议》第39条第3款,中国将对为申请使用新化学成份的药品或农业化学品的销售许可而按要求提交中国主管机关的未披露试验数据或其他数据提供有效保护,以防止不正当商业利用,但披露这些数据是保护公共利益所必需的或已采取保护措施防止该数据受到不正当商业利用的情况除外。这种保护包括,采用并制定法律和法规,以保证自中国政府向数据提供者授予销售许可之日起至少6年内,除数据提供者外,未经数据提供者允许,任何人不得以该数据为基础申请产品销售许可。在此期间,对于任何第二个申请销售许可的人,只有当其提交自己的数据时方可被授予销售许可。所有使用新化学成份的药品或农业化学物质均可受到此种数据保护,无论其是否受专利保护。工作组注意到这些承诺。"参见国务院公报:《中国加入工作组报告书》,载中华人民共和国中央人民政府官网,https://www.gov.cn/gongbao/content/2005/content_63361.htm,2001年10月1日发布,2024年8月9日访问。

[3] 《中华人民共和国药品管理法实施条例》第34条:"国家对获得生产或者销售含有新型化学成份药品许可的生产者或者销售者提交的自行取得且未披露的试验数据和其他数据实施保护,任何人不得对该未披露的试验数据和其他数据进行不正当的商业利用。自药品生产者或者销售者获得生产、销售新型化学成份药品的许可证明文件之日起6年内,对其他申请人未经已获得许可的申请人同意,使用前款数据申请生产、销售新型化学成份药品许可的,药品监督管理部门不予许可;但是,其他申请人提交自行取得数据的除外。除下列情形外,药品监督管理部门不得披露本条第一款规定的数据:(一)公共利益需要;(二)已采取措施确保该类数据不会被不正当地进行商业利用。"

呼吁愈发强烈[4];同时,我国药品试验数据保护立法的滞后也引起了国际上主要贸易对象的关注[5]。

我国药品试验数据排他权立法二十余年踟蹰不前,究其原因,主要有产业发展落后和制度理念滞后两个方面的因素。一方面,长期以来我国医药产业研发能力薄弱,产业资本投入匮乏,以仿制药产业为主。药品试验数据保护抑制仿制药产业的竞争能力,出于保护国内蹒跚起步的医药产业之目的,选择药品试验数据的弱保护政策存在其合理性。然而,现有资料显示,我国已经形成了较为完整的现代药品工业体系,药品创新能力主体结构实现了单一向多元的转变。[6] 2022年至今,累计批准的创新药品和创新医疗器械"无论从数量还是质量上来看,都处于全球前列"。[7] 随着我国制药产业向创新发展迈进,对相关政策法律制度也应考虑进行适当调整,更多地体现保护创新的面向。另一方面,我国学界对药品试验数据排他权制度的理念研究仍旧存在较大不足,无法为立法活动提供良好的思想指导和理论支撑。为清除试验数据保护立法在思想层面的阻碍,关于试验数据排他权的基本原理、正当性基础、制度功能的认识误区亟待澄清。

---

4 参见光明网:《人大代表建议完善药品试验数据保护制度》,载光明网,https://m.gmw.cn/2022-03/06/content_1302832009.htm,2022年3月6日发布,2024年8月7日访问。又参见澎湃新闻:《全国政协委员朱同玉:建议对生物药试验数据设立十年以上保护期》,载澎湃网,https://www.thepaper.cn/newsDetail_forward_26548643,2024年3月4日发布,2024年8月7日访问。

5 2020年,中美签订《中美第一阶段经贸协议》,强调应对试验数据提供有效保护和执法。参见《中华人民共和国政府和美利坚合众国政府经贸协议》第1.9条。又参见美国贸易代表办公室于2024年2月向美国国会递交的关于中国履行入世承诺情况的2023年度汇报(*2023 USTR Report to Congress on China's WTO Compliance*),在这份报告中,美国贸易代表办公室认为"尽管这些修订草案为中国的监管机构提供了机会,但是对于监管数据保护的限制仍然没有得到解除,中国至今仍未创建一个规定了6年的监管数据保护的法规框架"。

6 参见刘敬桢、胡建伟、温再兴:《制药工业蓝皮书 中国制药工业发展报告(2023)》,社会科学文献出版社2023年版,页1—17。又参见陆涛、李天泉:《中国医药研发40年大数据》,中国医药科技出版社2019年版,页17—18。

7 新华社:《国家药监局:我国的创新药发展势头强劲 未来可期》,载新华网,http://www.xinhuanet.com/politics/20240614/9891865edd4d4aa39fb7d7a9d86ab778/c.html,2024年6月14日发布,2024年8月7日访问。

一、药品试验数据排他权的起源：美国《哈奇-维克斯曼法案》

现代药品监管制度始于1937年。那一年，美国各地有超过100人因服用一种名为磺胺脒（sulfaguanidine）的有毒药物而死亡。[8] 此次药害危机促使美国《食品、药品和化妆品法案》（Food, Drug and Cosmetic Act）于1938年通过，这是美国乃至全世界第一部要求基于科学证据，对药物安全性进行上市前检查的立法。[9]《食品、药品和化妆品法案》要求新药制造商向美国联邦食品和药品管理局（the Food and Drug Administration, FDA）提交一份新药申请，其中应包含可以证明药品安全性的完整调查报告。这一规定要求制药商自费开展药品试验，这无疑增加了制药商的成本。不过，证明药品安全性的试验成本相对较小，因而该规定对制药企业的生产成本的影响并不引人注目。

之后，发生于20世纪50年代末和60年代初的"反应停"事件推动了美国进一步提高药品上市前审查标准的立法。1962年，美国国会通过了一项富有争议的针对《食品、药品和化妆品法案》的修正案——《科夫沃-哈里斯修正案》（The Kefauver-Harris Amendments）。[10] 该修正案要求药商在药品上市前证明药品的有效性，这一措施旨在保护消费者免受假药的欺诈。然而，该修正案却给美国制药产业带来了潜藏的危机。因为，证明药品安全性的试验可以相对快速和便宜地完成，但证明有效性的试验则需要进行多年。对于原研药商而言，这一变化产生了两个重大影响：一是临床试验成本直接减少了原研药商的利润；二是漫长的临床试验周期实际上压缩了获取利润的最佳时间窗口，即药品专利期。而对于仿制药商而言，这一变化则带来了更为沉重的打击：在新制度下，即使仿制药商的产品在化学成分上与原创药完全一致，仿制药商也必须向药监部门提供能证明其产品

8　See Carol Ballentine, *Taste of raspberries, taste if death*, FDA Consumer Magazine, June 1981 Issue , https://www.fda.gov/about-fda/histories-product-regulation/sulfanilamide-disaster, last visited：2024.08.07.

9　See 21 USC § 355 (b) (1).

10　"反应停"事件始于20世纪50年代，多个国家的孕妇在服用止吐药"反应停"（沙利度胺）后，在全世界共产下了约1.2万名畸形儿。虽然"反应停"事件主要发生于欧洲，并且是一个安全性问题而非有效性问题，然而随着事件不断发酵，美国社会舆论对药监制度的担忧日益加剧，最终推动《科夫沃-哈里斯修正案》得以在尚存较大争议的情况下表决通过。

具有安全性和有效性的试验数据。大部分的仿制药商无力负担证明药品有效性的高昂费用,因而即便原研药的专利已经到期,仿制药商往往也不会选择生产相应的仿制药。[11] 随着时间推移,《科夫沃-哈里斯修正案》给美国医疗体系带来的负面影响逐渐凸显,美国同时面临创新药品的可及性危机(药品可获得性危机)和廉价药品的可及性危机(药品可负担性危机)。[12]

从20世纪70年代中期开始,许多尝试解决危机的提案开始出现。也是在这一时期,建立试验数据排他权的提议首次被提出。然而在之后数年间,包括原研药产业、仿制药产业在内的各方利益团体围绕药品专利期补偿、药品专利链接制度、药品试验数据排他权制度等药品知识产权制度的争论一直持续,未能达成共识。直到1984年,参议员哈奇提出了《药品价格竞争与专利期恢复法案》(The Drug Price Competition and Patent Term Restoration Act),该法案规定原研药商对其提交的试验数据享有5年的数据排他权。[13] 数据排他保护期内,未经原研药商允许,仿制药商不得依赖原研药商的数据进行简化新药申请(abbreviated new drug application)。排他权期限届满以后,仿制药商可以依赖原研药商的数据进行简化新药申请,FDA可根据简化新药申请来批准仿制药上市。该法案于1984年正式通过,并且还有一个更为人熟知的名称——《哈奇-维克斯曼法案》(The Hatch-Waxman Act)。该法律所确立的简化新药申请制度只需仿制药商提交证明仿制药与原研药具有生物等效性的临床试验数据,而证明药物生物等效性的临床试验的规模远小于证明药物安全有效性的临床试验的规模。因此,简化新药申请制度大幅降低了仿制药申请上市的成本,有效促进了美国药品市场的竞争和药品

---

[11] See E. S. Weiswasser & Scott D. Danzis, *The Hatch-Waxman Act: History, Structure and Legacy*, Antitrust Law Journal, Vol. 71, No. 2, 2003, pp.585-608.

[12] 在当时,尽管美国的原研药商在全球范围内占据主导地位,大约一半的新药在美国开发,然而,一项1977年的研究发现,三分之二的来自美国的原研药在美国本土上市前就已经在英国上市了。其次,新药申请上市的成本大幅增加。到1973年,开发新药的成本比1962年增加了13倍。从20世纪50年代初到70年代末,新化学实体药物的上市批准数量减少了81%。同时,许多专利已过期的重要药物基本上没有面对仿制药的竞争,其价格长时间居高不下。参见James J. Wheaton, *Generic Competition and Pharmaceutical Innovation: The Drug Price Competition and Patent Term Restoration Act of 1984*, Catholic University Law Review, Vol. 35, 1986, pp.433-487. 另参见 Alfred B. Engelberg, "*Special Patent Provisions for Pharmaceuticals: Have They Outlived Their Usefulness? A Political, Legislative and Legal History of U.S. Law and Observations for the Future*", The Journal of Law and Technology, Vol. 39, No. 3, 1999, pp.389-428.

[13] See 21 U.S.C § 355 (c) (3).

价格的下降。

在《哈奇-维克斯曼法案》出台之前,美国主要以商业秘密的形式保护药品试验数据。该法案出台之后,美国在商业秘密保护的基础上,又通过排他权的方式保护药品试验数据。[14] 此种"混合保护"模式让人不禁产生如下疑问:对同一个知识产权客体同时进行商业秘密保护和排他权保护的现实基础为何?两种看似相斥的保护方式如何在同一客体上做到并行不悖?实际上,在同一客体上出现了不同的权益,就是在同一客体上出现了不同的需要法律保护的新行为和新的社会关系。客体之上新增权益的原因,可能是传播技术的发展,也可能是商业模式的变迁,甚至可能是审查和行政管理的需要。[15] 之所以采取商业秘密加排他权的"混合保护"模式,是因为在《哈奇-维克斯曼法案》出台后,对于客体(药品试验数据)的利用方式发生了独特的变化,客体上出现了新的可欲利益。[16]

二、药品试验数据排他权的理论解释

客体是权利所保护的利益之所在,权利的发展由客体的发展所决定,而客体的发展是人们对客体的需求及认知的变化。欲对药品试验数据排他权进行理论解释,首先必须认识到主体对试验数据之上利益的需求,才能厘清相应的权利的现实基础。这包括两个层次:客体本身的发现和客体上利益的发现。[17]

(一)药品试验数据的利益二分:商业数据利益与监管数据利益

广义而言,在药品研发过程中进行的实验室试验和临床试验所得到的数据,

---

14 需要说明的是,欧美等发达国家对于药品试验数据的商业秘密保护范围经历了从全部数据到部分数据的演变,与之相伴的是范围不断扩大的药品试验数据公开制度。不过,哪怕是在当前试验数据强制公开范围最大的欧盟,欧洲药监局在公开药品试验数据时仍然负有保护制药企业商业秘密的义务,并采取了诸如延迟公开时间、限定公开对象、规范使用行为、隐匿商业秘密等方式,确保对药品试验数据的商业秘密保护。

15 参见陈杰:《论知识产权对象与知识产权客体的区分》,《知识产权》2024年第4期,页38—56。(参考文献的作者区分知识产权的对象和客体,本文采《民法典》通说,不予区分)

16 有关客体的"可欲性"的论述,参见易继明、李春晖:《知识产权的边界:以客体可控性为线索》,《中国社会科学》2022年第4期。

17 参见易继明、李春晖:《知识产权的边界:以客体可控性为线索》,《中国社会科学》2022年第4期,页120—139。

以及在药品上市以后进行临床治疗所得到的数据,都属于药品试验数据。本文取其狭义定义,根据《TRIPs 协议》,药品试验数据系指制药企业为申请药品上市审批许可,向药品监管部门提交的用以证明药品的安全性和有效性的一系列实验室试验与临床试验所得数据。[18] 这些试验一般由制药企业自行或委托第三方机构进行。通常情况下,在进行临床试验前,制药企业将与试验受试者以及进行试验的医疗机构签署协议,确定在尊重受试者个人信息权利等人格化权利的前提下,试验所得的数据归属于制药企业。因此,与其他商业数据特别是网络环境下的衍生性数据相比较,药品试验数据的初始权利归属较为清晰,且具备一定的结构性。然而,药品试验数据也具有其特殊之处:一方面,此类数据系由私人部门投资进行临床试验所得,属于商业数据;另一方面,此类数据最终得递交至药监部门,用于申请药品上市许可,属于监管数据。因而,药品试验数据同时具备商业数据属性和监管数据属性,分别形成了两种数据利用方式。药品试验数据的利益也由此二分。有关药品试验数据权利保护的探讨,皆须从利益二分论出发。

1. 商业数据利益

药品试验数据中包含了一系列商业秘密信息:其一,试验设计方案及设计理由;其二,试验过程中可能遇到的挑战及其解决方案;其三,记录、跟踪和统计分析试验数据的方法;其四,试验任务的分配规划,如哪些任务由药品上市申请人自行完成,哪些交由第三方完成;其五,呈现数据结论的方法,如哪些数据需要重点说明,哪些数据需要进行额外的数据积累才能满足药品监管的审查标准。以上信息都是药品上市申请人凭借其专业知识和经验所形成的具有极高价值的商业策略。[19] 此外,药物的理化性质的记录和受试者的医疗信息本身也具有高度的商业价值:利用大数据技术对药品试验数据的原始数据进行元分析,将有机会产生新的医学发现(例如第二用途)和实现个性化医疗。

欲实现药品试验数据的商业数据价值,必须实际持有药品试验数据。在递交至药监部门之前,药品试验数据由制药企业持有,并通过保密手段予以保护。在药品试验数据被提交至药监部门以后,药品监管部门虽持有该数据,但仅限于在

---

[18] TRIPS Agreement-Article 39.3.

[19] See Erika Lietzan, *A New Framework for Assessing Clinical Data Transparency Initiatives*, Marquette Intellectual Property Law Review, No.1, 2014, pp.36-85.

药品上市审查的职权范围内使用该数据。同时,虽然各国存在不同程度的药品试验数据公开制度,但公开的内容、时间和对象都由法律予以严格规定,对于其中涉及商业秘密的数据,药监部门并不予以公开。同时数据访问人还需签订保密协议、使用协议等限制性协议。因此,总体上,制药企业可以通过自力控制排除他人享有药品试验数据的商业数据利益。

2. 监管数据利益

药品试验数据作为监管数据的价值在于它提供了一种"知道是什么"(know-what)的信息[20],即"某药物安全有效"。从商业角度来说,该信息的价值在于它可以使药品获得上市批准。该信息由药品试验数据承载,并随着药监部门根据药品试验数据批准药品上市这一事实的发生,而进入公有领域。简化新药申请制度为仿制药企业提供了商业化利用该信息的渠道:仿制药企业首先证明仿制药与原研药具有生物等效性,再利用处于公有领域的"原研药安全有效"的信息,向药监部门和消费者提供"该仿制药也安全有效"的信息,从而使产品获批上市并获得经济回报。

可以看出,欲实现药品试验数据的监管数据价值,仿制药企业并不需要实际持有甚至接触该数据。因为原研药获得药监部门批准而进入市场的事实一经发生,即便药品试验数据仍然对除原研药商和药监部门之外的任何人保密,药品试验数据作为监管数据所承载的那一部分信息也已经脱离原研药商的排他控制而进入公有领域。因此,制药企业无法通过自力控制排除他人享有药品试验数据的监管数据利益。

(二)有关药品试验数据排他权的现存解释及其评价

1. "数据公开换垄断"说及其评价

不少学者认为,药品试验数据排他权系国家授予原研药商的类似专利权的垄

---

20 通说认为知识可以被分为三种,分别是"知道是什么"(know-what),即追求对(自然或社会)现象的事实和描述;"知道怎么做"(know-how),即描述其应用的方法和程序;以及"知道为什么"(know-why),即追求解释这些事实及其应用的一般原理和规律。

断性权利,[21] 系属知识产权的一个子项,是原研药产业除专利权之外的另一个得以建立入市门槛,排除市场竞争,维持市场垄断地位的排他性工具。[22] 有学者试图将专利法领域中"公开换保护"的逻辑引入对药品试验数据排他权的解释当中,形成"数据公开换垄断"说,一方面通过"公开换保护"理论论证药品试验数据排他权的正当性,"类似于专利权以技术公开换取技术独占的契约性制度安排,药品数据排他权在立法设计上也将药品数据的充分公开作为一定期限数据排他权的获取对价。"[23] 另一方面以这种方式统筹药品试验数据保护与药品试验数据公开这两种社会需求,"美国及欧洲于20世纪80年代对药品数据的知识产权保护模式进行优化,以授予制药企业药品数据排他权利的形式,实现药品数据由保密向公开的转变。"[24]

"数据公开换垄断"说确立了对药品试验数据排他权知识产权属性的初步认知,但存在三个方面的误区:

第一,试验数据排他权的排他性弱于专利权。药品试验数据排他权在一段时间内禁止药品监管部门批准仿制药的简化新药申请(仅需提供生物等效性数据),但并不阻止药品监管部门批准仿制药的完整的新药申请(需提供安全性和有效性数据)。只要仿制药企业通过自己的努力独立地生成了可以证明仿制药安全有效性的试验数据,仿制药便可以上市。因此,试验数据排他权的排他性仅及于数据本身。与之不同的是,专利法不允许除专利权人之外的其他人以生产经营为目的

---

[21] 相关表述例如:"数据保护在药品专利期限届满之后,延长了原研药厂商的独占权,或者在上述其他情况下为原研药厂商创造了原本并不存在的独占权。"程文婷:《试验数据知识产权保护的国际规则演进》,《知识产权》2018年第8期,第85页;"药品试验数据保护是在专利权之外政府为鼓励药品创新而提供的另一种知识产权保护形式。"周婧:《药品试验数据的保护与限制》,《知识产权》2017年第3期;"药品试验数据排他权制度为药品制造企业提供类似专利权的独占市场保护权利。"参见陈庆:《药品试验数据排他权与药品专利权冲突之研究——从药品可及性角度谈起》,《知识产权》2012年第12期;"药品数据排他权利在本质上是与专利权相似的一种垄断性权利。"刘鑫:《论药品数据排他权》,《荆楚法学》2024年第1期;"这些规定在美国食品药品监督管理局(FDA)而非专利商标局(PTO)的监管下赋予了类似专利的保护。"Rebecca S. Eisenberg(2007), *The Role of the FDA in Innovation Policy*, Michigan Telecommunications and Technology Law Review, Vol. 13, Issue 2. p. 361.

[22] See Srividhya Ragavan, *Data exclusivity: a tool to sustain market monopoly*, Jindal Global Law Review, Vol. 8, Issue 2. 2017, pp. 241-260.

[23] 刘鑫:《药品数据专有权国际立法溯源与中国制度安排》,《科技进步与对策》2024年第6期,页3。

[24] 刘鑫:《论药品数据排他权》,《荆楚法学》2024年第1期,页102。

实施受保护的技术方案,即便其他人独立研发了相同的技术方案。将药品市场排他权[25]引入讨论有助于更好地理解数据排他权与专利权在垄断程度上的差别。市场排他权禁止药品监管部门批准仿制药的任何种类的上市申请,不论是新药申请还是简化新药申请。换言之,即便仿制药商自行出资进行了完整的临床试验,并向药监部门提交了足以证明仿制药具有安全有效性的试验数据,仿制药也无法获批上市。可以看出,与试验数据排他权不同,药品市场排他权才是与专利权类似的垄断性权利。因此,试验数据排他权无法与专利权相提并论,其排他性权能较弱。

第二,仿制药企业所面临的市场门槛并非由试验数据排他权塑造。客观上,在排他权保护期内,仿制药商的确需要面对较高的入市门槛,而难以参与市场竞争。但这一市场门槛是由药品上市审查制度所塑造,而并非由药品试验数据排他权所塑造。原研药商为了跨越这一市场门槛付出了相当的努力,而试验数据排他权并不阻止其他竞争者为跨越同样的市场门槛,付出同样的努力,即开发产品、进行临床试验和提交完整的上市申请。它仅仅是在一段时间内阻止仿制药商通过"搭便车"的方式跨越该市场门槛。[26]

第三,"数据公开换数据排他"理论混淆了试验数据之商业数据利益保护与监管数据利益保护。试验数据排他权所保护者,乃试验数据作为监管数据所提供的"某药物安全有效"的监管数据信息。试验数据作为商业数据所承载的商业策略、医疗信息等商业数据信息,一般适用商业秘密保护,药品试验数据排他权并不对其提供排他保护。"数据公开换数据排他"理论实际是以商业数据信息之公开换监管数据信息之排他,合理性值得商榷。

实际上,作为最早提出试验数据排他权,并成为试验数据保护立法典范的《哈奇-维克斯曼法案》在设计试验数据排他权时,并未将试验数据的公开作为排他权的授权条件。的确,《哈奇-维克斯曼法案》对试验数据的公开进行了规定。但《哈奇-维克斯曼法案》所规定的公开试验数据的条件为:当某款原创药的新药

---

[25] 许多国家和地区对罕见病药品授予市场排他权。例如美国《食品、药品和化妆品法》规定在罕见病药品上市后7年内,FDA不得批准作用于同一病症的同一药物的上市申请,即使该上市申请完全基于新的完整的临床试验所得出的数据。在我国《中华人民共和国药品管理法实施条例(修订草案)(征求意见稿)》中也存在类似规定。

[26] See Elizabeth H. Dickinson, "*FDAs Role in Making Exclusivity Determinations*", Food & Drug Law Journal, Vol. 54. No. 2, 1999, p. 200.

申请无法获得批准时，或者被放弃时，或者批准被撤销时，或者该药被判定为不是新药时，或者依赖该原创药的试验数据进行的简易新药申请已经被批准时，或者上述简易新药申请在规则上可以被批准时。[27] 也就是说，当药品试验数据无法得到排他权保护或者排他权保护期限届满时，试验数据才可以依申请公开。此外，该条款还规定了一个例外规则，即如果制药商可以证明存在"特殊情况"，那么试验数据可以继续获得保密，而免于被公布。然而，"特殊情况"的表述是"出人意料和模糊不清"[28] 的，并且，《哈奇-维克斯曼法案》并未对该术语进行定义。这导致在实践中，只要制药商能证明这些试验数据中残存着某种商业价值，即构成"特殊情况"。[29] 作为法案发起人之一的参议员哈奇对上述实践表示支持，声称该实践只是简单地重申了 FDA 长期以来的政策。FDA 随后确认支持这一立场。[30] 因此，从立法逻辑来看，《哈奇-维克斯曼法案》并未将药品数据的充分公开作为一定期限数据排他权的获取对价。从法律实践来看，其出台后的数十年里，美国药品试验数据排他权制度得到了良好的运行，但直至 2007 年《食品和药品管理法修正案》出台之前，美国并未建立广泛的药品试验数据强制公开制度。

2. "限制公权"说及其评价："推迟干预"说与"推迟征用"说

不论是在美国《哈奇-维克斯曼法案》中，还是在《TRIPs 协议》中，或是在我国《药品管理法实施条例》以及《药品试验数据保护实施办法（暂行）（征求意见稿）》中，关于药品试验数据排他权的法律条文的规范对象都是公权部门。因而有学者认为，将药品试验数据排他权称为"排他权"本身就是一种"谬见"，试验数据排他权的本质是对公权力的限制，从而形成"限制公权"说，包括"推迟干预"说与"推迟征用"说两种观点。

---

[27] See 21 USC § 355 (l) (1).

[28] James T. O' Reilly, "*Knowledge is Power: Legislative Control of Drug Industry Trade Secrets*", University of Cincinnati Law Review, Vol. 54, No. 1 1985, p. 17.

[29] See Mustafa Ünlü, "*It is Time: Why the FDA Should Start Disclosing Drug Trial Data*", Michigan Telecommunications and Technology Law Review, Vol. 16, 2010, p. 524.

[30] 在 FDA 局长给参议员 Hatch 的公开信中，他表示"该法案中'特殊情况'的含义……旨在使机构的披露标准与第（4）项豁免（一项旨在保护信息中的商业利益的美国政府信息披露豁免，作者注）标准保持一致"。参见 130 Cong. Rec. S10981-90 (daily ed. Sepr. 12, 1984).

"推迟干预"说认为,药品试验数据排他权的本质是推迟政府力量对药品市场竞争的干预。现代药品监管制度经历了"不进行上市前审查""要求所有药品接受相同的上市前审查"和"分时间段对不同药品进行不同的上市前审查"这三个历史阶段。在1962年《科夫沃-哈里斯修正案》生效到1984年《哈奇-维克斯曼法案》生效之前,药监部门要求所有新药在上市前必须获得行政许可。此规定对药品市场中所有的竞争者一视同仁,要求他们提交证明药品安全有效性的试验数据以获得上市许可,行业内的竞争者所面对的竞争环境是平等的。这一平等的竞争环境随着《哈奇-维克斯曼法案》确立了简化新药申请制度而发生了变化:在第一个获批药品上市后的某个时间点之后,药品监管部门将允许市场竞争者在没有进行同等体量的临床试验的情况下,获得相同或高度相似的药品的上市许可。这意味着第一个申请者曾经付出巨额的资金成本和时间成本才跨越的较高的入市障碍被药监部门替换为一个较低的入市障碍。其他市场竞争者跨越这个较低的入市障碍所需付出的成本远远低于第一个申请者的成本。"推迟干预"说认为,简化新药申请制度是公权力对药品市场竞争的一种政策干预,[31] 这一政策干预扭曲了原本的药品市场竞争环境,[32] 而药品试验数据排他权系推迟这一政策干预的配套制度。

与"推迟干预"说类似的,还有"推迟征用"说。"推迟征用"说认为,简化新药程序使仿制药商得以在申请产品上市活动中利用原研药商的商业秘密,本质上是"一个由政府构建的,通过征用现有的市场参与者的商业秘密,补贴未来的市场参与者的制度"[33]。假设不存在上市前的行政检查,原研药商便无须将药品试验数据交与行政部门,仿制药商未经原研药商许可,是无法获得原研药商的商业秘密的。那么,既然药监部门是为了实现审查药品的特定目的而设立的政府机构,其权力的行使应以审查药品为限,而不应涉及对现有财产权的干预。简言之,简化新药上市程序构成了政府对于原研药商的财产(试验数据

---

[31] See Erika Lietzan, "*The Myths of Data Exclusivity*", Lewis & Clark Law Review, Vol. 20, No. 1, p. 110.

[32] See Daria Kim, "*Enabling Access to Clinical Trial Data: When is Unfair Use Fair?*", Chicago-Kent Journal of Intellectual Property, Vol. 14, No. 2, 2015, p. 544.

[33] Richard A. Epstein, "*The Constitutional Protection of Trade Secrets and Patents under the Biologics Price Competition and Innovation Act of 2009*", Food and Drug Law Journal, Vol. 66, No. 3, 2011, p. 292.

中的商业秘密）的未补偿的征用，药品试验数据排他权只不过是推迟了这一征用。[34]

"限制公权"说虽然注意到了药品试验数据排他权所采取的独特的行政保护模式，但未能充分洞察药品上市监管制度的本质，同时还忽略了药品获批上市这一事实在信息控制层面的意义。卢梭认为，为了克服自身无法克服的威胁，社会个体缔结社会契约，将个体权利转让给整个的集体，公共权力的产生是个体权利集中的结果。[35] 通过这种让与和集合，人类社会获得了一种高级的权利——共同体的权力。[36] 通过代议制度，公众与政府之间形成一种"委托-代理"关系，社会公众以"委托-代理"的运行方式将共同体的权力委托给政府实施和执行。[37] 鉴于药品审查工作专业性强，且社会公众与潜在药品申请者皆难以计数，公众难以凭自身的能力有效评估药品质量。故在全球范围内，药品上市的审查授权均由国家依法建立的药品监管部门开展。药监部门作为公众为满足保证药品质量的需要而构建的工具性、技术性组织，代表社会公众的共同意志与利益对药品的安全性和有效性进行判断，与药品上市申请人进行对话。具言之，社会公众判断某种药物是否安全有效的方式有两种：一是直接考察；二是通过比较某药物与已知药物的方式实现间接考察。社会公众通过立法将这两种判断方式予以具象化、制度化，并委托药监部门予以执行，便分别形成了新药上市申请制度和简化新药上市申请制度。原研药经药监部门批准上市后，"该原研药安全有效"的信息便脱离原研药商的排他控制。仿制药商通过证明仿制药与原研药具有相似或相同的性质，利用"原研药安全有效"的信息，使药监部门以及背后的委托人即公众相信仿制药的安全有效性。实际上，改变市场环境的并非简化新药上市申请制度的确立，而是信息控制状态的变化。

---

[34] Richard A. Epstein, "*The Constitutional Protection of Trade Secrets and Patents under the Biologics Price Competition and Innovation Act of 2009*", Food and Drug Law Journal, Vol. 66, No. 3, 2011, pp. 285-328.

[35] ［法］让-雅克·卢梭：《社会契约论》，杨国政译，上海译文出版社2018年版，页13。

[36] 湛中乐、肖能：《论政治社会中个体权利与国家权力的平衡关系——以卢梭社会契约论为视角》，《政治与法律》2010年第8期，页2—12。

[37] 张康之、张乾友：《民主的没落与公共性的扩散——走向合作治理的社会治理变革逻辑》，《社会科学研究》2011年第2期，页55—61。

（三）药品试验数据排他权的本质——药品安全有效性信息的排他控制

数据财产权利边界的划定取决于数据身处的现实秩序以及由此塑造的价值背景。利用数据变现的不同商业模式决定了数据排他性规范的制度功能和目的。[38] 仿制药商使用原研药商提交的临床试验数据的方式之一，即利用该数据中被公开的监管数据信息，证明仿制药安全有效。笔者认为，试验数据排他权系对药品试验数据之监管数据利益的保护，是以法律之力维持权利人对因药品获批上市而公开的"某药物安全有效"的信息的排他控制。该排他权排除其他人利用该信息申请药品上市的行为，同时，权利人可以通过许可自由转让此监管数据利益。

不过，在制度设计上，药品试验数据排他权并未直接规定其他主体对权利人的义务，而是通过规制药监部门的行政行为，使其他主体未经权利人许可利用监管数据信息申请上市的行为无法产生行为人期望的效果，从而达到排除特定利用行为的法律效果。之所以选择行政保护模式，是源于制度效果和成本之考量。

三、药品试验数据排他权的功利主义正当性

药品试验数据排他权是在自力控制之外以法律之力创设的权利。"对现有权利和自由的限制，唯一理由是压倒性公共利益，例如功能论、工具论所欲实现的科技文化进步和社会经济发展。压倒性的含义是，所考虑的利益及为实现或确保所述利益的手段，不是可有可无的、可选择的，而是本质性的、必需的。"[39] 药品试验数据排他权的功利主义正当性的基础在于：它是激励药品创新的本质性的、必需的手段。笔者从药品创新的特殊性出发，阐述药品创新领域中专利制度激励失灵的原因及其严重后果，再从制度效果和制度成本两方面说明药品试验数据排他权是激励创新实施的最佳选择，从而从功利主义的角度论证药品试验数据排他权的正当性。

38　沈健州：《数据财产的排他性：误解与澄清》，《中外法学》2023 年第 5 期，页 1172。
39　易继明、李春晖：《知识产权的边界：以客体可控性为线索》，《中国社会科学》2022 年第 4 期，页 134。

(一) 药品创新的特殊性

与其他技术领域不同,药品市场受行政监管制度的深度介入,药品创新活动也相应地被形塑。一个完整的原研药创新周期一般包括前后两个创新环节:第一个创新环节是以发现药物为目的的基础研究;第二个创新环节是以验证药物的安全有效性为目的的临床研究。原研药的创新需要投入巨量的资金成本,综合多份相关数据统计,所需的资金投入在 5 亿到 26 亿美元之间。[40] 其中,进行临床试验所耗费的资金占主要部分。根据欧盟委员会的一项报告,平均而言,原研药公司在基础研究上的投入只占其总营业收入的 1.5%,而在临床研究上的投入却占其总营业收入的 15.5%。[41] 正因如此,药品创新活动具有特殊性。如果将创新活动全链条分为技术创新(创新端)、技术应用("实施环节")和产品面世(产品端)三个阶段,那么,在其他技术领域的创新活动中,开发新的技术方案(创新端)往往是其中最消耗时间和资金的环节;而在药品创新领域,最消耗时间和资金的环节是实施新的技术方案并获得可靠的产品这一连接创新端与产品端的"实施环节",并且该环节所消耗的时间和资金远远大于技术创新环节。

作为经济上的理性人,原研药公司根据药品研发项目的预期收益来决定是否继续推进这些高风险的研发项目。原研药公司综合多个因素来判断一项药品的预期收益,包括研发成功率、研发时长、目标市场的体量、市场现存产品的竞争力等,其中最重要的因素是该药品的预期市场排他期。原研药的商业周期通常分为三个阶段:研发阶段,亦可称为上市前阶段;(上市后)市场排他期阶段,即原研药上市后到仿制药可以进入市场之前的时间阶段;后市场排他期阶段,即仿制药可以进入市场之后的阶段。药品的市场排他期由药品的专利保护期和试验数据保护期组成。如果在药品上市后,药品专利的剩余保护期长于试验数据保护期,则市场排他期等于药品专利的剩余保护期;如果专利的剩余保护期短于试验数据保护期,或者该药品未获得专利保护,或者该药品的专利被认定为无效,则市场

---

[40] 关于药品研发时间和资金投入的数据统计,参见 European Commission, "*Pharmaceutical Sector Inquiry Report*", Final Report, 2009. 另参见 C. P. Adams & V. Van Brantner, "*Market Watch: Estimating the Cost of New Drug Development—Is it Really $ 802 million?*", Health Affairs, Vol. 25, No. 2, 2006, p. 428. 另参见 J. A. DiMasi, H. G. Grabowski, & R. W. Hansen, "*Innovation in the Pharmaceutical Industry: New Estimates of R&D Costs*", Journal of Health Economics, Vol. 47, p. 30.

[41] European Commission, "*Pharmaceutical Sector Inquiry Report*", Final Report, 2009.

排他期等于药品试验数据保护期。[42]

（二）专利制度对药品创新的激励失灵

1. 专利制度的激励目标与药品创新的激励需求存在错配

专利制度的激励目标及其制度设计与药品创新的激励需求存在错配，专利制度无法对药品创新全流程实现有效激励。《专利法》第 1 条规定："为了保护专利权人的合法权益，鼓励发明创造，推动发明创造的应用，提高创新能力，促进科学技术进步和经济社会发展，制定本法。"这说明，对于创新活动，专利制度具有两方面的制度目标：其一是"鼓励发明创造"；其二是"推动发明创造的应用"。针对前一目标，专利制度通过保护专利权人对其发明创造的合法权益，对部分未经专利权人许可实施专利的行为进行否定评价，而予以实现。针对后一目标，专利制度主要通过三种制度设计予以实现：首先，专利年费制度。专利权人依照专利法规定，自被授予专利权的当年开始，在专利权有效期内应逐年向专利局缴纳费用。通过向专利权人施加一定经济负担，敦促专利权人要么尽快实现专利的商业化应用或许可他人使用专利，获得经济回报以平衡权利维持的成本；要么放弃专利权，让其他人自由地应用发明创造。[43] 其次，专利强制许可制度。国家专利行政部门在法律规定的情形下，不经专利权人的同意，通过行政程序直接授权第三人实施发明创造专利。[44] 最后，专利权例外制度。

可以看出，专利制度的设计是以产品端的经济前景为"诱饵"，以创新端的劳动成果为保护对象，辅以若干机制推动"实施环节"的实现，从而为创新活动提供动力。进而言之，对于连接创新端和产品端的"实施环节"，专利制度并不以保护该环节之劳动成果的方式激励该环节的实现，而是通过专利年费、强制许可等制度设计，或者促使专利权人出于成本-收益计算的考虑实现该环节，或者

---

[42] 需要注意的是，药品专利权与药品试验数据排他权所能提供的市场排他程度是不相同的，甚至在理论上，药品试验数据排他权并不提供真正意义的市场排他。在这里概括性地使用"市场排他期"一词仅是为叙述方便。
[43] 王迁：《知识产权法教程（第七版）》，中国人民大学出版社 2021 年版，页 436。
[44] 吴汉东：《知识产权法》，法律出版社 2021 年版，页 417。

将专利交由非专利权人实现该环节。专利制度关注创新本身所需的工作,而不关注将创新以安全和有效的方式提供给社会所需要进行的工作。[45] 当然,因为专利保护一般表现为产品端的市场排他,所以有时在客观上,专利制度也可以呈现出保护实施环节劳动成果的法律效果。实际上,专利制度对"实施环节"的"无心"的保护效果已经受到部分学者关注。专利前景理论认为专利制度的价值应该包括使专利权人具有继续投资、最大化专利价值的动力,而不必担心实施专利的过程中获得的不可专利的信息被竞争对手侵占;并且,认为这一点只在实施专利需要巨大投资,而竞争对手可以侵占该投资所得的不可专利信息时,才显得很重要。[46]

在大部分技术领域,"实施环节"投入相对较小,或者"实施环节"的成果不容易被竞争对手侵占,因此,忽视"实施环节"激励需求的专利激励机制尚可发挥推动创新活动全链条的制度功能。[47] 但是在药品创新领域,对"实施环节"(即临床试验)的投入才是创新活动的主要投入,实施发明创造的成本远远大于获得发明创造的成本。这一特殊性造成了专利制度在三个方面的制度失灵。

其一,在"实施环节"中,当原研药企业发现药品无法获得专利保护,或者预计药品的专利权有可能被判定无效,或者认为药品的专利可能会被仿制药公司轻易绕过时,原研药企业可能会选择终止该药品的研发活动。[48] 一种非常为社会所需要的药品,可能因不满足新颖性要求或创造性要求而无法获得专利保护,故

---

[45] 当然,创新端和"实施环节"的界限并非天然清晰和固定。专利审查的实用性标准对此界限具有调整功能。如果提高实用性标准,则部分"实施环节"的劳动成果将被划入创新端。世界主要国家对于药品专利的实用性标准并不要求申请人证明保护标的在临床应用层面的实用性,仅要求在实验室试验层面实现其实用性。对于药品专利实用性标准的设置,崔国斌教授对其政策意涵作出了很好的诠释:"实用性要件既是联系思想王国与商业世界的桥梁,又是这一过道上的把门人……实用性标准偏高,也未必能够符合专利法的立法目标。如果实用性标准偏高,比如,药物类发明要求发明人必须完成临床试验后才能申请专利,则发明人会觉得获得专利保护的可能性大大降低,在发明商业化过程中的巨额投资缺乏有效的专利保护伞。一部分原本有意愿参与技术研发竞争的发明人可能因此决定从一开始就退出竞争。这反过来也会延缓技术进步的速度。"崔国斌:《专利法:原理与案例(第二版)》,北京大学出版社2016年版,页185。

[46] See Edmund W. Kitch, *The Nature and Function of the Patent System*, The Journal of Law and Economics, Vol. 20, No. 2, 1977, p. 276.

[47] See Roberto Mazzoleni & Richard R. Nelson, *Economic Theories about the Benefits and Costs of Patents*, Journal of Economic Issues, Vol. 32, No. 4, 1998, p. 1048.

[48] See Fabian Gaessler & Stefan Wagner, *Patents, Data Exclusivity, and the Development of New Drugs*, The Review of Economics and Statistics, Vol. 104, No. 3, 2022, p. 580.

遭到制药企业放弃而为公众所不可及。一方面,学术界的论文发表压力会让研究者过早地公布研究成果,导致药品的新颖性降低。同时,制药企业经常提交过于宽泛的专利申请,以在大量潜在新药中确立优先权。随着研究的推进,制药公司会放弃其中大部分的目标化合物,这些化合物的组合从此便成了现有技术。但是,其中部分化合物可能具有巨大的制药潜力,有可能只是囿于当时的技术条件而无法产生疗效,也可能是因为技术误判或者被认为潜在市场不具有吸引力而被放弃。以上情况导致了大量具有潜在价值的药物失去了新颖性而无法获得专利保护。另一方面,在创造性标准下,那些最初看起来最有可能具有疗效的药物却往往最不可能获得专利保护。更加具有讽刺意味的是,创造性标准可能使现代药物科学的进步与自身的激励需求背道而驰。在过去数十年里,药物研究人员不断地改进研究方法,使药物发现的过程变得更加容易预测。但是这种可预测性恰恰削弱了药物的创新性。[49] 不难看出,当创新的"实施环节"的代价过高时,专利制度的新颖性和创造性审查与激励创新之实施的制度功能之间,存在一种反直觉的矛盾。[50]

其二,专利年费制度无法有效推动药品专利权人尽快实施专利并上市产品以获得经济回报。在美国,维持一项发明专利20年的年费累计总额为2000~14000美元不等;在中国,这项费用在8万元左右。与药品专利权人实施专利并申请产品上市所需要的动辄上亿美元的预算相比,专利年费所施加的经济负担实在无法促使专利权人从事高风险、高成本的专利实施活动。实际上,原研药商通常会"爽快地"放弃那些他们不愿实施的药品专利,以减轻专利年费的负担。

其三,即便药品专利权人放弃专利或者国家通过强制许可使专利技术落入公有领域,也鲜有药品企业愿意商业化利用该技术。这是因为,任何一家试图商业化利用该技术的药品企业都仍然需要投入巨量的资金和时间进行药品的临床试验以证明产品的安全有效性。在药品试验数据排他权保护缺位的情况下,一旦有制药企业实施落入公有领域的专利技术,并成功将产品推向市场,其他制药企业便可以立即以极低的成本制造相同或相似的产品,并通过简化新药申请制度申请上

---

[49] Benjamin N. Roin, *Unpatentable Drugs and the Standards of Patentability*, Texas Law Review, Vol. 87, No. 3, 2009, pp. 515-530.

[50] Benjamin N. Roin, *Unpatentable Drugs and the Standards of Patentability*, Texas Law Review, Vol. 87, No. 3, 2009, p. 506.

市。在这种情况下,第一个实施该技术并推动产品上市的公司根本无法收回成本。概言之,缺少药品试验数据排他权对临床试验投入的保护,即便专利技术已经进入公有领域,制药公司也因缺少经济回报的预期,而不会选择将技术转化为产品。

综上所述,"实施环节"(药品临床试验)是药品创新全链条中不可或缺的一环,"创新端"的发明创造无法完全代表药品创新全链条对科学技术进步和经济社会发展的贡献,以发明创造为对象而设计的专利制度无法满足药品创新"实施环节"(药品临床试验)的激励需求,无法有效推动药品创新全链条。

2. 专利保护期与药品创新周期存在错配

《专利法》的实用性标准只要求发明本身能够实施,并不要求发明本身已经成为市场上的成熟产品。从专利申请到市场上的产品,中间可能会有很长一段距离,需要持续进行资本投入。在极端情况下,发明人在发明专利保护期满前都没能越过这段距离。[51] 但是,随着现代科学技术的爆发式、联动式发展和全球信息的互联互通,技术发明应用于生产的周期已经大大缩短。[52] 然而,因为药品上市前审查制度的存在,从药品发现到药品上市之间的间隔无法缩短。而且,随着药品监管制度的不断完善,对药品安全有效性的审查要求也越来越高,临床试验周期随之延长,药品专利的商品化滞后现象愈发严重。诚然,专利权保护期限的制度设计具有敦促专利权人尽快实施专利的作用,但是临床试验所固有的周期难以凭权利人的意志就轻易缩短,故药品专利商品化的滞后性实非专利权人之主观能动所能消弭。

除此之外,由于需要满足各国专利制度对客体新颖性的要求,原研药企业往往会在基础研发阶段从发现目标药物分子开始,便围绕其开展专利保护申请,而不是根据自己的研发进度来选择专利申请时间,以促使专利保护期尽量与商业化

---

51 崔国斌:《专利法:原理与案例(第二版)》,北京大学出版社 2016 年版,页 27。
52 在 19 世纪,电动机技术从发明到应用相隔 65 年,电话技术相隔 56 年,无线电技术相隔 35 年,真空管技术相隔 31 年,电磁波通信技术相隔 26 年;而到了 20 世纪,从发明到产品的时间间隔大大缩短,如雷达从发明到应用相隔 15 年,喷气式发动机技术相隔 14 年,电视技术相隔 12 年,尼龙技术相隔 11 年,集成电路技术相隔 2 年,激光器技术仅仅相隔 1 年。参见陈征:《论现代科技劳动》,《福建论坛(人文社会科学版)》2004 年第 6 期,页 8。

时期重合。[53] 因此，药品专利的保护期一般开始于药品创新漫长周期的早期。

综上所述，由药品监管导致的专利商品化滞后性和由专利新颖性要求导致的专利保护期起算时间的固定性，药品专利保护期与药品创新周期存在天然的错配。诚然，药品专利期限补偿制度可以在一定程度上延长专利保护期，但该制度对于消弭专利保护期与药品创新周期的错配性存在三点不足：其一，补偿期须经专利行政部门的确认，因而存在预期不稳定性。其二，补偿期作为专利保护期的一部分，其起算时间并不以药品上市时间为锚点。对于慢性病药物等临床试验周期特别漫长的药物，时间错配性仍然非常明显。其三，当药品专利权人与上市许可持有人非同一主体时，是否提交专利期补偿申请可能涉及复杂的商业博弈。[54]

有研究统计了从 1996 年到 2015 年间美国食药监局所批准上市的生物药的专利保护和上市情况，发现其中 667 项具有专利权的原研药，它们的专利申请时间与获得批准上市时间的平均间隔为 12.8 年，而且自 1998 年以来，原研药的专利生命周期整体上再次缩短。[55] 另有研究显示，新药上市后达到销售峰值的平均时长为上市后 6 年，其中首创药（针对某种疾病的第一个药品）则需要 8 年。[56] 专利保护期与药品创新周期的错配性使很多药品的经济效益无法得到最充分的体现。[57] 实际上，在临床试验过程中，如果制药企业预计药品上市后的剩余专利保护期过短，导致自己难以收回投资成本，那么制药企业很可能选择终止该药品项目。[58] 如今，药物创新逐渐向纵深发展，即以攻克疑难绝症和实现更优质的治疗为目标。这都需要更加精巧的药物设计和更加充分的临床试验，因而药物研发周

---

[53] Rebecca S. Eisenberg，*The Role of the FDA in Innovation Policy*，Michigan Telecommunications and Technology Law Review，Vol. 13，Issue 2，2007，pp. 351-352.

[54] 闫春辉：《专利新规中的药品专利期限补偿机制》，载北大法宝网，https://www.pkulaw.com/lawfirmarticles/df94d87b83cd9abc868f8dca0a788e18bdfb.html?way＝listView，2024-06-04.

[55] IQVIA, Lifetime Trends in Biopharmaceutical Innovation. https://www.iqvia.com/insights/the-iqvia-institute/reports-and-publications/reports/lifetime-trends-in-biopharmaceutical-innovation-recent-evidence- and-implications，2024-08-07.

[56] Seth Robey，*Drug launch curves in the modern era*，Nature Reviews Drug Discovery，Vol. 16，No. 1，2017，pp. 13-14.

[57] 何华：《药品专利期限补偿制度探究——以药品消费特性为视角》，《法学评论》2019 年第 4 期，页 184—196.

[58] Fabian Gaessler & Stefan Wagner，*Patents，Data Exclusivity，and the Development of New Drugs*，The Review of Economics and Statistics，Vol. 104，No. 3，2022，pp. 571-586.

期愈发漫长，药品商业化愈发滞后，导致专利保护期与药品创新周期的时间错配愈发明显，专利制度对药品创新的激励效果愈发不足。[59]

（三）药品试验数据排他权是激励药品创新实施的最佳选择

如前文所述，专利制度的新颖性和创造性要求可能导致很多为社会所需要的药品创新无法获得专利保护，因而鲜有制药公司愿意尝试实施这些创新。对这一问题最直接的解决办法莫过于修改药品专利的新颖性和创造性要求，将那些原本不被专利保护的药品纳入专利保护范围。但是，不论从制度成本还是制度效果的角度考虑，该政策选择都存在严重不足。首先，作为一项评估权利人的贡献与奖励的精妙设计，专利的新颖性和创造性要求是平衡排他领域和公有领域的重要制度工具。修改药品专利的新颖性和创造性要求，需要立法者在垄断与公有之间小心地游走，既要使药品专利强大到能够阻止仿制药过早地参与竞争以提供激励，又要限制专利范围以免阻碍相关领域的研究应用与合理的市场竞争。这需要非常高超的立法技术。其次，药品产业对于专利制度的利用极具想象力，任何对可专利性要求的贸然改变都可能产生意想不到的效果。[60] 放宽药品专利的新颖性和创造性要求可能加重专利权滥用，也可能使原研药企业更容易地实施药品常青策略。再次，调整药品领域的可专利范围，无疑是继药品专利期限补偿制度之后，对专利法非歧视原则的又一次突破。不同技术的市场化机制存在差异，专利法的非歧视原则给予的同等保护不可避免地引发过度保护或保护不足的争论。但是，"歧视性原则可能更糟糕。它会鼓励社会利益群体花费大量的投入用于寻租游说，同时，也大大增加专利制度本身的管理成本"[61]。如果缺乏深入的经济学分析作为制度设计的理论支撑，制度精细化带来的好处可能会与管理成本的增加相抵销。最后，调整药品专利新颖性和创造性要求的做法，无非通过调整围绕创新端展开的制度设计来实现对"实施环节"的间接规制。对于"实施环节"劳动成果保护需求的回应性，难免"隔靴搔痒"，制度效果恐怕无法彰显。

---

[59] Eric Budish, Benjamin N. Roin & Heidi Willianms, *Do Firms Underinvest in Long-Term Research? Evidence from Cancer Clinical Trials*, American Economic Review, Vol. 105, No. 7, 2015, pp. 2044-2085.

[60] Rebecca S. Eisenberg, *The Role of the FDA in Innovation Policy*, Michigan Telecommunications and Technology Law Review, Vol. 13, No. 2, 2007, pp. 345-388.

[61] 崔国斌：《专利法：原理与案例（第二版）》，北京大学出版社2016年版，页20。

除了调整药品专利的新颖性和创造性要求，还有学者提出利用政府资金支持药品临床试验的开展。[62] 理论上，利用公共资源提供药品试验数据这一公共产品是最佳选择。但是在药品研发的具体实践中，情况可能并不如此乐观。首先，评估和改善药物的药理特性是药品研发中较复杂艰难的步骤，[63] 政府部门无法分辨哪些不可专利的目标化合物值得进行研发。其次，政府部门和科研机构缺少必要的基础设施来将目标化合物开发成可用于临床试验和大规模生产的药品，[64] 无法亲自进行药品的研发工作，只能通过资金补贴的方式支持私人部门完成药品研发。再次，政府经费的划拨涉及复杂的非商业因素考量，可能导致经费不足，同时，软预算约束可能导致资金的浪费。以公共资金支持药品研发，对行政部门的科学性、廉洁性和效率提出了非常高的要求。最后，药品研发资金的计算非常复杂且具有争议，例如，那些在研发过程中被筛选淘汰的近似化合物的研发成本，是否应该算入最终成功的目标化合物的总研发成本？又例如，如何妥当地将国际上各市场的上市成本差异与各市场的利润差异纳入计算？实际上，有关药品研发成本计算的争议也是导致农用化学品试验数据保护的成本分摊模式难以在药品试验数据领域中实行的主要原因。

相较而言，在实现激励药品创新实施的目标方面，试验数据排他权在制度效果和制度成本上都具有明显的优势。在制度效果方面，与调整专利新颖性和创造性标准的做法相比，试验数据排他权是一个更加合乎理性的选择，因为排他权围绕创新实施环节的劳动成果展开，以药品获批上市为计算权利存续时间的锚点，实现了满足激励需求的方式与产生激励需求的原因之间的直接连接。与利用政府资金进行药物研发的做法相比，排他权能最大化促进药品企业的"企业家才能"，实现动态效率最优。[65] 在制度成本方面，首先，试验数据排他权由药监部门提供

---

[62] Reichman, Jerome H, *Rethinking the Role of Clinical Trial Data in International Intellectual Property Law: The Case for a Public Goods Approach*, Marquette Intellectual Property Law Review, Vol. 13, No. 1, 2009, p. 48.

[63] Malcolm MacCoss & Thomas A. Baillie, *Organic Chemistry in Drug Discovery*, Science, New Series, Vol. 303, No. 5665, Drug Discovery, 2004, p. 1813.

[64] John S. Lazo, *Roadmap or Roadkill: A Pharmacologist's Analysis of the NIH Molecular Libraries Initiative*, Molecular Inventions, Vol. 6, No. 5, 2006, p. 242.

[65] 动态效率理论由奥地利学派经济学家德索托提出，他认为企业家才能为"某人认出环境中出现的利润佳慧，并采取相应的行动，利用这些机会的典型能力"。参见［西］J. H. 德索托：《经济学的新探索》，朱海就译，上海财经大学出版社2021年版，页12。

保护，不存在增设行政部门等行政成本；其次，试验数据排他权伴随药品上市申请活动而产生，不存在额外的申请成本；最后，由于药品上市须得到药监部门审批，药监部门可以轻松地将侵犯排他权的仿制药排除出市场，因此权利人的监督成本也非常低。⁶⁶ 或许会有人产生这样一种担心，即试验数据排他权可能会引发临床试验的恶性竞争从而造成浪费。但是，这种担心其实是多余的，因为进行临床试验需要得到药监部门的事前审批，从而药监部门可以控制针对某一目标药物的临床试验的数量。⁶⁷ 更何况，"以动态的视角看，真正重要的目标不是防止某些被认为是已知的和'给定的'手段的浪费（静态效率的主要目标），而是连续地发现和创造新的目的和手段……一定数量的浪费是不可避免的，也是任何市场经济所固有的"⁶⁸。

此外，对于药品试验数据排他权和药品专利权的重叠的担忧，不能说多余，但至少可以说不需要过分强化。毕竟，药品试验数据排他权的固定但相对较短的保护期，在某种程度上只是一种对于药品创新的兜底保护。⁶⁹ 如果此种兜底保护缺位，那么大量为社会所需要但无法获得专利保护的药品根本不可能被公众可及。然而，药品的不可获得性危机颇为隐匿，远不如药物的不可负担性危机引人瞩目。实际上，有关药品知识产权的制度设计博弈，本质上是静态效率（如何满足对更廉价的现存药物的需求）与动态效率（如何满足对未被发现和开发的药物的需求）的平衡。需要指出的是，如果以更广博的视野看待这一问题，会发现药品供给的静态效率只是医疗总体效率的组成部分，而药品供给的动态效率提升对医疗总体效率提升的贡献往往被低估。⁷⁰

---

66 梁志文：《管制性排他权：超越专利法的新发展》，《法商研究》2016年第2期，页189。

67 Benjamin N. Roin, *Unpatentable Drugs and the Standards of Patentability*, Texas Law Review, Vol. 87, No. 3, 2009, p. 567.

68 [西] J. H. 德索托：《经济学的新探索》，朱海就译，上海财经大学出版社2021年版，页12。

69 例如，拜耳公司生产的抗癌药紫杉醇没有任何专利，在试验数据排他权保护期间，该药每年的营业收入高达11亿美元。David W. Child, *The World Health Organization's Program and Its Potential Effect on Data Exclusivity Laws*, Food & Drug Law Journal, Vol. 60, No. 1, 2005, pp. 83-84.

70 医疗费用是病人为治疗疾病而发生的各种费用，除药品的费用之外，它还包括门诊费用、住院费用、护理费、杂费、手术费、各种检查费等。除医疗费用之外，患者为治疗疾病还可能发生其他的间接费用如误工费、陪护费、营养费等。如果药品治疗效果好，其他医疗费用如手术费用、住院费用、护理费用等就会明显减少。如果药品治疗效果差，其他医疗费用就会显著上升。

结论

　　以药品试验数据所承载的信息类别及其利用方式为线索，明确药品试验数据的利益二分，则本文开头所提疑问之肯綮便已明朗：药品试验数据的商业秘密保护与排他权保护恰如其分地相容。前者系保护权利人对商业策略、医疗信息等商业秘密的自力控制；后者系以法律之力维持权利人对"某药物安全有效"的信息的排他控制，该信息随药物获批上市这一事实的发生，脱离权利人的自力控制而进入公有领域。药品试验数据排他权通过排除竞争对手对药品试验数据的特定利用行为，保护权利人在药品试验数据上意欲实现的特定利益，同时允许权利人自由转让该利益，因而可以被视为一种财产权利。从功利主义角度考察，其正当性基础在于：它是激励药品创新的本质性的、必需的手段。实际上，药品试验数据排他权的制度功能并不止于激励药品创新，还包括为新药设置一定的上市后审查期（日本设立药品试验数据排他权制度的初衷），促进临床研究的本地化和特性化等。此外，药品试验数据公开制度的立法应注意对药品试验数据中商业秘密信息的保护，且不宜与药品试验数据排他权进行简单关联。

　　本文以药品试验数据排他权的设权基础及其功利主义正当性为切入点，试图澄清部分对于药品试验数据排他权的认识误区。完善我国药品试验数据保护立法的理论支撑，乃至完善对于医疗、药品和创新政策之间复杂关系的认识，尚需要更加广泛而深入的研究工作。

· 评 论 ·

技术创新与科技法调整模式的转化
——以数字内容产业为例

孙 那[1]

摘要：以人工智能、大数据等为代表的技术创新促进了新质生产力的发展，同时也为数字内容的创造带来了全新的模式和业态。回顾数字内容产业发展的历史进程，科技在其中成为引发制度变革的关键要素。科技进步与文化发展具有同步性，法律制度和产业政策都需要不断回应技术发展的需要，并注重平衡其中各方主体的利益关系。我国数字内容产业治理的法律模式正从"回应型法"模式向"自治型法"模式逐渐过渡，并逐渐形成"硬法"与"软法"并行的新型法律治理体系。

关键词：技术创新；科技法；数字内容产业

---

[1] 作者简介：孙那（1986— ），女，内蒙古包头人，西安交通大学法学院副教授，北京大学法学博士，研究方向为知识产权、科技法。

目次：

一、问题的提出

二、科技进步在促进产业发展和科技法律制度完善方面的作用

  （一）技术在促进数字内容产业传递过程中发挥内生性作用

  （二）技术发展与文化进化具有同步性

  （三）技术创新要求国家政策和司法制度进行回应性调整

  （四）科技立法注重公共利益和私人利益的平衡

三、科技进步、政策变迁与科技法律制度之间的联动效应

四、科技法调整模式的差异对数字内容产业发展的道路选择影响

五、结论

一、问题的提出

习近平总书记在四川、黑龙江、浙江等地考察期间,提出要加快形成新质生产力。[2] 新质生产力是经济新常态下出现的生产力新质态,即由创新主导,摆脱传统经济增长方式和生产力发展路径,具有高科技、高效能和高质量特征,符合新发展理念的先进生产力质态。[3] 2023 年 12 月召开的中央经济工作会议指出,"要以科技创新推动产业创新,特别是以颠覆性技术和前沿技术催生新产业、新模式、新动能,发展新质生产力"。[4] 科技创新是发展新质生产力的核心要素。在科技创新赋能新质生产力的过程中,科技法律制度在其中起到重要的制度保障和促进作用。回顾以往技术革命的发展历程,每一次变革过程中都伴随着法律制度的调整和变革。

法律对科技变革的回应型调整可以追溯到美国的"伯克利学派"。早在 20 世纪初,美国的"伯克利学派"创始人塞尔茨尼克和诺内特等人就已经开始关注和探索法是如何适应社会的需求,进而解决社会现实问题的理论。他们在研究方法中强调针对社会现实问题提出对策,评价和分析对策与法律的实施效果,使得法学的研究与政策的研究紧密结合,法学不再仅仅是天花板上的精灵,诺内特将这种共通的学术方向谨慎地称为"伯克利观察法"(Berkerly Perspective)。[5] 因此,法学研究更加贴近社会关切,可以更好地回应法与社会、法与道德、法与政策之间的关系。与传统的制造业相比,数字内容产业是信息技术与文化创意高度融合的产业形式,是通过网络技术的应用,融合传统的广播、电视、电影,以及动漫、游戏、音乐、新闻等多种媒体形态,形成数字内容产品的创造、生产、加

---

[2] 《习近平主持召开新时代推动东北全面振兴座谈会强调 牢牢把握东北的重要使命,奋力谱写东北全面振兴新篇章》,《人民日报》,2023 年 9 月 10 日。

[3] 何自力:《新质生产力理论的科学内涵和时代意义》,《中国高校社会科学》2024 年第 3 期,页 7。

[4] 陆园园:《释放创新动能引领新质生产力发展》,载经济日报-中国共产党新闻网,http://theory.people.com.cn/n1/2023/1222/c40531-40144527.html,2023 年 12 月 22 日发布,2024 年 5 月 11 日访问。

[5] [美] P. 诺内特、P. 塞尔兹尼克:《转变中的法律与社会:迈向回应型法》,张志铭译,中国政法大学出版社 2004 年版,页 5。

工、发行、传播及销售的闭环,以版权保护为手段的核心产业集群。[6] 传统的数字内容产业强国美国,其文化产品几乎遍布世界各大消费市场,以影视和音像产品为代表的数字内容产业出口额超过美国的航空航天产业,成为美国名副其实的支柱产业。[7]

我国数字内容产业的发展比起美国起步较晚,但是近年来发展势头迅猛,覆盖面广。2021年12月,国务院颁布的《"十四五"数字经济发展规划》提出,到2025年,数字经济迈向全面扩展期,数字经济核心产业增加值占GDP比重达到10%的总体发展目标。[8] 2023年2月,中共中央、国务院印发《数字中国建设整体布局规划》,提出打造自信繁荣的数字文化,大力发展网络文化,加强优质网络文化产品供给,引导各类平台和广大网民创作生产积极健康、向上向善的网络文化产品。[9] 因此,积极发展数字文化产业、构建数字内容贸易生态体系,已成为增强中国数字经济核心竞争力、重塑国际合作新优势的关键抓手。除此之外,一国的文化传统、司法制度、经济制度等都与该产业的未来发展紧密相关,因此在数字内容产业集群的生产链条里,我们不仅需要考察产业发展的新业态、新模式,而且需要结合政策、法律等多因素,全方位地去认识技术赋予数字内容产业全新的发展机遇。本文从中美两国数字内容产业发展的现状出发,梳理其背后的历史发展脉络,分析在技术发展的过程中,科技法律制度在促进或制约产业发展中的作用机制,探索科技立法促进产业发展以及提升整体社会福利的调整范式。

二、科技进步在促进产业发展和科技法律制度完善方面的作用

(一)技术在促进数字内容产业传递过程中发挥内生性作用

内容的传递有多重媒介和途径,可以通过音频、视频、广播、电视、文字等多种形式传播。科学技术是第一生产力,数字内容产业与数字技术具有天然、不

---

[6] 孙那:《中美数字内容产业版权政策与法律制度比较》,知识产权出版社2018年版,页15。
[7] 高裁:《影视娱乐法》,清华大学出版社2017年版,页12。
[8] 易继明:《中国式现代化视野下版权产业发展的法律保障》,《法学论坛》2024年第3期,页6。
[9] 韩秉志:《网络文学,向阳生长》,载《经济日报》2023年4月9日,第10版。

可分割的关系，受到技术变革的影响更为深刻[10]。技术的每次更新在促进内容传播方面都具有内生性作用，即前沿技术推动着数字内容产业不断创新与进化，内容产业也反向驱动科技的发展，并为现实中的各行各业提供数字化转型的动力[11]。例如，生成式人工智能、3D打印技术、全息成像技术等的不断发展并逐渐走向成熟，渗透到数字内容生产、传输和消费等各个环节，推动数字内容产业新业态的形成。一方面，有学者在研究版权扩张的原因时，认为技术激发是版权扩张的直接原因，例如P2P、流媒体、生成式人工智能等新的传播途径的产生；[12] 另一方面，随着数字化的深入发展，侵权盗版的成本也变得更加低廉，且其发展速度迅猛使权利人更加难以发现。与此同时，水印、数字加密、区块链等技术的发展使得未经授权而进行的复制行为变得困难，为版权管理和版权交易提供了良好的技术环境。

通常情况下，信息通过数字内容产品和服务供应链的前后进行双向流动，一个有创意的内容IP可以产生于任何一个环节。如果是产生于头部环节，例如《鬼吹灯》《哈利·波特》《全职高手》等文学作品，在其后的供应链环节中可以被改编为电影、电视剧、漫画，甚至网络游戏等多种形式，也可以通过IP授权的方式在其他周边产品，甚至主题乐园等不同场景下进行价值变现。在价值变现完成后，又可以通过资金的反向流动反哺原始网络文学作者的再创作，激励其进行内容的进一步升级或者开发新的内容。如果优质内容产生于中间环节，例如一部电影或电视剧中的角色形象，在脱离了其产生的内容情节本身后，也可以产生巨大的商业价值，如衍生产品（明信片、钥匙扣、书签等）售卖。除此之外，手链、项链、水杯、口罩等饰品和生活用品等能够与品牌联名所推出的产品也被纳入IP的周边开发中。可以看出，IP的多元化开发与运营，一方面拓宽了收入渠道，另一方面也延长了相关产业的价值链条，即以作品创作为源头，向制造业、工业、服务业等延伸，IP的衍生开发会沿着上下游方向呈现出散射性发展和双向

---

[10] 熊澄宇、孔少华：《数字内容产业的发展趋势与动力分析》，《全球传媒学刊》2015年第2期，页40。

[11] 《新技术浪潮下的内容行业趋势：数字内容与科技"互启共荣"》，载人民网，http://finance.people.com.cn/n1/2022/0118/c1004-32334261.html，2022年1月18日发布，2024年5月11日访问。

[12] 易健雄：《版权扩张历程之透析》，《西南民族大学学报（人文社会科学版）》2009年第6期，页161。

流动性的特点。创造性的投入和内容创新不仅对数字内容产业本身具有积极的影响，而且对产业链其他部门的创新也会产生带动效应，这种双向的联系可以在其他经济部门激发出新的创新形式。[13]

（二）技术发展与文化进化具有同步性

文化是一个民族历史记忆、传统习俗、文学艺术、行为规范、思维方式、意识形态的传承，塑造着国民的精神气质与价值观念。文化作为一种精神力量，具有极强的渗透性，能够以无形的意识和观念，在人们认识和改造世界的过程中转化为物质力量，对社会发展产生深刻影响。文化凝结在一定的物质载体之上，又游离于物质之外，对物质产生反作用。[14] 技术既是文化的重要内容，也是文化的重要体现形式和载体。技术的发展从传统的观点来看，仅仅是人类的工具，是社会发展的辅助性工具。人类社会文化形态的创新与更替，与人类科技的阶梯式演进具有正相关关系。从科技与文化的关系看，正是阶梯式演进的科技进步创造了五千年中华文化丰富多彩的形态。随着数字技术的出现和普及，文化科技开始从类型技术的轨道向数字平台技术的轨道转进，引发了文化产业及整个文化行业的颠覆性革命，技术的演化已经成为社会文化领域创新和变革的本体驱动力。[15] 我们可以将这种观点称为"技术决定论"，即技术具有直接而强大的社会影响力。社会的命运似乎依赖于影响社会却不受社会影响的非社会因素。[16]

"技术决定论"认为，技术进步是一种影响社会的外生力量，而不是一种文化和价值变迁的表达，"技术决定论"的本质是"技术理性"。技术理性的概念起源于法兰克福学派。[17] 其代表者马尔库塞认为，在现代社会里，科技不再具有中立性，已经成为一种统治工具或者意识形态。这种意识形态化是一种科学技术的

---

[13] 哈桑·巴克什与其同事在运用投入-产出模式对英国的经济进行研究后，得出的实证结果证明了供应链的角色在促成知识在创意产业及其他产业的企业之间传递的重要性。[澳]戴维·索罗斯比：《文化政策经济学》，易昕译，东北财经大学出版社2013年版，页105。

[14] 眭纪刚：《以科技创新促进文化繁荣发展》，载中国科学院官网，https://www.cas.cn/zjs/201909/t20190905_4713091.shtml，2019年9月5日发布，2024年5月11日访问。

[15] 王列生：《论文化制度创新中的技术支撑》，《文艺研究》2010年第5期，页41。

[16] [加]安德鲁·芬伯格：《在理性与经验之间——论技术与现代性》，高海青译，金城出版社2015年版，页16。

[17] 北京大学法学百科全书编委会：《北京大学法学百科全书》，北京大学出版社2016年版，页272。

异化，它阻碍了人们对真实事物的判断，将人们的行为捆绑在技术、机器之上，使得人们被物化，成为科技的附属物。与之相反的是，哈贝马斯反对"技术的解放力量转而成了解放的桎梏"的观点，认为技术的发展是一种目的理性，其通过论证科技进步的制度化及其合法性基础，将科技进步与社会发展联系起来。虽然从人类文明史的进程看，技术创新建构了社会革命的底层逻辑，科学技术发展促进新媒介的产生，推动文化艺术形式的变革，[18] 但是这种"技术决定论"过分夸大了技术在社会生活乃至人类进步中的作用。这一点在数字内容产业中表现得尤为明显。如果说人类的延续是依靠DNA进行复制进化，那么技术就是文化进化和发展的DNA。长期以来，一国的政策变化通常较快，因此，一国的文化政策经常在文化制度的运行过程中缺乏稳定性和恒常性，导致一个缺乏系统稳定性的文化制度很难在较长的时间内拥有有机统一的体系。同时，在制度创新过程中，技术理性有时会超越临界值，走向反面成为颠覆文化自由和制度运行的技术暴力。因此，为了正确看待技术在文化发展过程中的作用，我们需要分析文化进化的规律。

正如吴晓波从中国几十年改革史的发展历程中得出的结论那样，"所有的重大变革都是由两个因素造成的，一个是制度的创新与勇气，另一个是技术带来的破壁效应"。[19] 由于各国特有的国情选择及在以往制度选择过程中形成的路径依赖，制度的创新往往很难在短时间内有所突破和改变。但是，技术会带来破壁效应，我们也可以称之为颠覆式创新，指的是在某个时间节点出现的技术可能会导致一个行业的突然崛起和另一个行业的瞬间崩塌。在注意力经济快速发展的数字社会，消费者的注意力成为稀缺资源，成为各主体争相追逐的对象。所以，制度创新的重点是适配数字技术发展规律，当技术与制度不匹配的时候，需要以改革思维优先考虑如何优化制度体系，为技术创新创造环境。应避免用刻舟求剑的方式解决问题，更应该避免用旧制度解决新技术问题，需要积极创设新的制度，在国家制度建设体系的要求下进行制度的创新，开展数字治理制度建设。

同时，技术带来的破壁效应除了在促进创新发展方面有着重要的作用之外，

---

18 傅才武、明琰：《数字信息技术赋能当代文化产业新型生态圈》，《华中师范大学学报（人文社会科学版）》2023年第1期，页79。

19 吴晓波：《激荡十年，水大鱼大》，中信出版集团2017年版，页7。

也遵循着一国文化进化的路径。这种文化进化的选择是由一国的历史传统积淀形成的，有着每个国家和民族独特的文化基因。一旦脱离本国文化基因，法律制度就会因为缺乏社会、文化和思想基础，而得不到人民群众的普遍认同，也就失去了自身的社会基础和权威性。同样地，这种文化基因在数字环境中虽然可以在各个国家之间相互借鉴，却具有不可替代性。这一点在数字内容产品的特征上体现得尤为明显，如以好莱坞为代表的美国电影产业，其电影作品在面向中国市场输出时会选择具有中国文化元素和文化基因的作品，例如《功夫熊猫》《花木兰》等，这样的作品在中国有更高的接受度，其市场销量往往较好；相应地，在不同国家讲述"中国故事"时，往往需要发掘其中不同价值观的差异，找到不同文化之间的连接点，进而传播文化产品的精神内核，[20] 比如市场上出现的诸如"喜羊羊""熊出没"等国产知名 IP 形象，需要进一步提升其国际影响力。《美国队长》《蝙蝠侠》《钢铁侠》等体现个人英雄主义的电影在输出时由于中美两国受众群体的文化基因不同，在开始传播时其价值观的渗入效应不明显，这时，就需要依靠特效和场景等其他技术手段进行弥补，以增加内容产品的竞争力。随着两国之间交流的增多，文化交融现象越发明显，这种对个人价值观的实现和追求的个人英雄主义强调的个人创造力和自由意识，以及不受社会和政治力量制约的思想，这些逐渐被中国受众接受和认可。这正体现了技术发展与文化进化具有同步性。

（三）技术创新要求国家政策和司法制度进行回应性调整

在数字内容生产领域，每一次技术的重大变革必然会使产业进行相应的调整，与之相伴而生的是新技术和新传播途径孕育出的新表达方式。这些新的表达方式拓展了新的内容交换途径。同时，新技术会促使内容产品的生产者通过新的途径来完善信息和市场服务，不断开发新的数字内容产品，赋能传统文化产品，但这种做法也有可能威胁传统行业的利益，进而引发冲突。例如，目前很多图书馆和博物馆等都进行图书和馆藏品的数字化，以谷歌为代表的企业用数字化图书的方式促进书籍的使用和利用，方便读者查阅，但是也由此威胁到了传统出版企

---

[20] 刘典：《推动中国数字内容贸易繁荣发展：进展、挑战与路径分析》，《经济与社会发展》2022 年第 1 期，页 10。

业的核心利益，引发了国内外的多起诉讼。[21] 近年来，我国一些地方博物馆推出以珍贵文物为原型的特色文创产品，有的还借助数字技术打造数字文物产品，迅速在网络走红，其中也不乏争议。因此，技术创新所影响的产业创新正在重塑法治格局，其需要国家政策和司法制度的调整。2022年以来，国家文物局召开数字藏品有关情况座谈会，鼓励社会力量通过正规授权、利用文物资源开展合理创新创作，同时也明确文博单位必须坚持公益属性，确保文物信息安全，不能直接将文物原始数据作为限量商品发售。这表明，一方面，新的线上销售渠道和电子阅览方式的增加，已经开始影响一部分传统出版产业的收入，使其开始紧跟产业发展需求，对销售方式和内容形式进行不断创新。技术的快速更新，降低甚至消除了信息传播的时空障碍，使版权保护的最终目标——信息共享的实现，有了更好的技术平台，尤其是视听类产品的生产和使用，为内容产业的发展降低甚至消除了再生产成本和分销成本，使其成为一国经济中的一个必不可少的部分。另一方面，内容消费方式的改变促使消费者角色发生转变，消费者从以前被动的文化内容的受众向文化内容的主动输出者进行转变。这种身份的变化也使得国家在进行科技立法时需要考虑主体的多样性和不同身份，对传统的内容生产企业和个人用户给予的发展和扶持政策应有所不同，同时其承担的相关责任也应有所差别，相关规范在制定中有必要重新思考版权相关的权利及其边界，以最大程度地实现版权立法的目的。

与此同时，国家对于数字内容产业的相关政策也从只关注高层次的艺术形式向关注一系列以经济利益为驱动的多种形式的内容产品进行转化。技术的快速发展促使政策调整的范围不断扩展，这一过程的路径选择和规则设计，都离不开制度的保障。在法律制度的构建过程中，如果总是基于技术及其效应的影响，并以此形成以技术事实为基础的法律规范，那么法律规制的调整将出现滞后，最终导致科技立法对技术发展引导的失败。[22] 所以，要缩短国家政策和司法进行回应性调整的周期，甚至要进行提前调整。

21　The Authors Guild, Inc. v. Google, Inc. 954 F. Supp. 2d 282 (2013). 此案是21世纪美国最重要的版权案件之一，是版权、技术和公共利益紧张关系的具体化，其核心争议在于谷歌图书馆的扫描复制行为是否属于合理使用。

22　吴汉东：《人工智能时代的制度安排与法律规制》，《法律科学（西北政法大学学报）》2017年第5期，页132。

提前调整的典型例证是美国。美国以版权制度推动数字内容产业的快速发展，权利人以知识产权作为杠杆，从产业链原始端获得竞争优势，进而在 IP 转化的全产业链条的利益分配中获得相关收益。在美国电影的总收入中，约有 20% 的收入是从影院的票房收入中获得的，而剩余的 80% 的收入则是从版权的多元化开发和运营中获取的。[23] 但是，随着数字技术的进步，数字内容传播渠道掌控者正在侵蚀内容生产者的利益，通过先进的技术垄断获得利益分配的优势，版权保护对于产业链上游的内容生产更为重要。例如，美国诉派拉蒙影业公司案[24]，是美国电影历史上具有里程碑意义的案例。此案中，五大被告[25] 被指控企图垄断电影的制作和发行，所有被告分销商共谋约束和垄断问题，并限制和垄断州际的电影发行和展览，即五大被告在全国大城市进行电影放映时，限制和垄断州际贸易。五大被告被指控其各自制作、发行和放映电影的纵向组合违反了美国《谢尔曼法》的相关规定[26]。五大被告利用其对整个行业上下游的垂直垄断，以造成虚假的供不应求的市场情况，并进行牟利。美国最高法院判定大制片厂垂直垄断违法，责令制片公司放弃电影发行和电影院放映的业务，迫使大制片厂因此大幅度减少影片生产，独立制片公司应运而生。[27] 该判决指出，美国电影制片厂不得拥有自己的院线并要求影院对自己公司的影片独家包销，也改变了美国电影工业的制作、发行和播映方式。法院对该案的判决结果影响了美国大部分的电影生产和发行公司。该案的判决对于美国反垄断法的发展和美国电影产业的格局转化和利益分配都有深远的影响。对于前者而言，该案是垂直整合行销案件中的一个里程碑式的判决；对于后者来说，它终结了传统好莱坞式的大片场系统。该案判决之

---

[23] 熊澄宇、孔少华：《数字内容产业的发展趋势与动力分析》，《全球传媒学刊》2015 年第 2 期，页 47。

[24] United States v. Paramount Pictures, Inc., 334 US 131 (1948).

[25] 该诉讼被告分为三类：制作电影的派拉蒙影业公司，勒夫公司，Radio-Keith-Orpheum 公司，华纳兄弟影业公司，二十世纪福克斯电影公司，以及其分发和展示电影的各自的子公司或附属公司，被称为五大被告；制作电影的哥伦比亚电影公司和环球公司及其分发电影的子公司；仅从事电影发行的联美公司。

[26] 第一条："任何契约、以托拉斯形式或者其他形式的联合、共谋，用来限制洲际间或与外国之间的贸易或商业是非法的。任何人签订上述契约或从事上述联合或共谋，是严重犯罪。如果参与人是公司，将处以 100 万美元的罚款。如果参与人是个人，将处以不超过 100 万美元的罚款或者三年以下监禁，或由法院酌情并用两种处罚。"

[27] 范志忠、范静涵：《2016 年中国电影产业热点述评》，《浙江传媒学院学报》2017 年第 2 期，页 79。

后,美国的电影放映方可以自由选择放映的电影。为了争夺影片在院线的放映,获得更多的排片档期和票房收入,各大电影片厂之间的竞争越来越激烈。同时,影片的独立发行权也收归影片独立放映方所有。

另外,美国版权法也会为了保护该国产业集团的利益而做出积极的调整。以美国版权法上著名的"米老鼠"条款为例,根据1976年美国《版权法》的规定[28],迪士尼公司拥有版权的经典卡通形象米老鼠的保护期限为到2003年,之后该形象便进入公有领域。但是,1998年,在米老鼠形象的版权保护将于5年后进入公有领域时,美国国会在利益集团的大力游说之下,通过了《版权保护期限延长法》。根据该法案,1978年以前已经发表或已经登记的作品,在保护期限届满后进行有效续展的,保护期限最长可以延长95年。据此,米老鼠形象的版权保护期限被推迟到2023年。这种司法的提早回应和调整,不仅反映了美国对该领域的产业利益的保护,而且反映了产业需求和司法保护之间的良性互动关系。

从经济的角度考虑,由于在市场中的产品提供者和消费者之间存在信息不对称的问题会导致市场失灵,[29] 这时政府进行适度的干预可以促进经济效率的提高。在数字内容产品的市场上,为了解决交易市场中信息不对称的问题,一方面可以通过政府的参与促进市场交易更加顺畅地进行,如调整市场交易规则,保护特定的商业模式中数字产品交易平台的存在,从而保障交易顺利达成,同时兼顾对私人产权的保护。另一方面,可以借鉴美国法律、媒体、企业三位一体的自由主义文化政策,即让数字内容产业在自由的市场经济条件下发展,在市场良性竞争的机制下,通过资本带动数字文化产品的销售,使其在被民众进行文化消费的同时,也能够促进文化的传播。

---

[28] 1976年美国《版权法》第304条关于"期限"的规定:在1978年1月1日之前创作的作品(a)(1)对于1978年1月1日之前出版或注册的作品,如果版权在该日期仍然有效,版权期限应为作品首次出版后的九十五年。(2)对于1978年1月1日之前未出版且未注册的作品,如果这些作品在1978年1月1日之后出版,版权期限应为作品首次出版后的九十五年,或者如果作品在作者去世后的五十年内未出版,版权期限应为作者去世后的七十年。(b)如果1978年1月1日之前未出版且未注册的作品在作者去世后的五十年内仍未出版,版权期限应为作品创作完成后的七十年。

[29] [澳]戴维·索罗斯比:《文化政策经济学》,易昕译,东北财经大学出版社2013年版,页41。

（四）科技立法注重公共利益和私人利益的平衡

日本法学家穗积陈重曾说："法律既为社会力，则社会变迁，法现象不能不与之俱变。"[30] 科技的每一次革新，必然会引起社会制度（包括法律制度）的调整；同样，法律制度的每次调整也会从某种程度上促进或阻碍新技术的产生与发展。科技立法使得法律进化理论从法律发现模式转向了法律进化模式。[31] 立法推动是数字内容产业发展的一个重要动力，随着数字内容产业的竞争逐渐成为国际竞争的热点，世界各国都加强了对数字内容产业的法律制度供给。正是这种法律制度的迅速回应性调整，促进了全球数字内容产业的快速发展。

就美国的实践来看，1986年数字录音机在美国出现，由原件复制而成的数字录音带的音质与原件一样完美，录音制品产业曾试图通过诉讼遏制此种侵犯版权作品的公开表演权和复制权的现象，但美国最高法院在"索尼案"确立的规则认为，私人复制不是版权人可以干预的领域[32]。1989年，录音制品业者要求在数字录音机中加入一种"连续复制管理系统"（Serial Copy Management System，以下简称SCMS）技术。这一技术可以自动识别录音带与复制录音带，消费者对原版录音带进行复制不会遇到任何困难，但是要想对复制录音带继续再复制，SCMS将会阻止这一操作的执行。与此同时，歌曲创作者与音乐出版商却对此表示反对。经过多年的谈判与协商，1992年，各方终于达成协议：美国境内的所有销售的数字录音机都必须加装SCMS，数字录音制造商及空白数字录音带制造商还必须向美国版权局缴纳法定许可费。[33] 在这一背景下，美国1992年《家庭录音法》生效。该立法虽然考虑了产业中的各方利益，但是没有考虑消费者的利益，法定许可费最终由消费者买单，这使得数字录音机及录音带的销量不好，最终法定许可费用也收入甚微，产业中的各方并没有获得预期的收益。这体现了立法在调整利益冲突时，由于代表公共利益的缺位，导致预期的立法目标根本无法实现，因此在法律和政策对产业进行介入调整时，需要在综合考虑各方利益的同

30　[日] 穗积陈重：《法律进化论（法源论）》，黄尊三、萨孟武、陶汇曾、易家钺译，中国政法大学出版社1997年版，页53。
31　易继明：《开创科技法学研究的新局面》，《社会科学家》2013年第12期，页93。
32　Sony Corp. of America v. Universal City Studios, Inc., 464 U.S. 417 (1984).
33　易健雄：《技术发展与版权扩张》，法律出版社2009年版，页156。

时，充分考虑消费者的权益也就是公共利益的问题，才能达到预期的政策效果。

进入人工智能时代后，智能革命使现有的法律规则体系面临巨大的挑战，尤其以知识产权领域表现得最为明显，人工智能生成物能否获得法律的保护，甚至人工智能本身能否成为版权法中所定义的作者引起了全球的广泛讨论。从法律属性上看，人工智能生成物背后承载了不同类型的人格利益、财产利益和社会公共利益，不同利益之间的杂糅、冲突与博弈，折射出"数据作品公平利用"与"促进创新"之间的紧张关系、"技术赋能"与"公共领域保留"之间的矛盾关系，以及"数据控制权"与"社会公共价值"之间的权衡关系。[34] 但是单纯的公法或私法均难以妥当应对人工智能技术的挑战。一方面，立法对人工智能规制，主要体现为国家监管部门对人工智能研发和应用主体的监管义务，以及对人工智能活动者的命令、禁止、规范等公法性规范；另一方面，人工智能技术开发、应用均会涉及私人之间的利益关系，需要私法规范加以调整。实践中，人工智能的安全问题会对社会公共利益造成影响，最终也会落到具体的私人利益上，例如人工智能生成物能否受到著作权法的保护。因此，在法律制度的设立中，需要考虑社会公众与所有各利益主体之间的利益平衡。例如，在 AI 文生图案件[35]中，法院认定人工智能生成的图片具有可被识别的差异性和独创性的智力投入，属于我国《著作权法》规定的美术作品。如何协调和平衡其他相关主体，如使用者、所有者等的相关利益，既考验司法裁判者的智慧，也考验着立法者对相关产业发展的审视和思考。

三、科技进步、政策变迁与科技法律制度之间的联动效应

在分析了技术发展的特征与法律和政策制定过程中的考量因素之间的相互关系等问题后，我们需要分析政策、法律与技术在市场经济活动中对产业发展的影响。不同的数字内容产业技术发展的快慢速度不尽相同，法律制度建构和政策的完善程度也不完全一致。但是，从中美两国的产业实践、政策选择和法律实践可以概括出其具有的一些共性特征，这些特征是分析整个行业的整体发展脉络及梳

---

34 李晓宇：《博弈论下人工智能生成数据作品中利益冲突及破解》，《科技与法律（中英文）》2022 年第 3 期，页 52。

35 参见北京互联网法院（2023）京 0491 民初 11279 号民事判决书。

理三者关系的重要依据（政策、法律与技术关系如图1所示），对于其他以科技为引领、以传播为媒介、以内容为核心的相关产业的分析也具有积极的借鉴意义。

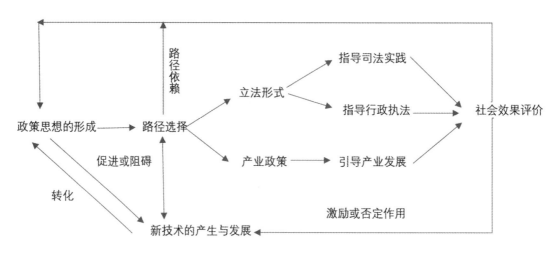

图1 政策、法律与技术的关系示意图

以新技术为代表的力量会促进企业不断进行技术创新，但是这种新技术的产生与发展并不会必然使得企业获得良好的经济效益，也就是说市场这只"看不见的手"并不必然会认同企业对某个产业进行新的技术研发投入。数字内容产业是新型文化业态的典型代表，肩负着促进文化产业升级的重任，经济属性和文化属性兼具的特点令其发展走势受政策和舆论的影响较大。如果国家对新兴技术持肯支持的态度，会选择该技术应用的产业进行重点扶持。反之，如果国家对该技术持消极的态度，也会出台相关的政策予以调整。作为高度重视国家战略与政策作用的国家，美国制定的政策具有独特的理念和机制。在面对数字化的大潮时，美国在制定政策方面较早就开始行动，率先出台了《二十一世纪信息技术计划》《数字政府战略》《美国全球数字经济大战略》等，以此形成了战略性的先发优势，促进数字经济的快速发展。[36]

虽然政策思想的生成很大程度上是由技术的产生与发展转化而来的，但是在技术的发展过程中，"由技术导致的社会变迁通常具有非计划性、似乎是必然的性质。一旦新技术产生，人们往往会忽略其道德和社会的潜在影响，并对其加以

---

[36] 参见张振鹏：《数字文化产业的发展潮流与政策取向——基于美国、英国、日本和阿联酋的实践》，《新经济》2023年第3期，页32。

利用。"[37] 例如，P2P 技术带来了用户之间传输的便利，却也跨过了网络服务提供者这样的中间第三方，使其成为盗版滋生与传播的温床。又如生成式人工智能的应用，AIGC 作为新兴网络服务，是新一轮科技革命和产业变革的核心驱动力，[38]由于算法技术的应用，传统的互联网公司的版权侵权审查从以往的人工审查转为全程算法审查，在提高了审查效率的同时，也会在一定程度上侵蚀公共空间。[39]要消除这种负面效应，需要政府在考量新技术为社会生活带来的影响时，平衡公共利益和权利人利益等多方因素，选择合适的规制路径。

在路径选择上，国家可以选择出台产业政策或者颁布法律两种途径来实现对产业的引导和规制的目的。其一是政策规制[40]的发展路径，具有较强的行政色彩。政策规制过程又可进一步细分为国家的宏观政策和微观的产业指导政策。前者如美国的"信息高速公路计划""大数据研究与发展计划""电子复兴计划"，[41] 我国的"知识产权强国战略""科教兴国战略""人才战略"等。目前，我国已经在夯实数字文化产业发展基础、培育数字文化产业的新业态、构建良好的数字文化产业生态方面出台了多项政策性文件。例如，2022 年 5 月，中共中央办公厅、国务院办公厅印发的《关于推进实施国家文化数字化战略的意见》，其聚焦战略目标和战略重点，成为推动实施国家文化发展的数字化战略、建设国家文化大数据体系的指导性文件。后者是对数字内容产业的细分行业进行具体指导的产业政策，其对产业具有直接作用的效果，如税收优惠措施、专项资金支持等方式。

其二是法律规制路径。"一个国家的经济增长，是国家与市场合谋的结果，而它们合谋的媒介就是法律。"[42] 在法律规制的选择上，主要通过立法的形式予以体现。这里的"立法"在不同的国家有不同表现形式，从我国数字内容产业的立法文件来看，不仅包括一级、二级的成文法立法文件，而且包括司法解释

---

37 ［美］戴维·波普诺：《社会学》，李强等译，中国人民大学出版社 1999 年版，页 622。

38 参见广州互联网法院（2024）粤 0912 民初 113 号民事判决书。

39 焦和平：《算法私人执法对版权公共领域的侵蚀及其应对》，《法商研究》2023 年第 1 期，页 187。

40 所谓的创新政策就是科技政策与产业政策协调的结合。参见陈劲，等：《科学、技术与创新政策》，科学出版社 2013 年版，页 230。

41 余振、陈文涵：《中美数字产业竞争力：测算、比较以及启示》，《求是学刊》2022 年第 1 期，页 78。

42 易继明：《技术理性、社会发展与自由——科技法学导论》，北京大学出版社 2005 年版，页 54。

等具有法律权威效力的规范性文件。以美国为代表的英美法系，其立法的表现形式不仅包括法典，而且包括对其他法院判决有不同拘束力的判例法。这些立法文件的效果会作用于司法实践，也会成为行政执法的依据。国家通过法律来规范和引导不同的产业发展方向，期望达到其所预想的社会治理效果。正如英国法学家阿迪亚（P.S. Atiyah）曾言："法律在很大程度上是政策的工具。虽然在某种程度上也可以采取其他手段实现，但是从最广泛的意义上来说，其可以通过追求目标或价值的一致性使法律成为最主要的手段。"[43] 法律的调整路径也是实现规范和引导产业发展的重要手段，与第一种政策规制路径不同的是，法律以强制力作为制度实现的保障，其实现效果更加明显。

通过法律和政策对产业的调整，政府会评价其所达到的社会效果。这些社会效果的评价可能来自产业界、司法界乃至社会公众，作为其进一步调整政策和法律的来源与依据，甚至也会影响技术的更新与发展。以美国的 Napster（纳普斯特）案件[44]为例，由于法院在该案中禁止 P2P 软件的运用，导致该产业技术的发展朝着更加去中心化和加密传输的方式演化，发展出新一代 P2P 技术，并导致了 Aimster（埃姆斯特）案件[45]的出现。在这样的社会反馈、政策调整、政策转化与路径选择的过程中，会形成国家对新技术发展应对的政策内循环。这种循环过程因循本国历史上政策决策的路径依赖，会按照本国特有的治理体系和文化治理理念进行，在特定的情况下，会对本国新技术、新模式、新业态的出现起到一定的抑制作用，因此需要进行一定的法律移植和治理模式的借鉴，打破旧有的治理模式，相互学习，融合进步。

四、科技法调整模式的差异对数字内容产业发展的道路选择影响

诺内特与塞尔兹民党曾在其论著中把社会中存在的不同法律现象区分为三种类型："压制型法""自治型法"和"回应型法"。我们也可以在某种意义上说这

---

43 ［英］P.S. 阿蒂亚：《法律与现代社会》，范悦、全兆一、白厚洪、康振家译，全兆一校，辽宁教育出版社1998年版，页134。
44 A&M Record，inc. v. Napster. inc.，9thCir. 2001.
45 Aimster Copyright Litig.，334 F. 3d，655 (7th Cir. 2003).

三种类型是法律与政治秩序和社会秩序的关系的发展阶段。[46]

在"压制型法"的发展阶段，法律体系表现出的特征有明显的政治强制色彩，法律机构容易直接受到政治权力的影响，刑法等公法居于法律制度的中心地位。[47] 从法的完整性与开放性来看，由于压制型法受外部因素尤其是政治因素影响甚深，可判断其完全倒向了开放性的一侧，法律的独立性丧失。这种法律发展阶段以我国古代法治为代表，具有刑民合一、高度政治化的特点。"压制型法"作为法律治理模式的初级阶段，在法律发展进程中最先出现，因为它的根本目的在于建立统一的政治秩序，所以法律范式的发展必然要经历由压制型法向另外两种法律范式的过渡。随着社会的变迁与改革，法律秩序成为控制"压制"的一种方法，诞生了"自治型法"。在这种法律模式下，法律与政治相分离，司法与立法和司法职能之间进行严格划分；以规则为焦点的法律审判体系有助于法官的自由裁量权的发挥；与压制型法注重实体立法相比，自治型立法中程序法居于核心地位，法律秩序意欲实现的首要目的是程序的正当性，而非结果正义的最终实现。[48] 英美法系的模式是"自治型法"的典型代表。最后一种法律模式是"回应型法"。这种法律模式强调法律的目的性，而法律的目的的权威性和法律秩序的整合性来更有效率的法律制度的设计，其实质是使得法律不拘泥于形式主义，而是通过理论和实践相结合进一步探索法律和政策中所蕴含的社会价值。[49] 在这种模式下，法律具有开放性和灵活性的特征，可以更好地适应社会发展要求。以上三种法律模式代表了不同法律发展时期法治模式的变化，也反映了随着信息技术、大数据、人工智能、区块链等新技术的发展，社会治理需求的不断提升，法律治理模式也从传统的单一"硬性法治"向"'软性法治'与'硬性法治'"相结合逐渐转变。

美国是"自治型法"的代表。作为判例法国家，其产业利益集团往往会以案

---

46 [美] P. 诺内特、P. 塞尔兹尼克：《转变中的法律与社会：迈向回应型法》，张志铭译，中国政法大学出版社2004年版，页3。

47 [美] P. 诺内特、P. 塞尔兹尼克：《转变中的法律与社会：迈向回应型法》，张志铭译，中国政法大学出版社2004年版，页35。

48 [美] P. 诺内特、P. 塞尔兹尼克：《转变中的法律与社会：迈向回应型法》，张志铭译，中国政法大学出版社2004年版，页60。

49 单锋：《论经济法诉讼的独立性——一种实质理性与回应型的诉讼观》，《法学论坛》2009年第5期，页110。

件为突破口,希望在法院获得利益上的确认。当美国的司法系统在新技术面前持保守态度,不愿意扩张版权人权利时,美国国会通常会在随后的立法中扩张版权人的权利或给版权人以某种救济。[50] 在激烈的立法过程的较量之后,部分利益集团的核心利益诉求得以实现,这种利益诉求的实现会通过法律的形式约束全社会,最终获得普遍的遵守。美国国会与司法系统的关系表明,法院自动执行司法机关自我限制原则,对版权的扩张保持克制态度。[51] 在新技术涌现后,美国法院的态度倾向于保护使用人,而国会的态度则往往更有利于权利人。在这种模式下,司法有着更为积极主动的作用,法官自由裁量权的发挥会对产业发展产生较强的引导作用。

我国数字内容产业治理的法律模式正从"回应型法"模式向"自治型法"模式逐渐过渡。与此同时,我国法院系统对知识产权保护似乎有积极主动态势。[52] 我国虽然是成文法国家,成文法的特点在于"执法者和被执法者之间建立起共知性和双向约束性,从而形成对执法者权力的有效控制。"[53] 但是随着新技术的快速发展与迭代,成文法国家中的法律修改越发频繁,这种成文法的双向约束的功能减弱,对执法者的控制力也会减低,同时降低执法的可预期性。成文法对技术发展的被动性、回应性的调整,长期来看会影响成文法的稳定性和权威性。"法须稳定,但勿僵直"[54],如何在保持稳定与寻求改变之间合理配置立法与司法资源,寻找和维系两者之间的平衡,这个过程类似于工业工程,美国的法学家庞德认为这个过程在法律世界中可以被比喻为"社会工程"。[55]

五、结论

以数字内容产业为视角,构建未来的科技法治体系,从而在促进产业发展的

---

50 易健雄:《技术发展与版权扩张》,法律出版社2009年版,页139。
51 易健雄:《版权扩张历程之透析》,《西南民族大学学报(人文社会科学版)》2009年第6期,页163。
52 崔国斌:《知识产权法官造法批判》,《中国法学》2006年第1期,页153。
53 易继明:《技术理性、社会发展与自由——科技法学导论》,北京大学出版社2005年版,页10。
54 [美]罗斯科·庞德:《法的新路径》,李立丰译,北京大学出版社2016年版,页3。
55 [美]罗斯科·庞德:《法的新路径》,李立丰译,北京大学出版社2016年版,页5。

同时，形成有中国特色的法治体系，这需要我们进行制度创新，从而摆脱原有的路径依赖[56]。在包括法律制度在内的社会制度的变迁过程中，信念、制度和组织的相互作用使得路径依赖成为保持社会连续性和稳定性的一个基本因素。[57] 由于我国法律体系的形成受到经济发展和政治体制的影响，在法律制度的改革方面，我们可能不宜采取激进式改革方式。所以，尽管目前我国科技法律制度的修改面对新技术的冲击和挑战，但还是应采取渐进式发展路径。

成文法国家对法律稳定性要求与技术快速发展所需要的法律灵活性的冲突在数字环境下表现得尤为明显。以美国为代表的判例法国家对产业触达的灵敏度更高，可以通过判例制度进行相对灵活和快速的反应。借鉴该经验，我国在面对法律政策与技术发展之间的紧张关系时，应充分发挥目前案例指导制度的功能性作用，运用案例的形式解释法律规则的具体含义，进而指导司法机关适用法律。[58] 案例指导制度能够很好地指导疑难案例，通过筛选的指导性案例具有很强的代表性，能够及时回应实践中的热点和难点问题，可以缓解法律的稳定性与灵活性之间的矛盾。之后，再将一定时期内的指导性案例做系统梳理，抽象出其中的法律原则，将其作为下一步法律修改的重要依据。正如哈贝马斯早先指出的，社会合理性的构建既包括技术维度，也包括社会规范维度。[59] 法律和政策体系的合理建构是社会规范维度的应然之意，只有在正确理解技术发展趋势的基础上，构建符合本国国情的法律和政策体系，才能促进社会公平、正义等基本价值的实现。

【编辑助理：娄傲兵】

---

56 张志华：《诺思产权制度研究的三个阶段及对中国社会转型阶段产权制度研究的启示》，《制度经济学研究》2013 年第 3 期，页 187。

57 [美] 道格拉斯·诺思：《理解经济变迁过程》，钟正生等译，中国人民大学出版社 2008 年版，页 49。

58 刘克毅：《法律解释抑或司法造法？——论案例指导制度的法律定位》，《法律科学》2016 年第 5 期，页 193。

59 [加] 安德鲁·芬伯格：《在理性与经验之间—论技术与现代性》，高海青译，金城出版社 2015 年版，页 176。

科学技术普及法的功能重释与内涵重塑

李晓鸣　岳　博[1]

摘要：现行的科学技术普及法相较于新时代科技强国建设的要求，存在着功能和内涵上的滞后性。新时代科学技术普及法的功能定位，应当在于及时响应科技强国建设的新发展战略，全面引导和规范新型科学技术普及工作，全方位助力新质生产力发展，有效融入全面依法治国进程。在内涵上，应当于宏观层面明确科学技术普及与科技创新具有同等重要的地位，于具体制度内容层面全面规定科普内容，合理涵盖各类型科普对象，差异化设置科普主体职责，采取切实可行的科普手段，并建立健全科普激励机制。

关键词：科学技术普及；科学技术普及法；法的功能

基金项目：陕西省社会科学基金"法治化营商环境建设研究"专项项目"秦创原平台运行的地方法治保障研究"（2023FY11）。

---

[1] 作者简介：李晓鸣（1981— ），女，山东枣庄人，法学博士，西安交通大学法学院教授，研究方向为知识产权法学、科技法学。

岳博（1982— ），男，陕西汉中人，西安交通大学法学院博士研究生，研究方向为知识产权法学、科技法学。

目次：

引言

一、现行科学技术普及法的时代滞后性

  （一）科学技术普及法功能的滞后性

  （二）《科普法》内涵的滞后性

二、新时代《科普法》的功能重释

  （一）及时响应科技强国建设的新发展战略

  （二）全方位助力新质生产力发展

  （三）有效融入全面依法治国进程

  （四）全面引导和规范新型科学技术普及工作

三、《科普法》的内涵重塑

  （一）明确科学技术普及与科技创新具有同等重要的地位

  （二）全面规定科学技术普及内容

  （三）合理涵盖各类型科学技术普及对象

  （四）差异化设置科学技术普及主体职责

  （五）采取切实可行的科学技术普及手段

  （六）建立健全科学技术普及激励机制

四、结语

引言

习近平总书记在讲话中指出,"科学普及是实现创新发展的重要基础性工作"[2]。科学技术普及为科技创新奠定人才基础和环境基础,也是科技创新发挥经济、社会正向引领效果的必要保证,更是科教兴国战略的重要内容。[3] 构建于21世纪初的科学技术普及法,无论是功能定位还是结构内容,均已不能适应科技创新居于国家发展全局核心位置的新时代要求。按照党的二十大报告"形成支持全面创新的基础制度"[4] 的要求,科学技术普及法应当及时更新和完善,以保障和规范科学技术普及活动。本文将在归纳现行法律制度滞后性的基础上,结合新时代要求,分析科普法的功能定位,进而提出具体的内涵创新建议。

一、现行科学技术普及法的时代滞后性

科学技术普及法,首先体现为《中华人民共和国科学技术普及法》(以下简称《科普法》)这一促进和规范我国科学技术普及工作的专门立法。《科普法》实施以来,各地根据该法制定了一系列促进科普工作的地方法规或规范性文件,众多行业行政主管部门也制定了特定领域开展科普工作的部门规章或规范性文件;同时,中央也制定了全国层面科普的相关发展规划,共同构建起较为完整的科普法律制度体系,在科普工作开展中发挥着重要作用。

《科普法》在发挥显著成效的同时,也逐渐显现滞后性,由于二十余年未作修订,其已不能充分反映我国科技事业的新成就、科技普及面临的新情况。同时,相关地方法规及其他规范性法律文件,也存在功能定位上的落后和内容结构上的不严谨、不合理。总之,目前科普法规范体系已跟不上法治理念和立法技术的脚步。

---

[2] 习近平:《带动更多科技工作者支持和参与科普事业 促进全民科学素质的提高》,载《人民日报》2023年7月22日,01版。

[3] 基于本文的研究对象,在涉及科学技术的专有名词时,笔者会尊重固有表达习惯,包括将"科学技术普及"简称为"科普",且与"科学普及"作为同义词使用;将"科技创新"一词作为固定搭配使用。

[4] 习近平:《高举中国特色社会主义伟大旗帜 为全面建设社会主义现代化国家而团结奋斗——在中国共产党第二十次全国代表大会上的报告》,2022年10月25日。

（一）科学技术普及法功能的滞后性

正义、秩序、自由和效率等法的基本价值，是科学技术普及法功能确立的逻辑起点；包括科技、经济、法治等在内的社会整体状况，是科学技术普及法功能演进的现实依据。因此，科普法的功能应当包含助力国家科技战略实施、推动经济社会发展、顺应法治建设进程，以及促进和保障科普工作本身几个面向。而既有的科普法，已然不能有效呼应当下国家科技发展方略和法治进程。

一方面，科学技术普及法不能适应新时代国家科技发展战略。新时代国家科技发展战略的实现包含了主客观两方面因素的达成，即国家发展方略和科学技术规律，且科学技术的客观状况是国家主观发展方略的基础和前提。科学技术已经发展到以信息技术、人工智能等新兴领域为代表的第四次工业革命阶段，其对人类社会的影响力达到前所未有的深度和广度，[5] 这是科普工作的根本基础，而现行科学技术普及法尚未体现出科技发展的新趋势。结合我国科学技术事业的发展状况，世界知识产权组织公布的《2023年全球创新指数》报告中的排名显示，我国的创新水平排名已经从2011年首次统计时的全球第29位，跃升至2023年的第12位。[6] 应当承认，我国科技事业已经取得巨大成就，具备了提出新的战略目标的基础条件。国家科技发展方略的更新，依据的正是科学技术发展的必然趋势和国家科学技术事业的客观水平，无论是科技强国战略的制定，还是"高水平科技自立自强"的目标，都顺应了科技发展的客观规律，而现行《科普法》尚未及时呼应国家科技发展方略的变化，还未解读其具有的法律意涵。

另一方面，科学技术普及法已不能体现新时代依法治国的新成就。就社会主义法治体系整体来看，《科普法》的根本依据是《宪法》。《宪法》第二十条规定，"国家发展自然科学和社会科学事业，普及科学和技术知识"。在科技法律制度体系内部，《科学技术进步法》与《促进科技成果转化法》的法治理念皆较《科普法》先进，而《科普法》的立法思想形成于21世纪初，尚不能体现社会主义法治国家发展的新成就和习近平法治思想的新理念、新要求。其一，现行《科普

---

[5] 参见［德］克劳斯·施瓦布、［澳］尼古拉斯·戴维斯：《第四次工业革命——行动路线图：打造创新型社会》，世界经济论坛北京代表处译，中信出版社2018年版，页275—299。

[6] 数据来源于WIPO, Global Innovation Index 2023, https://www.wipo.int/publications/en/series/index.jsp?id=129，2024年7月2日访问。

法》没有明确党对科普事业的全面领导。"推进党的领导制度化、法治化,既是加强党的领导的应有之义,也是法治建设的重要任务。"7 在法律文件中明确党对科普事业的领导,既是加强党的领导的应有之义,也是全面依法治国的必要任务。《科学技术进步法》已经明确了党对科学技术事业的全面领导,8 而《科普法》尚未同步。其二,现行《科普法》在第一条表述立法目的时,对应的直接目的是"实施科教兴国战略和可持续发展战略",而《科学技术进步法》已经将科技事业对应的战略调整完善为"科教兴国战略、人才强国战略和创新驱动发展战略",9 且将具体战略作为科技事业发展遵循的基本原则,而将立法目的上升为更加具有指导意义和长远价值的教育、科技、人才一体化发展理念,即"发挥科学技术第一生产力、创新第一动力、人才第一资源的作用",与党的二十大报告的相关内容高度一致。因此,现行《科普法》尚不能体现"党在法治理论和实践上与时俱进、创新发展"。10 虽然从表面上看,仅是条文表述的一致性存在偏差,而在条文内容背后,蕴含着法律科学的理论进展和法治实践的最新成就。上述滞后的表述,体现的是《科普法》在功能定位上没有与时俱进,没有跟上国家科技创新和法治理念更新的步伐。

(二)《科普法》内涵的滞后性

在《科普法》的功能定位落后于科学技术发展和法治建设成就的前提下,具体制度内涵的更新必然受到影响,从而降低了制度运行的科学性和有效性。《科学技术进步法》第十二条,作为科学技术普及事业的总则性条款,明确了"科学技术普及是全社会的共同责任",并增加了关键性制度内容设计;而《科普法》尚缺乏具体规范细化的制度安排。具体展开如下。

科学技术普及过程中涉及的基本概念尚缺乏界定。现行法律规范中多次提到"科学技术知识""科学方法""科学思想""科学精神",但都未对内涵和外延作出任何必要的限定。科学技术普及的主要任务包括普及科学技术知识、倡导科学方法、传播科学思想、弘扬科学精神,如果对相关基础概念都缺乏界定及评判标

---

7 习近平:《加强党对全面依法治国的领导》,《求是》2019 年第 4 期,页 4—11。
8 《科学技术进步法》第 2 条。
9 《科学技术进步法》第 2 条。
10 张文显:《习近平法治思想的基本精神和核心要义》,《东方法学》2021 年第 1 期,页 5—24。

准,则会存在普及知识遗漏的可能,也会存在普及内容边界不清的风险。

对科学技术普及对象缺乏明确规定。现行法律规范的多个条文均涉及科普对象,但是依据现有制度内容,难以划定科普对象的确切范围。《科普法》总则提出公民有参加科普活动的权利,但对是否有参加科普的义务未作明确规定。科普对象的全面覆盖,是保障科普效果的先决条件之一,如果缺乏对科普对象的全面概括,就缺失了监管科普工作的一个重要维度。

对科学技术普及主体的设置过于笼统。《科普法》对科学技术普及主体的规定涵盖了国家机关、武装力量、社会团体、企业事业单位、农村基层组织以及其他组织,且对各主体的科普义务仅作了概括性的表述,这为立法监督带来了困难。从实际状况来看,承担科学技术普及主要工作的仍是国家机关,尤其是行政机关,但是政府各部门的职责分配并不明确,基层组织开展科普工作缺乏足够的人才和资源;此外,各社会主体大多缺乏充分履行其义务的条件和外部监督力量。也就是说,过于广泛的主体范围和模糊的实施机制反而弱化了各主体的具体职责,导致各主体具有的科普资源和能力未发挥整合效用。

目前科学技术普及手段与科学技术新趋势缺乏一致性。《科普法》立法之时,互联网相关技术刚刚进入普通人的生活,尚未与民众日常生产、生活建立起普遍深入的联系,随着信息科技二十年来的高速发展,智能化手段已经进入社会生活的方方面面。虚拟现实技术、人工智能技术已经深刻改变着人们的生产、生活方式,现实中各类社会主体也在积极运用新科技手段开展科普活动,然而《科普法》的规定还停留在科普场馆参观、科普网页开设等传统手段,已经落后于公民通过各种新型融媒体平台获取信息的生活方式。[11] 法律的规定已经明显滞后于社会现实,需要在现行法基础上加以补充或者制定新的规范,[12] 否则法律就失去了应有的效果。

科学技术普及的保障措施缺乏可操作性。现有《科普法》虽然以专章规定了保障措施,但是大都停留在宣告阶段,比如"逐步提高科普投入水平""安排一定的经费",缺乏必要的可量化性指标或手段;"依法对科普事业实行税收优惠"

---

11 参见朱鸿军:《颠覆性创新:大型传统媒体的融媒转型》,《高等学校文科学术文献》2019年第6期,页221。

12 参见汤善鹏:《"新的情况"应限于法律过时——以〈立法法〉第45条第2款第2项与第104条为分析基础》,《法学》2019年第7期,页110—122。

"科普组织开展科普活动、兴办科普事业，可以依法获得资助和捐赠"和"对捐赠财产用于科普事业或者投资建设科普场馆、设施的，依法给予优惠"等规定仍然存在许多模糊之处，执行起来并不顺畅。因此，保障措施的法律规定在实践中难以有效促进科学技术普及活动的开展。

进一步比较关联法律制度，相较于与科普主体、对象和手段都密切相关的教育法律制度所呈现的与时俱进态势，《科普法》的内容明显滞后，后文将进一步展开论证。

二、新时代《科普法》的功能重释

法律的功能与社会系统之间是有密切联系的：社会系统中的某些问题，是"通过区分专门的法律规范，以至区分专门的法律制度来解决的"。[13]《科普法》作为一种相对特殊的法律制度，正是为了解决社会系统运行中科普工作如何有效开展这一问题而逐步形成的。总体上来看，我国科学技术普及工作已在法律和政策共同构成的制度体系引导下长期开展，并取得显著成效。2022年9月，中共中央办公厅、国务院办公厅联合发布《关于新时代进一步加强科学技术普及工作的意见》，强调依法开展科学技术普及工作，提出"完善科技法律法规体系，推动修订《中华人民共和国科学技术普及法》"。[14] 在对法律规范做出调整前，需要先行明确新制度的功能定位，以指导具体条文的内容构成。

（一）及时响应科技强国建设的新发展战略

《科普法》作为国家发展科学技术事业的基础制度设计，其首要的任务应当是服务于国家科技事业发展的长远规划。因为科学技术普及工作决定了公民整体的科技认知水平和创新意识，也就决定了国家科技发展目标的社会基础，

---

[13] "What is the function of law? This question is asked here in relation to the social system. In other words, we are concerned with the question of which of the problems of the social system are solved by differentiating specialized legal norms and arriving eventually at the differentiation of a specialized legal system." Niklas Luhmann, *Law as a Social System*, trans. Klaus A. Ziegert, Oxford: Oxford University Press, 2004, p. 142.

[14] 中共中央办公厅、国务院办公厅：《关于新时代进一步加强科学技术普及工作的意见》，2022年9月4日。

只有法律制度及时回应国家科技战略,才能将全民的思想认知统一到国家科技事业发展的大局中。前文已述,《科普法》的立法目的已不能体现我国科技政策的新发展、科技事业的新趋势,而《科学技术进步法》在国家新战略之上作了更长期、宏大的顶层设计,即"推动科技创新支撑和引领经济社会发展,全面建设社会主义现代化国家"。

因此,包括《科普法》在内的科学技术普及法律制度的修改,应当体现科学技术普及工作与科教兴国战略、人才强国战略、创新驱动发展战略之间的密切联系,充分回应"坚持科技创新在国家现代化建设全局中的核心地位,把科技自立自强作为国家发展的战略支撑"这一重要国家发展定位。否则,立法就会脱节于科技强国建设需要,不能在国家科技实力不断跃升的新时代发挥应有的作用。

(二)全方位助力新质生产力发展

2023年9月起,习近平总书记多次强调"加快形成新质生产力",指出"新质生产力是创新起主导作用,摆脱传统经济增长方式、生产力发展路径,具有高科技、高效能、高质量特征,符合新发展理念的先进生产力质态"[15]。其着力点主要体现为大力推进科技创新、以科技创新推动产业创新、着力推进发展方式创新和扎实推进体制机制创新等,其中,科技创新是发展新质生产力的核心要素。以科技创新带动经济社会发展,是国家一贯的发展理念,尤其是在高质量发展阶段,只有科技创新,才能催生新产业、新模式和新动能。前文述及,《科学技术进步法》确认科技创新应当"支撑和引领"经济社会发展,进而服务于"全面建设社会主义现代化国家",《科普法》自然也应当服从、服务于社会主义现代化国家发展的大局。将科普法律制度的功能定位于在全面普及科学技术知识和文化观念的基础上,使公民尽可能理解科技与经济、社会的互动关系,认识科技创新对经济、社会发展的深刻意义和根本影响,认识新质生产力发展的必要性、内涵和路径等,这需要通过《科普法》功能定位的重释来实现。

---

15 习近平:《发展新质生产力是推动高质量发展的内在要求和重要着力点》,《求是》,2024年第11期,页4—8。

（三）有效融入全面依法治国进程

由于科学技术普及活动的广泛参与性，规范社会生活的众多法律制度与其有着必然的关联。只有与相关法律制度做到逻辑和内容上的有效衔接，才能使《科普法》成为依法治国体系中的有机组成部分。其一，教育法与科学技术普及关系密切，然而现有《科普法》未能实现两者的联动。教育活动涉及的教育主体是学校和教师，这正是进行科学技术普及的重要主体；教育法保护的是以学生为主的各类受教育群体的权益，而这些群体也正是科学技术普及的主要对象；教育法所确立的各种教育手段，也与科学技术普及手段有着高度重合，例如，《中华人民共和国职业教育法》中即明确鼓励新技术手段的运用[16]；除此之外，科普人才的培养、科普学科的建设和科普研究的推进，也在教育法律制度中有相关规定[17]。其二，有关经济发展、生态环境保护、医疗卫生等领域的法律制度，也不可避免地涉及具体领域的科学技术普及内容，而科学技术普及法律制度尚缺乏与之有效的衔接，尤其在《科普法》层面尚未为各领域的普及活动确立共同遵守的法治原则、执行标准和保障手段等，未达到统筹科普工作有效运行的效果。其三，有关文化传播、新闻出版等领域的立法，涉及丰富多样的科普手段，《科普法》尚未与之充分衔接，缺乏对上述手段的有效调动。其四，有关特殊群体保护的立法涉及重要的科普对象，如老年人、未成年人等，但现行《科普法》尚未明确就不同群体开展差异化科普工作的原则。上述不足的存在既说明了《科普法》内涵创新的必要性，也呈现了《科普法》融入全面依法治国进程的改进方向。

（四）全面引导和规范新型科学技术普及工作

随着国家科学技术事业的发展，科学技术普及的对象、内容和手段等都发生了翻天覆地的变化，《科普法》应当顺应这种趋势，着力引导和规范新型的科学技术普及活动，以实现法治国家对良法善治的追求。其一，随着新一轮科技革命不断深化，科技知识和成果的整体规模、迭代速度发生了质的飞跃，科学技术普

---

16 参见《中华人民共和国职业教育法》第 31 条。
17 参见王建洲：《"法法衔接"视域下〈科普法〉修订的分析与建议》，《科普研究》2022 年第 2 期，页 7—14。

及的对象不再仅是未接受过系统学校教育的未成年人或者文盲,所有长期未进行科技知识更新的群体都有必要成为科学技术普及的对象。此外,一些群体可能由于职业需要,成为科学技术普及的重点对象。其二,随着教育扫盲工作取得巨大成就,科学技术普及的主要内容不再是使公民的科学技术知识从无到有,而是为各类社会群体"更新"其生存和发展所需要的知识。其三,正如前文所述,信息技术、生物技术已然成为两大引领性发展领域,尤其是信息技术已成为公民获取各种讯息的主要手段,科学技术普及必须善加利用新技术手段,才能更好地被公民所接受。只有充分认识科学技术普及工作面临的新形势,明确《科普法》的重点是引导和规范新型的普及活动,才能切实提高公民的科学技术文化素质。

三、《科普法》的内涵重塑

根据上文对《科普法》滞后性的归纳和新时代功能定位的分析,下文将从科普内容、科普对象、科普主体、科普手段和保障机制等方面提出《科普法》内涵创新的具体建议。

(一) 明确科学技术普及与科技创新具有同等重要的地位

习近平总书记指出,"科技创新、科学普及是实现创新发展的两翼"[18]。这是总结科学技术长期发展规律所作出的科学论断。由于科技创新活动的经济社会效益更为直接,其重要性较容易为社会公众所接受。在《科普法》中,首要的就是使公民认识到科学技术普及对于科技创新,乃至经济社会发展的重要性。明确科学技术普及的重要性,既是保证制度内容科学性和有效性的前提,也是确保科学技术普及服务于国家科技发展战略和助力经济社会全方位发展的基础。

凸显科学技术普及的重要性,有效衔接科学技术普及与科技创新,可以在法律制度设计中关注三个方面。一是在普及科学技术知识的同时,普及国家科学技术发展的方略,把科技创新和科学技术普及在其中的任务和关系也作为科普的内容;二是把科技创新的成果作为科普的基本内容之一,尤其是要着重普及我国科

---

[18] 习近平:《为建设世界科技强国而奋斗——在全国科技创新大会、两院院士大会、中国科协第九次全国代表大会上的讲话》,2016年5月30日。

技创新的标志性成就及其对经济社会发展的巨大作用；三是把科技创新的具体手段及时应用于科学技术普及活动。这些举措可以使科普主体更深刻地理解其职责的重要性，使科普对象更充分地理解科学技术普及与科技创新的密切关联。

（二）全面规定科学技术普及内容

前文述及，现行法律对"科学技术知识""科学方法"等概念缺乏必要的界定。由篇幅和笔者研究能力有限，本文仅就"科学技术知识"这一最基本的概念作出界定。

应当明确科学技术知识不仅包含自然科学知识，而且包含社会科学知识和基本的人文共识，这是全面衔接相关法律制度、充分发挥非专门立法科普作用的前提。[19] 从科学技术发展的趋势来看，自然科学和社会科学之间的学科边界是被不断打破和重塑的。"在科技立法有限形式化理念之下，科技立法亦应与法律之外的自然和社会科学知识体系保持统一。"[20] 割裂二者关系不利于全面涵盖科普主体并充分发挥其作用，也不利于科普手段的合理设置，更不利于科普目的的实现。从更深层次来看，人文、社会科学是中国特色知识谱系的直接承载，应在认知、理解中国特色知识谱系的基础上，使科学技术更好地服务于国家发展大局，真正服务于科技强国建设。

只有明确了科普内容涵盖自然科学、社会科学乃至人文知识的基本共识，才能在《科普法》这一基础性立法中全面涵盖科普内容，实现全面指导科普工作、提高公民科学素质的目标，才能全面把握《科普法》所涉的专门法律制度和相关法律制度，在前文所述的教育、经济发展、生态环境保护、医疗卫生等立法中有效关联科普内容。

（三）合理涵盖各类型科学技术普及对象

现行《科普法》将全体公民都作为科学技术普及的对象，但对科普对象的差异性未作规定。如前文所述，基于科学技术的飞速发展、国家科技发展方略的演

19　参见李晓鸣：《完善新时代科技普及法律制度》，载《中国社会科学报》2023年1月18日，04版。

20　吴柯苇：《"十四五"时期中国科技立法理念转化与体系完善——以〈科普法〉为例》，《中国科技论坛》2022年第2期，页15—22。

进和不同人群的认知基础差异，应当在《科普法》中合理界定针对不同科普对象的基本科普内容，适当采用区别化的科普手段，明确不同科普对象参加科普活动的不同义务和能够享有的权利。其中，青少年是科普的重要对象，应当把对他们的科普工作同思想政治教育等结合起来，才能使他们更好地肩负起国家科技强国建设的使命；接受过高等教育的公民应当是新时代重要的科普对象，由于他们是国家建设，尤其是科技事业的主要力量，应当着重避免其知识结构老化，加强他们对国家科技创新政策、科技发展最新成就的了解。例如，《"十四五"国家科学技术普及发展规划》就要求提升领导干部、公务员的科学履职能力，提升特定行业人员的科技素养。针对受教育程度整体较低的老年人，应当加强其对科学技术常识和新科技成果使用方法的介绍，尤其要增强其对各种伪科学骗局的识别能力，将科普工作与老年人的生命健康、生活质量等保障有效联系起来。

（四）差异化设置科学技术普及主体职责

现有《科普法》的一个基本思路是广泛设置科普主体，如前文所述，这在新修订的《科学技术进步法》中得到了再次确认，但对于研究开发机构、高等学校、科学团体、企业等各类社会组织，仅笼统地规定其有作为科普主体的义务，不足以使法律制度切实推行。应当根据科普主体的性质，差异化地赋予其不同程度、不同内容的科普职责，并且匹配相应的保障机制。国家科学技术行政管理部门和科学技术协会，仍然是最为主要的政府科普主体和社会科普主体，法律应当明确由它们在各自的系统内协同统筹科普工作，并赋予其尽可能充足的科学技术资源保障。对于各类型具有专业职能且有条件开展科普活动的社会组织，法律不能仅规定其结合自身工作开展科普工作的原则，更要对其开展科普的内容、对象和手段等作出较为明确的规定，并根据其开展科普活动的成效给予相应的奖励和报酬。另外，目前人民生活总体实现小康、科学技术水平显著提升，我国已经具备科普主体社会化的客观条件，此时以科普为主要职能的社会组织是科学技术普及法应当着力推动发展的主体。《科普法》应当明确规定科普社会组织设立、运行中所遵守的行为规范和可以享有的特殊保障，逐步使其成为科普职责的重要承担主体。

(五) 采取切实可行的科学技术普及手段

科普手段要及时适应公民学习习惯的变化，与公民日常接收外部信息渠道的发展趋势同步。过去的媒介传输技术发展慢，公民的受教育方式变化也慢，但是现在融媒体技术层出不穷，每几年人们接收信息的方式都会发生巨大的变化，科学技术普及手段必须适时更新，才能真正起到传播新知识、普及新科技的效果。并且，基于科学技术普及对象的广泛性，不同群体有差异化的科学技术素质基础、普及内容，就需要采用不同的普及方式。

例如，通过学校教育，可以将先进的科学技术知识同时普及到学生和家长；对老年人等群体的科学技术普及，则应当注意传统媒体方式和新科技手段的结合。根据公开数据推算，我国 60 岁以上的老年人中，约有 41.5% 仅有小学文化程度，因此有必要根据老年人群体的受教育程度，以其易于接受、喜闻乐见的方式开展科学技术知识的普及工作。当然，在高层级立法中不必体现具体的普及手段，但应当确立普及手段应用的基本原则，针对不同群体设置切实可行的普及方法。在部门规章等实施操作规范层面，则尽可能将普及手段具体化，以便于实施行政管理和社会监督。

(六) 建立健全科学技术普及激励机制

基于科学技术普及法的功能定位，应以激励机制为主，减少运用惩罚机制来保障科普活动的实施。《科学技术进步法》第十二条明确提出建立健全科学技术普及的激励机制，而现行《科普法》中尚未规定激励机制的相关内容。立法可以明确规定的内容包括，将针对科学技术普及的奖励与针对科学研究、技术创新和成果应用的奖励，纳入同一奖励体系，进行同等的奖励级别认定；加强对科普主体的激励，对科普工作人员给予适当的物质奖励和荣誉表彰，在职称评定、福利待遇等方面给予适当倾斜，对兴办科普事业的社会团体给予适合其性质的奖励和补贴，如对各种类型的经营类主体给予税收优惠，对从事各类特定科技领域的企事业单位等给予服务场所使用费补贴、专业咨询服务费补贴等；加强对科普对象的激励，对积极参与科普的公民给予形式多样的奖励，如个人所得税减免、社会公共服务优惠等，以充分调动公民的参与热情。

四、结语

党的二十大报告以全新的高度再次明确了实施科教兴国战略,科学技术普及是科技事业和教育事业共同面临的重要课题,应当以社会主义法治理念和路径构建科学技术普及的具体法律制度。根据新时代科学技术发展的新局面和科技强国建设的新蓝图,重新诠释科学技术普及法的功能定位和具体内涵,不仅可以为《科普法》等法律文件的修订提供参照,而且能为国家科普事业发展提供有效助力。

【编辑助理:韩梦谣】

推动人工智能技术要素优化配置的政府科技治理机制

刘大勇　李　妍[1]

摘要：本文探索提出适应性强、运行高效的政府科技治理机制，推动人工智能"技术应用"与"安全规范"的孪生发展和协同驱动，实现人工智能技术要素的优化配置。本文基于产业技术发展与风险规制的整体审视，提出狭义层面和广义层面的人工智能核心技术要素，并分析了人工智能技术要素在创新及配置过程中的典型特征。基于此，研究指出如何通过发展与规制相协调的政府科技治理机制，促进广义要素与狭义要素的相互支撑、兼容匹配、创新带动与风险规避，进而实现优化配置。本研究可以为理解人工智能技术要素的层次内涵、创新及配置规律提供理论分析视角，并为人工智能领域的治理实践提供方向参考。

关键词：人工智能；技术要素；政府科技治理；风险规制

---

[1] 作者简介：刘大勇（1986— ），男，天津人，天津大学管理与经济学部教授，研究方向为科技与产业创新政策、科技治理与技术要素配置。

李妍（1998— ），女，河北衡水人，天津大学管理与经济学部博士研究生，研究方向为科技创新政策、科技治理与服务。

基金项目： 国家社会科学基金资助项目"经济高质量发展背景下技术要素市场化配置改革研究"（21CJL009）

目次：

一、双重维度下人工智能技术要素的内涵与特征

二、人工智能技术要素的配置特征

  （一）围绕人工智能关键技术的多领域研发融合与应用

  （二）由人工智能相关基础研究领域人才驱动的快速迭代

  （三）新基建与大模型相互支撑下的广泛应用场景渗透

三、人工智能技术要素发展与规制相协调的治理机制

  （一）以人工智能广义技术要素支撑带动狭义要素创新发展

  （二）以包容审慎的规制手段防范技术发展的潜在系统风险

  （三）在开放条件下推动人工智能技术要素的全球合作治理

四、人工智能技术要素的"一体两面"：有效治理与优化配置

一、双重维度下人工智能技术要素的内涵与特征

伴随科技革命和产业转型的加速演进,以人工智能为代表的新兴科技显现出惊人的发展潜力和发展预期,并加速向各领域广泛渗透,不断冲击着传统行业的分工、服务及其要素配置方式,并催生新的经济业态,成为影响产业结构调整的关键动力。[2] 我国需要以科技创新引领产业创新,培育新兴产业和未来产业,加快形成新质生产力,这迫切要求推动以人工智能为代表的新兴技术要素的创新发展与有效规制。

人工智能的发展与规制需要审视其要素结构,为其高效配置提供市场路径选择及系统配套服务,并且建立科学规范的运行规则。[3] 从狭义层面,人工智能技术要素是指构成人工智能系统的基本单元,包括与人工智能系统直接相关的核心技术和方法,例如算法、数据、计算能力、硬件平台等;从广义层面,人工智能技术要素不仅包括技术本身,还涉及支撑和促进人工智能技术发展的各项因素,如基础设施(主要指支撑人工智能硬件平台高效运行的软件、工具和环境)、人才、制度、政策与资金等。其中,狭义层面更多指向人工智能产业与技术发展的核心,广义层面则为发展与规制的有效协同提供了依据。

人工智能的发展具有迭代创新速度快、跨领域深度融合、市场应用广泛等显著特征,[4] 同时伴随技术风险迭现、国际科技竞争激烈、传统治理模式适用性

---

[2] 参见曾坚朋等:《中美人工智能政策体系的比较研究——基于政策主体、工具与目标的分析框架》,《电子政务》2019 第 6 期,页 13—22;刘大勇等:《国际新格局下的全球治理:展望与研究框架》,《管理科学学报》2021 年第 8 期,页 125—132;郁建兴等:《人工智能大模型的变革与治理》,《中国行政管理》2023 年第 4 期,页 6—13。

[3] 参见刘大勇等:《降低制度性交易成本如何影响城市间技术要素流转——基于政府服务与专利技术市场流动路径的分析》,《财经研究》2023 年第 11 期,页 110—124。

[4] 参见 Rotolo, D., Hicks, D., & Martin, B. R., *What is an emerging technology?*, 44 (10) Research Policy, 1827-1843 (2015); Yun, J. J., Won, D., Park, K., Jeong, E., & Zhao, X., *The role of a business model in market growth: The difference between the converted industry and the emerging industry*, 146 Technological Forecasting and Social Change, 534-562 (2019);谭荣辉等:《城市管理的智能化转型:研究框架与展望》,《管理科学学报》2021 年第 8 期,页 48—57;刘大勇等:《以数据要素融合发展推动智慧城市建设》,载《中国社会科学报》2023 年 1 月 17 日,第 8 版。

下降等挑战。[5] 因此，政府部门亟须精准制定与技术发展特征相适应的科技治理机制，促进以人工智能为代表的新兴技术要素的优化配置，实现人工智能"发展"与"安全"的协同驱动。

政府等公共部门通过因势利导、边界清晰、开放合作的科技治理手段，不仅可以直接推动狭义层面上人工智能各类技术要素的研发合作与渗透，还可以促进广义层面上人工智能相关要素的协调联动。进而，人工智能技术在快速嵌入社会应用场景的同时得到有效规制，实现了人工智能技术要素的高效配置。

二、人工智能技术要素的配置特征

人工智能技术要素的配置体现在人工智能的狭义和广义要素间相互融合促进、协调联动的各个方面。比如，在以下几方面尤为突出：

（一）围绕人工智能关键技术的多领域研发融合与应用

发展人工智能的关键在于提升核心技术的研发效率，通过多领域的探索与融合形成具有耐心激励和容错能力的创新体系，并在开放合作与不断反馈协商的过程中建立边界清晰的治理规则体系。人工智能的技术研发需要在若干核心环节寻求突破，尤其需要长期专注于相关基础研究领域。当前，人工智能技术的开发仍然面临模型预测和决策过程为"黑盒"、模型涌现能力无法预测、大模型在小数据情景下迁移能力不足等现实挑战，亟须针对人工智能技术的基础理论与内在运行机理开展深入、系统的科学研究，为前沿技术突破和更大规模应用建立底层支撑。

---

[5] 参见 Wirtz, B. W., Weyerer, J. C., & Kehl, I., *Governance of artificial intelligence: A risk and guideline-based integrative framework*, 39（4）Government Information Quarterly（2022）；薛澜等：《人工智能敏捷治理实践：分类监管思路与政策工具箱构建》，《中国行政管理》2024年第3期，页99—110；薛澜、赵静：《人工智能国际治理：基于技术特性与议题属性的分析》，《国际经济评论》2024年第3期，页52—69；Bengio, Y., et al., *Managing extreme AI risks amid rapid progress*, 384（6698）Science 842, 842-845（2024）；Goos, M., & Savona, M., *The governance of artificial intelligence: harnessing opportunities and mitigating challenges*, 53（3）Research Policy（2024）.

（二）由人工智能相关基础研究领域人才驱动的快速迭代

人工智能技术的跨越式发展来源于不同学科领域研究人员和工程师的累进式优化创新，在相关领域专业人才的研发驱动下实现技术快速迭代。各领域的专业人才在创造性开发先进人工智能系统的过程中实现了人类认知与创新思维的同步演进，不仅推动了计算机科学、数学、认知科学、神经科学、物理学等基础科学知识的广泛融合与应用，还可能促使艺术直觉、哲学思辨等以新的形态为人工智能科学发展建立奇妙的跨越连接和提供深刻的诠释洞见。不同领域的人才在运用人工智能技术探索的同时，也可能将自然、人文、艺术以及哲学领域的感知与规律内嵌于人工智能技术开发过程中，一方面能为人工智能的探索方向提供启示，另一方面也可以拓宽人工智能解释自然的视域。

（三）新基建与大模型相互支撑下的广泛应用场景渗透

人工智能新基建包含算力、数据、算法和应用解决方案等，[6] 由人工智能新基建支撑的海量数据运用与模型算法创新加速了人工智能的应用场景创新。人工智能大模型技术需要运用大规模数据进行预训练和推理应用，并通过核心算法的创新推动技术研发突破，在更广泛的应用场景实现渗透和扩散。在人工智能新基建的建设过程中，政府等公共部门可以与科技企业等市场创新主体合作开发和探索建设路径。在人工智能大模型和海量数据要素融合发展的过程中，政府等公共部门可以依据多轮开放反馈协商建立的规则对数据生成、存储、流转等环节进行合理规制，在推动要素共享的同时，防范技术安全风险。

三、人工智能技术要素发展与规制相协调的治理机制

（一）以人工智能广义技术要素支撑带动狭义要素创新发展

人工智能技术发展会与新型基础设施建设共同推进。人工智能技术的发展需

---

[6] 参见国家工业信息安全发展研究中心：《2020年AI新基建发展白皮书》，载中国日报网，https://cn.chinadaily.com.cn/a/202101/28/WS60128ebfa3101e7ce973d4cf.html，2021年1月28日发布，2024年6月28日访问。

要依托数据资源的大规模汇聚、流通,同时该过程中数据与算力、算法等要素将实现深度融合与价值提升。未来应进一步探索推进"人机物"的数据融合与智能模型应用,推动社会向数字化转型和智能化升级的方向发展。基于新型基础设施的技术优势,可以高效实现数据的集聚共享与智能计算能力的大幅提升。进而,推动数据和算力作为关键要素资源,以更加适配的服务形式和更低的成本向更广泛的公众提供服务,从而充分释放出社会整体在知识发现和创新应用方面的巨大潜力,提升人工智能技术研发与新型基础设施使用的总体效率。

科技企业在探索可能的颠覆性创新过程中,需要与公共部门保持对话机制。政府及治理部门需要了解企业在人工智能技术开发应用和风险管理方面的进展及需求,营造包容审慎、持续稳定的制度政策环境。[7] 多部门的开放与合作,可以进一步促进高校、研究机构与企业之间的深度联合研究,推动人工智能大模型技术得到及时有效转化及市场应用检验。同时,通过基础科技人才合作培养等方式,实现多主体之间的资源共享和优势互补。

(二) 以包容审慎的规制手段防范技术发展的潜在系统风险

人工智能技术实现快速发展应用的同时,其可能产生的技术风险和社会风险引起了普遍关注和担忧。政府等公共部门有必要采取敏捷治理的方式加强对人工智能技术发展的监管,[8] 在规则制定和治理工具方面提供更多具有弹性的选择空间。这需要构建更具灵活性、便于跨部门联动的监管框架:为尽量确保人工智能的可靠性和安全性,公共部门应加强对技术研发环节的监管,在技术开发早期充分评估人工智能系统存在的潜在风险,并采取必要的治理手段对技术发展方向加以规范;[9] 同时,倡导科技企业建立内部自我规制机制,并完善相应的奖惩激励机制,减少政府提供外部监管时面临的信息不对称问题。政府可以鼓励众多利益相关者共同参与治理过程,并且加强数据治理,协调人工智能治理的公平与效率问题。此外,应当尊重人工智能技术发展的内在规律,客观看待技术进

---

[7] 参见薛澜等:《人工智能敏捷治理实践:分类监管思路与政策工具箱构建》,《中国行政管理》2024年第3期,页99—110。

[8] 参见薛澜等:《人工智能敏捷治理实践:分类监管思路与政策工具箱构建》,《中国行政管理》2024年第3期,页99—110。

[9] 参见 Bengio, Y., et al., *Managing extreme AI risks amid rapid progress*, 384 (6698) Science, 842-845 (2024).

步对社会形态和治理模式造成的潜在影响,在技术发展和风险规制之间把握"平衡"。

(三) 在开放条件下推动人工智能技术要素的全球合作治理

人工智能技术的跨越式发展及其在各领域的广泛渗透,可能对全球范围内的科技竞争格局、产业链价值分工及社会治理形态产生普遍影响。目前人工智能的全球治理仍然面临国家之间博弈日益激烈、国际组织机构存在重叠或矛盾等问题。未来,可以通过推进人工智能的国际合作治理,进一步协调国家间科技竞争与国际研发合作,以及国际组织、机构之间的复杂关系。特别是面向公共安全与风险预测、反恐合作的智能化、全球性危机的早期预警、灾害管理与响应优化等全球性治理问题,世界各国应共同探索防范人工智能技术开发和应用过程中的风险扩散,推动全球人工智能领域的科技标准和治理规则的制定,并且充分促进相关领域的专业人才交流与知识、资源共享,推动人工智能技术的安全发展。

四、人工智能技术要素的"一体两面":有效治理与优化配置

有效的科技治理是推动人工智能技术要素优化配置的前提,而人工智能要素的高效规范的配置正是科技治理的成效显现,二者可以视为在人工智能发展中的"一体两面"。人工智能技术要素的构成具有多维度和多层次的特征,其优化配置需要要素在狭义层面和广义层面都以协调联动、兼容匹配的方式进行组合与运用,实现"技术应用"与"安全规范"孪生发展,这样的优化配置过程正是以有效的科技治理机制作为关键支撑。

实现人工智能技术要素的创新突破与优化配置,需要狭义层面的算力、算法和数据等关键要素基于规模效应不断创新迭代,促进人工智能系统性能和效率的整体提升;同时,需要广义层面的基础设施、科技人才、制度、政策与资金等多种人工智能要素相互之间构成协调完备、运行有序的创新生态系统,为人工智能狭义要素的创新发展与广泛共享提供重要支撑,持续推动人工智能技术与多领域社会应用场景进行深度融合渗透。

基于人工智能技术要素在创新和配置方面的特征规律,政府等公共部门需要

构建适应性强、运行高效的科技治理机制：一方面，充分促进狭义层面技术要素的创新及优化组合。通过有效的技术创新激励手段，不断提升算法的先进性、数据的可用性、计算能力的充足性以及硬件平台的适应性，实现人工智能核心要素之间的优化适配。另一方面，积极发挥广义层面技术要素的协同作用。通过推动新型基础设施建设、科技人才培养与交流、完善科技成果创造转化及利益分配制度、制定关键产业政策和促进多渠道研发融资及资金合理分配，为人工智能技术的基础研发和规模化应用提供全方位支持。

政府等公共部门可以通过有效的科技治理推动人工智能技术要素的广泛吸纳、研发攻坚、整合优化和产业渗透，并通过关键规则制定促进人工智能的安全、规范发展，识别和缓解人工智能技术发展过程中可能在伦理、社会和经济等方面产生的负面效应。基于此，有效治理可以不断推动人工智能技术要素的优化配置，促进人工智能技术在社会各领域的广泛应用和服务创新，为解决复杂社会问题提供智能化解决方案。

【编辑助理：米钰洁】

· 前沿观察 ·

外观设计立法模式研讨会

北京大学国际知识产权研究中心[1]

目次：

开幕式致辞

主题报告：外观设计立法模式研究

企业交流

 快手法务部专利总监郭万红先生

 百度集团专利事务部质量负责人段志鲲先生

 汽车行业专家亓琳博士

 抖音集团法律研究中心葛奕尘研究员

专家评议

 马一德教授

 杨明教授

 李明德教授

 宋河发教授

 谢小勇研究员

 李春晖副教授

会议总结

1　整理：谢艺婕，天津大学法学院博士研究生。

2024年3月21日，北京大学国际知识产权研究中心在北大博雅国际酒店成功举办"外观设计立法模式研讨会"。北京大学国际知识产权研究中心主任、国家知识产权战略实施（北京大学）研究基地主任、北京大学法学院教授、天津大学法学院兼职教授易继明致欢迎辞并作"外观设计立法保护模式研究"学术报告。与会专家学者有李明德教授、马一德教授、宋河发教授、杨明教授、谢小勇研究员、李春晖副教授；与会实务界代表分别来自汽车行业以及互联网行业，包括百度、快手、抖音、拼多多等。

开幕式致辞

开幕式由易继明教授致欢迎辞，他表示：

首先，"外观设计单独立法模式"是一个宏大的话题。第一，其是《知识产权强国建设纲要（2021—2035年）》（以下简称《纲要》）编制过程中一个重点讨论的议题。第二，知识产权权利类型的"7＋N"模式中，"依法"或"法律规定"并不代表只是"客体"由全国人大制定的法律进行规定，外观设计的确权方式、权利流转的方式、权利的内容都需要法定。

其次，外观设计如果单独立法，则要面临专利法"三合一"模式的前景问题，尤其涉及实用新型部门是否尚有存在必要性的问题；如果将外观设计单独立法，还需要确定外观设计的审查方式，如果选用实质性审查，则实用新型是否也要实质性审查？如此就会造成实用新型与发明专利保护的冲突，申请人与其选择申请实用新型，不如选择保护期限更长的发明专利。

最后，尽管《纲要》提出"外观设计单独立法"，但是依旧存在实践上的困境。本次会议希望各位专家学者各抒己见，以推动外观设计单独立法写入未来的"十五五"规划。

主题报告：外观设计立法模式研究

易继明教授简要介绍了北京大学国际知识产权研究中心的外观设计立法模式研究成果。

该研究的背景是：一方面，"外观设计单独立法"已在《纲要》中提出，但具体落实还面临诸多难题；另一方面，专利法"三合一"的框架让外观设计受到约束，制约了外观设计产业的发展。目前以技术方案为基础的《专利审查指南》（2023）缺乏美学特征和人文关怀，而随着新技术的发展，在时尚领域，GUI（图形用户界面）、VI（视觉识别系统）的设计领域等对外观设计立法产生了更多需求和新的要求。因此，我们如何适应国际社会的发展，如何借助社会力量的参与，推动外观设计法单独立法，是急需解决的问题。

易继明教授从五个方面介绍了课题研究成果。

第一，知识产权类型是根据客体的不同区分的，《民法总则》（已被《民法典》吸纳）已区分了外观设计与实用新型，这为我国外观设计单独立法提供了空间。发明保护的是一种技术方案，外观设计保护的是富有美感的图形组合，两者的保护客体从本质上讲是不一样的，应当分别保护。

第二，从价值导向和立法成本的角度来看，发明和实用新型侧重对实用技术的保护，外观设计侧重美感体验，对二者的保护在价值取向上有实质性差异。如果现行"三合一"立法模式在十年间不作改变，考虑到立法成本和制度的稳定性，未来也不需要去对立法模式进行重构，唯一需要做的就是细化行政部门专利审查程序。

第三，如果外观设计本身的独特属性不能充分体现，其包容性会有所欠缺。如美国希望通过特殊的版权制度对时尚设计进行保护，而我国对时尚设计的保护仍存在争议，造成专利部门和版权部门存在冲突的情况。这表明我国的外观设计制度已经无法适应技术发展所带来的产品形式的新变化，特别是无法应对虚拟产品的出现带来的新要求。外观设计单独立法可以为外观设计构建一套独有的体系，扩张其包容性，增加其适应性与弹性。

第四，对外观设计单独立法是各国的主流趋势。首先，各国对外观设计保护的模式有合并保护、法典保护（俄罗斯的合并立法保护本质上也是法典保护模式）与单独保护。以地理标志立法为例，中国借鉴了美国的立法模式，在《商标法》中对地理标志进行开放保护，这一度带来了地理标志商标、原国家质检总局地理标志产品、农产品地理标志相互交叠的问题。其次，由于我国知识产权学者要求在《民法典》中设立知识产权编的建议没有赶上《民法典》的立法进度，我国将知识产权合并规定的立法模式并没有落实。从国际条约与国内法律间的协调性来说,《巴黎公约》规定,各国可以选择对外观设计采取工业产权保护模式或版权保护模式。因此,各国都有将外观设计与专利、版权、商标进行合并或分立的保护模式,但是主流的模式还是分立的,同时与版权建立紧密的联系。由于国际社会在谋求外观设计的统一公约,在各国不同的模式背景下,其分歧也会越来越大。易继明教授表示,我国在《专利法》中对外观设计的约束太多,并且对新的实用技术的快速发展无法做出回应。同时,在全球治理的过程中,我国亟须完成某些地方制度的转化与引领:比如关于地理标志的立法应当专门立法还是归于商标法之内,外观设计立法是否应当选择单独立法,以及如何推动相应的国际公约制定,并建立中国的国际话语权。

第五,对于《知识产权法典》的制定,易继明教授认为现在是时候进入一个法典化时代,中国不能只有一个法典(《民法典》)。可以通过法典编撰把知识产权内容体系化、规范化。比如,通过吕忠梅教授的不断调研,这次人大会议将生态环境法典提上了议程。知识产权法典比生态环境法典的立法基础更成熟,因为知识产权单行法已经齐全,在学理研究之后加强规范之间的适应性和协调性就可以完成编纂。但是知识产权学者之间的意见分歧很大,难以形成共识。因此,我们一方面要加快对单行立法的制定进程,推动法典化进程;另一方面要对法典内容进行研究与探索。

企业交流

在企业交流环节,会议邀请企业法务人员分享实务经验,以及对外观设计制度单独立法的建议与看法。

快手法务部专利总监郭万红先生

郭万红先生对外观设计单独立法表示支持。他认为,外观设计单独立法可以使确权和维权的相关规则更加清晰和明确,使其和技术方案的区别得到界定。他对研究报告中的具体方案提出了看法与建议:第一,建议拓宽外观设计保护客体的范围。外观设计保护的主要是实体产品的设计,但是随着数字化和信息化的发展,出现了很多非实体的交互式设计,如图形用户界面和全息投影等,需要在立法中加以体现。另外,虚拟现实、全息投影等新兴产业的设计形态目前没有被纳入外观设计专利的保护范围,这对当下产业的发展以及大家的创新热情造成了制约。第二,建议建立关联申请制度。由于外观设计中的创新大多是微创新,逐个申请会导致相互影响且效率较低,如果建立关联申请制度,就可以把一系列在同一方向的微创新设计方案作为一个系列加以保护。第三,建议扩展申请文件类型。申请人递交给专利局的外观设计申请文件中的图片,主要是二维视图,有前后、上下以及左右视图共六张。这对于大部分的立体产品来说是足够的,但是对于某些创新的立体产品来说,三维视图才能够更好地表达其保护范围和特点。所以如果把申请文件的类型扩展到三维视图,对申请者来说可以很好地表达和界定保护范围。

郭万红先生还提出了其他看法,供大家探讨。第一,需要对"延迟公告制度"予以限制。研究报告中指出,当外观设计被授权后,申请人可以选择公告的时间,这对权利人是有优势的,但是对于市场竞争中的其他主体来说却是不利的,对外观设计的保护绝不能危害市场的公平竞争。当其他主体看到公示后的外观设计,可以及时避让,如果对"延迟公告制度"予以落实,则其他市场主体无法预知其外观设计是否具有新颖性。鉴于需要兼顾权利人和社会公众的利益,可以考虑设置公告延迟制度,但是延迟时间也不宜过长。第二,对于如何实施差异化审查,他指出目前外观设计需要经过形式审查,发明专利需要经过实质审查,但实践中不同的行业对外观设计的设计空间是不同的,有的行业适合简单的登记制度,有的适合进行实质审查,此时,如何确定不同外观设计的审查方式以及怎样确保法律在不同的行业、不同的设计类型上得到统一客观的对待,需要进一步探讨。

百度集团专利事务部质量负责人段志鲲先生

段志鲲先生指出:

第一,产业界十分支持外观设计单独立法,且单独立法是目前世界的主要趋势。世界知识产权组织提供了一组调查数据,其中69%的国家或地区不通过专利法保护外观设计,这其中又有75%的国家或地区是通过颁布单独的外观设计法或者在立法中单独成编来保护外观设计的。[2] 因此目前外观设计单独立法或单独成

2　WIPO:SCT/19/6,Annex I,p. 27.

编在主要的国家或地区中属于主流做法，我国也可以融入这样的主流之中。

第二，外观设计单独立法改革的设计方案应包括两个层面：第一个层面是在现有成熟规则上，需要针对实践中面临的问题，对现有制度进行改进和完善。比如对宽限期制度进行改进，当前规则重点关注的是如何允许技术方案的公开，却忽略了外观设计本身特殊的作用以及特殊的需求，如对于产品销售中属于营销手段的外观设计，需要以不同的方式提前曝光于商业环境中，从而满足创新主体的商业策略。《专利审查指南》（2023）仍然没有将图形用户界面与需要保护的相应产品完全剥离开，这也给确权和侵权标准的明确性和一致性带来了一些困难。如"奇虎案"[3]与"金山案"[4]中，法院判决标准不一致，暴露了现行外观设计制度还存在很多不能满足创新主体需求的情况，特别是在"三位一体"的专利制度框架下，这一现象尤为突出。第二个层面是在数字经济时代下，有必要新增外观设计的配套制度。建议引入关联外观设计制度，对人工智能时代外观设计的趋势和挑战予以回应。由于AI原生时代即将到来以及用户交互设计与人机交互的不断发展，AI人机交互在不同领域的用户标准将会被定义，进而成为行业共识和国际标准。中国人机交互的设计者和研究者也和发达国家同行站在同一起跑线上定义标准。

对此，段志鲲先生从百度人工智能以及大模型发展的轨迹入手，指出人工智能的发展将呈现如下趋势：第一，语音交互技术的进步以及拟人化程度越来越高，交互链条变短。如旅游攻略可以在文心一言中实现快速生成。第二，人脸手势等多通道融合交互将成为主流的交互模式。第三，智能体开始拥有明确的人设。智能体除了被动交互，还逐渐呈现对问题的有效应对，如在自动驾驶程序下，车辆无需主人主动发布命令，就会自动对环境作出反应。第四，人工智能逐渐个性化，即通过用户长时间的使用对界面进行变形，进一步满足不同用户的使用习惯需求，使每个人都能按自己心意选择。面对上面的新趋势，现有的外观设计保护尤其是对图形用户界面的保护，已经无法适应设计的发展，未来可能会需要增加保护方式和客体，比如在原有基础上，在图形界面增加声音、对话、手势、表情等保护要素；或增加新的保护方式及客体类型，如UI（用户界面）类的保护方式下除了包括GUI（图形用户界面），还可以包括CUI

---

[3] 北京知识产权法院民事判决书（2016）京73民初276号。
[4] 上海知识产权法院民事判决书（2019）沪73民初399号。

（命令行用户界面）、LUI（语言用户界面）和 VUI（语音用户界面）等；另外，对于人机交互的方式，现在的 GUI（图形用户界面）保护的交互方式主要包括点击、触摸、滑动等，但是智能体针对人类的智能化反馈做出的显示也是人与机器之间的交互方式，所以智能体的显示也是人机交互的一种方式。总之，段志鲲先生指出，单独立法更有利于针对数字经济时代下外观设计的发展趋势新增相关的配套制度。

汽车行业专家亓琳博士

在汽车行业深耕二十余年的亓琳博士指出，汽车行业一般会更加关注发明专利，但随着国际形势和行业的发展，也越来越重视外观设计。2020 年修正的《专利法》已加入了局部外观设计的相关条款，我国于 2022 年加入《工业品外观设计国际保存海牙协定》（以下简称《海牙协定》）后，及时发布了相关业务处理暂行办法，随后修改了《中华人民共和国专利法实施细则》和《专利审查指南》（2023）。在后续实务中，审查标准还有待进一步明确。同时，作为资深商事仲裁员，亓琳博士对外观设计的保护路径提出了以下看法：第一，从审查难点上来看，著作权中对实用艺术品的认定很难，而对工业产品的保护是相对容易的。在司法实践中，一些法官认为相对于一般美术作品意义上的独创性要求，实用艺术作品应具有额外的与实用性相结合的美感或审美意义，即应具有更高的创造性高度，[5] 但也有另一种观点认为实用性功能必须能够与美术作品相分离，然后单独考察美术作品的独创性即可。[6] 因此，对于工业产品可能会更倾向于选择作外观设计登记。第二，从行政执法情况来看，近十年版权部门的执法力度较大，但是与保护程序更为直接的专利部门相比，仍不具有优势。第三，还存在专利制度与反不正当竞争制度的冲突问题。如装饰装潢被复制或抄袭后，大部分权利人会选择提出不正当竞争之诉，因为只要足以造成消费者混淆，该诉讼请求就会得到法院支持。但是若请求以外观设计保护，则需要先进行登记，且外观设计专利的权利证书只是初步证据，是否会落入专利法的保护范围还需要法官进一步裁决，相比之下后者的保护方式较为复杂。

5　例如参见广州知识产权法院（2017）粤 73 民初 3414 号民事判决书。
6　例如参见最高人民法院（2018）最高法民申 6061 号民事裁定书（指导案例 157 号）。

抖音集团法律研究中心葛奕尘研究员

葛奕尘研究员表示，通过在抖音企业内部进行调研发现：第一，抖音界面应当用什么权利保护没有明确。抖音产品设计改版的周期短，且无需获取底层的设计材料或者设计素材就可以被轻易模仿，这就造成花费很多人力、物力与财力形成的比较经典的界面设计会遭受很低成本的侵权风险。而对外观设计单独立法之推动是解决这一问题的良好契机，如果手机界面设计能够纳入外观设计专门立法的保护范围内，将有利于行业的共同发展。第二，建议对新类型外观设计行政审批程序予以优化，以适应目前的网络应用发展。在立法中可以参考欧盟、日本和韩国的先进经验。第三，关于局部外观设计和整体外观设计的关系，局部外观设计的调整往往是以精细的手段做出微小的调整，这种微调是否能够更高效地获得权利保障，也是外观设计单独立法可以关注的问题。

专家评议

针对上述几位企业代表的发言，马一德教授评论认为：第一，外观设计产品具有作品属性，体现的是作品的构思，单独立法是为了使其获得（相对于专利制度）更长的保护期，激励设计者继续创造。第二，外观设计单独立法已成为共识，需要解决的问题是用何种思路或何种视角来看待外观设计的法律规则。第三，《欧盟理事会共同体外观设计保护条例》（以下简称"欧盟《外观设计条例》"）的立法思想和方式值得借鉴，其"市场本位"的观点值得学习。欧盟各成员国都主张外观设计本位，这使得外观设计单独立法成为可能。

李明德教授评论认为：第一，"延迟公告制度"的合理性值得推敲。因为"公开"可以查看市场的反应，所以市场主体都希望快速公开并鼓励公开。第二，在人工智能的应用中增加特定的外观设计类别不可取。外观设计必须依赖于特定产品，离开了产品其可能会受到著作权保护，必须牢牢把握外观设计的美学价值与功能价值的结合，对于人工智能中是否存在可保护的外观设计应当审慎考察。

企业代表发言之后，与会专家学者马一德教授、杨明教授、李明德教授、宋河发教授、谢小勇研究员和李春晖副教授就主报告内容和上述讨论观点进行了评议。

马一德教授

中国科学院大学知识产权学院院长、博士生导师、特聘教授

马一德教授表示，知识产权是多重问题，包括法律问题与经济问题，更是一个产业问题，绝对不能脱离产业实践讨论知识产权。他提出：第一，无论是从立法价值、立法时机、立法必要性以及可行性上来看，外观设计单独立法都是一个很紧迫的现实议题。第四次修改《专利法》已经增加了"局部外观设计"，且参考《海牙协定》规定了延长的保护期，实际上就是为外观设计单独立法打开了口子。第二，中国在外观设计的总体发展上已经取得了举世瞩目的成就，而且已经在世界范围具有影响力。外观设计如果能单独立法，无论是从推动产业结构、优化产业升级，还是助力中国经济发展方面，都会发挥积极作用。

针对外观设计立法方式与立法内容，马一德教授表示：第一，立法活动需要讲究立法技术，我国外观设计立法需要吸收国外成熟的立法经验，如欧盟《外观设计条例》采取了"市场本位"的理念，这一点具有学习与借鉴的价值。第二，外观设计产品在一定程度上具有作品属性，这是为了获得更长的保护期来激发设计人员的积极性和主动性。可以考虑跳出《专利法》的立法模式，充分考虑外观设计具有的美学价值与功能价值，融入版权法的思维。第三，关于外观设计单独立法由哪一机关制定，马一德教授认为应当由专家学者提供建议稿，报有关部门参考。若由国家知识产权局制定，该法一定具有专利法的色彩与理念，这一理念是落后的、不契合实际需求的。

杨明教授

北京大学法学院教授、博士生导师、北京大学知识产权学院常务副院长、北京大学国际知识产权研究中心副主任、北京大学互联网法律研究中心副主任

杨明教授认为，我国外观设计的保护与审查方式一直都存在争议，具有相当的讨论空间。第一，从审查方式来看，外观设计保护的客体与技术方案有本质的不同，对外观设计进行审查的时候，审查员的审查方式和重要关注点应当是什么值得进一步探索。第二，从保护的程度上来看，"三合一"制度混同了知识产权所保护的客体，形式上难以识别专利、版权和商标的保护区别，甚至为专利与外观设计提供相同的保护力度。举例来说，一种带有美感的设计披上了专利的外衣，除了保护期不同以外，获得了跟发明专利一样的保护。外观设计侵权中的判断方式就是将原告产品的外观设计与被告所使用的设计予以对比，这一思维借鉴的就是版权侵权的思维逻辑。因此外观设计单独立法没有理论上的障碍。第三，外观设计单独立法是否应当遵循版权法的逻辑值得探讨。以GUI（图形用户界面）在中国获得保护为例，这使得外观设计具有局部和整体的双重价值。他指出，当被告的立体作品涉嫌侵犯原告的立体作品权利时，将二者进行对比的过程中存在是否要对独创性进行分割判断的思维逻辑，如果答案是肯定的，那么以版权思维来制定外观设计法就不会存在逻辑障碍；如果答案是否定的，版权侵权的对比中仅仅强调整体的对比而非对部分细节的对比，那么外观设计立法中对GUI（图形用户界面）的保护很可能会打破版权法已有的逻辑体系。第四，退一步讲，如果大多数学者和实务界专家都赞同根据版权思路制定外观设计法，最核心的思路就是确定保护客体、权利主体、权利体系的构造、权利限制、保护期限以及侵权管理等内容。此外，人工智能的出现可能加剧了上述问题的复杂性。杨明教授认为，在市场能够解决问题的情况下，过分关注或者推动制定人工智能的行政法规，其抢占言论高地的目的甚至比规范市场主体行为的目的要浓厚。

李明德教授

中国社会科学院法学研究所二级研究员，中国社会科学院知识产权中心名誉主任，中国社会科学院大学法学院特聘教授、博士生导师

李明德教授指出，易继明老师及其团队的研究报告通过对大量企业进行调研，较准确地把握了政治方向，这是值得肯定与鼓励的。他指出：第一，外观设计单独立法在各国都是现存的事实。德国、法国没有在专利法中规定外观设计；

美国虽然因为一些特殊原因将外观设计纳入专利法中，但其一直在探索将外观设计单独予以立法；欧盟《外观设计条例》接近但不等同于版权法的制定思路；在1968年到1978年间，英国存在"industrial copyright"的概念，但是之后的实践证明其无法实现，就没有完全落实；丹麦真正落实了用版权法来保护外观设计的理念。综上所述，从各国的立法实践来看外观设计单独立法已经是一个不争的事实。第二，从国际公约的规定来看，《巴黎公约》把外观设计规定在专利制度中，但是《TRIPs协议》把外观设计与专利分开规定，因此外观设计单独立法不存在国际公约上的障碍。从外观设计的发展史来看，对外观设计的保护参照国际的做法进行单独立法切实可行。发明保护的是技术方案，实用新型保护的也是技术方案，而外观设计保护的则是具有美感的设计，将其置于专利法中保护存在诸多问题。第三，外观设计的注册程序应该简化，接近于作品的登记制度。如欧盟对注册的外观设计以及未注册的外观设计都予以保护，即对外观设计采取自动保护的模式。我国外观设计单独立法有很多专利的思路，包括缴纳外观设计专利费的规定，也是带有专利法色彩的；在欧盟注册外观设计后交一次费用保护五年，但我国是每年都交，李明德教授建议未来可以参照欧盟的法案，以五年为一个周期缴纳专利费。李明德教授最后透露，其在承担的项目"中国知识产权法典专家建议稿"中，初步将知识产权法典分为三部分，第一章为总则、第二章为著作权和外观设计、第三章为专利和实用新型。

宋河发教授

中国科学院科技战略咨询研究院研究员，中国科学院大学知识产权学院教授

宋河发教授认为，第一，外观设计单独立法的必要性需要认真考察。各位专家多从著作权法的角度来考虑外观设计的保护，但是通过梳理美国、德国和日本专利法的规定，外观设计多以"工业品外观设计"来表述，这一表述更多的是强调对技术方案的保护，其工业属性更强，因此用版权法的思维来保护外观设计和探讨立法问题有待商榷。外观设计单独立法的目的也需要明确，是否因为实践中用发明和实用新型的审查标准保护外观设计，导致保护力度不够？我国发明、实用新型和外观设计专利"三合一"制度是历史原因造成的，立法资源有限，因此

将三个客体都在专利法一部法律中予以规定。由于外观设计单独立法的成本很高,有必要从"现行制度严重是否影响了对外观设计的保护"这一思路来探寻单独立法的必要性。第二,我国对外观设计的保护确实存在一些不足。我国的专利数量很多,但是相当一部分是实用新型和外观设计,发明专利由于有实质审查,获取难度相对较高。国内专利尤其是实用新型和外观设计专利质量低主要是由费用问题带来的市场机制失灵造成的。目前国务院关于给企业减负的政策正在落实,企业费用减缓从三年变为六年,再到减缓十年,这种方式与国际的主流收费政策是不一样的。据了解,欧洲和美国专利当局每两年提高一次收费标准,目的是让质量低的专利自动退出市场,但是我国的专利申请制度并没有使得这种市场机制发挥出来。如果我国将专利费用标准设定较高,充分发挥市场机制,则不会出现大量外观设计专利质量低的现象。第三,在保护客体方面,各位专家谈论较多的是 GUI(图形用户界面)、VR(虚拟现实)和元宇宙中虚拟商标所带来的问题以及侵权执法中存在的问题。如对服装设计应当选取著作权还是外观设计保护模式,实务界认为外观设计依附于在工业上能够被重复制造和使用的产品,而服装设计因为不定形状而并不是能够简单地重复制造和重复使用的,因此对服装设计给予外观设计专利的保护模式有待思考。第四,在授权条件方面,我国对外观设计和发明的授权条件不同,外观设计不经过"创造性"审查,而"创造性"与"不相同、不近似"不同,不能混同。我国外观设计从"整体观察、综合判断",到"整体观察、要素判断",再到现在的"局部判断",虽然判断标准形式上发生了变化,但是本质是没有变化的。第五,关于六个月宽限期的问题。我国专利宽限期制度的最大问题是专利申请在宽限期内虽然可以获得专利权,但是不具有对抗效力,专利权的保护作用就发挥不出来。美国专利法修改后采取发明人先申请制,发明人申请专利前在宽限期内公开并不影响新颖性和对抗他人的权利。我国应当进一步研究是否要引入这一制度,厘清这一做法对包括外观设计专利在内的创新的正面或负面影响。第六,关于信息公开和优先权问题。我国《专利法》中规定的十八个月公开制度,发明和实用新型专利的优先权期是十二个月,外观设计专利优先权是六个月。为了增加国家规则制定的话语权,应当研究缩短或者改革该信息公开制度。宋河发教授提出我国可以建立除了声明不公开的其他专利申请受理即公开的制度,来促进公开和创新,或者将公开时间压缩到十二个月。

谢小勇研究员

中国知识产权研究会秘书长、《知识产权》杂志主编

谢小勇研究员表示，第一，外观设计单独立法是建设完备知识产权法律制度体系的需要。《纲要》中明确要求，要构建门类齐全、结构严密、内外协调的法律体系，要探索制定外观设计专门法律法规。外观设计属于知识产权门类之一，具有独特的价值和意义，单独立法能更明确地强调其在促进创新、提升产品竞争力等方面的关键作用。随着新质生产力的发展，以及人民幸福生活的需求增长，设计产业的发展必然提质增效，需要专门的法律来保障外观设计行业的健康发展，激励设计师的积极性，促进相关产业的繁荣。第二，外观设计单独立法也是知识产权制度实施四十年来的实践总结。专利制度建立之初，把外观设计与发明、实用新型合在专利法中给予立法保护。虽然外观设计属于专利法规范的客体，但是外观设计与发明、实用新型在创造性要求、保护范围、审查标准等方面存在差异。经过四十年的实践，外观设计保护的特点与需求更加具有独特性，需要明确权利边界和侵权判定标准，有效打击侵权行为，维护权利人的合法权益。这需要对外观设计单独立法，以便制定更具针对性的规则和制度，以更好地适应其特点和需求。第三，外观设计单独立法也是更好地与知识产权国际规则衔接和协调的需要。在国际知识产权领域，大多数国家的专利法仅保护发明创造，而对外观设计单独立法是一种常见模式。单独立法有助于更好地与国际规则衔接和协调，提升中国在知识产权国际事务中的地位和影响力。总的来说，外观设计的独立法律保护是非常必要的，可以保护设计者的权益，推动产品的创新，促进创意产业的发展。因此，应该加强对外观设计单独立法保护制度建设的探索，为创新创作者提供更好的创作环境和市场竞争机会。

李春晖副教授

天津大学法学院副教授、天津市案例研究会理事

结合自己的实务经验和易继明教授的研究报告，李春晖副教授表示：第一，关于外观设计单独立法的问题。尽管发明与外观设计在一开始的立法中就存在"同床异梦"的问题,但是"三位一体"的立法模式导致发明和实用新型制度不断地影响外观设计制度,导致外观设计制度的异化。在保护客体方面,外观设计保护的客体应是具有美学和功能价值的产品,既不能过分偏向美学特征而忽视功能价值,也不能过分强调功能价值而不谈美学特征。而在"三位一体"模式下,并在代理人和申请人的共同推动下,专利局在审查过程中降低了要求。有很多纯功能性的部件,如电子器件或者某个接口的设计,严格来说应当在发明或实用新型制度下保护,但却经常由外观设计来保护;又如某些玻璃制品只是将美术作品直接印在玻璃上,这不是玻璃制品的外观设计,因为其只有美学价值而没有体现玻璃的某种特殊功能价值,理论上也没有产生比著作权更多的保护。因此外观设计单独立法时应当强调其保护的是"美观+功能"的结合体。第二,外观设计的审查方式因受到发明和实用新型制度的影响,而变得十分技术化。如在司法审判以及无效审查过程中,法官和审查员需要审查产品的设计点,这实际上就是"技术式"的拆分,这与发明专利的审查思路相同,而不是一种美学角度的"整体判断"。第三,在保护模式和制度参考上,李春晖副教授指出对外观设计的保护实质上更接近《商标法》的保护思路,因为在欧洲的实务界,外观设计律师与商标律师归为一类,且对注册与未注册的外观设计在保护方式上与注册商标和未注册商标类似,因此对外观设计保护的条件参照商标显著性的判断标准,显得较为合理。第四,关于差异化审查,李春晖副教授表示其赞同快手法务部专利总监郭万红先生的看法,即反对差异化审查和个案审查,因为强调差异化审查和个案审查最终会变成无论怎么审理都具有合理性,因此仍应当强调先例的指导和约束作用。

会议总结

会议最后,易继明教授进行了总结发言。

易继明教授十分感谢实务界与会人员提出的新问题与新视角,并指出参与本次会议的专家总体上是赞成外观设计单独立法的,但具体的设计和制度如何协调需要进一步研究。针对宋河发教授对外观设计单独立法必要性的质疑,易继明教授表示如果十年后单独立法还没有落实,则确实不再必要,但立足于当下背景以及新技术发展的需要,外观设计单独立法或许应当提上日程。

知识产权助力高质量发展
——北京知识产权法研究会 2024 年会

北京知识产权法研究会[1]

目次：

开幕式致辞

主题报告：关于中华优秀传统法律文化的几个问题

分论坛

  分论坛一——数据的知识产权保护

  分论坛二——人工智能挑战与著作权法变革

  分论坛三——人工智能挑战与商标法变革

  分论坛四——人工智能挑战与专利法变革

  分论坛五——人工智能挑战与竞争法变革

---

[1] 整理：强心语，北京知识产权法研究会业务秘书，北京理工大学法学院硕士研究生。

2024年4月13日，北京知识产权法研究会第三届会员大会第三次会议暨2024年会在京举办。此次会议以"知识产权助力高质量发展"为主题，共设置一场主题报告及五个分论坛。下述内容为本次年会主要环节综述。

北京知识产权法研究会常务副会长兼秘书长杨华权担任开幕式主持人。北京市知识产权局党组成员、副局长潘新胜，北京市法学会时任联络部主任李阳，智能科技风险法律防控工信部重点实验室副主任陈姿含，腾讯集团法务副总裁刁云芸，哔哩哔哩法务部总经理刘楠分别致辞。

开幕式致辞

北京市知识产权局党组成员、副局长潘新胜首先代表北京市知识产权局对"北京知识产权法研究会会员大会和年会"的顺利召开表示热烈的祝贺，并在致辞中表示，推动高质量发展是以习近平同志为核心的党中央深刻洞察时代变迁、准确把握发展规律、立足国内国际新形势做出的重大战略安排，本次年会以"知识产权助力高质量发展"为主题，与当下中国推动新质生产力发展的总要求高度契合。知识产权一头连着创新，一头连着市场，在推动高质量发展中具有独特位置，发挥着重要作用。希望各位与会专家、会员就推动知识产权转化运用，支撑北京高质量发展建言献策，推动专利转化运用工作迈上新的台阶。

北京市法学会联络部主任李阳在致辞中表示，过去的一年，北京知识产权法研究会在加强政治引领、繁荣法学研究、服务法治实践等方面做了大量卓有成效的工作，发挥了研究会的专业职能作用，积极推动了知识产权事业的发展，为首都经济社会的高质量发展做出了应有的贡献。本次年会选择以"知识产权助力高质量发展"为主题，体现了北京知识产权法研究会专家学者高度的使命感和责任感。同时，李阳主任代表北京市法学会就加强研究会建设与发展提出建议：第一，加强党的领导，坚持正确的政治方向；第二，发挥智囊团、思想库的作用，形成更多高质量成果；第三，加强自身建设，打造更高水平的研究会。

智能科技风险法律防控工信部重点实验室副主任陈姿含在致辞中表示，知识产权制度是工业文明时期发展的产物，其制度的理论、内容、形态都伴随着知识生产、创新、复制、传播的方式发生了日新月异的变化。以人工智能、大数据为代表的新技术冲击着原有的法学知识，在这个过程中，我们应当跳出理性主义和人文主义纷争的桎梏，去思考在时代的发展中，我们是否能够坚守法律人的初心。同时，希望未来智能科技风险法律防控工信部重点实验室与北京知识产权法研究会能够加强合作，共同交流，助力法治建设。

腾讯集团法务副总裁刁云芸在致辞中表示，北京知识产权法研究会自成立十余年来，在知识产权的学术研究、促进产业发展等各个方面均取得了卓越成就。腾讯集团自2005年进驻北京，目前在京的年营收规模已突破千亿元，公司的各项主营业务均已经实现在京的落地，覆盖了科技研发、云计算、区块链、人工智能、文化内容等多个核心业务板块。未来腾讯将继续秉持开放合作、互利共赢的理念，深化与北京知识产权法研究会及各界同仁的合作，针对数字经济中的新现象、新业态，探索适应新技术、新经济模式的知识产权保护机制和研究方案，与北京知识产权法研究会一同为首都法治建设贡献力量。

哔哩哔哩法务部总经理刘楠在致辞中表示，本次年会的主题"知识产权助力高质量发展"，不仅是一个时代课题，而且是我们国家发展的重要战略，知识产权作为国家创新发展的核心要素之一，是推动经济高质量发展的关键所在。人工智能技术的快速发展带来了前所未有的挑战和机遇，如算法的保护、数据的权属问题以及人工智能生成物的性质及归属，这些都是需要我们深入探讨的新问题。本次大会聚集了国内外知识产权领域的知名学者、实务专家，期待通过本次大会形成更多共识，推动知识产权保护工作的进一步发展，为我国知识产权强国建设贡献更多的智慧和力量。

主题报告：关于中华优秀传统法律文化的几个问题

何勤华教授　华东政法大学原校长，华东政法大学功勋教授、博士生导师，全国外国法制史研究会会长

党的二十大报告提出，要传承中华优秀传统法律文化。何教授从成文法典传统、律条注疏——律学、对环境与资源的保护、尊老爱幼恤废怜疾、追求无讼五个方面详细介绍了中华优秀传统法律文化的内涵。关于成文法典传统，中国古代成文法典已经具有了高超的立法水平，其着重关注社会的实质正义以及民生问题，还非常注重吸收、采纳中国历史上的各种法律学说的精华，法典实际上成了中国传统法律文化的集大成者,积淀了中国古人几乎所有的法律智慧。关于律条注疏,何教授回顾了各朝代的法律解释成果,认为其为我国现代法律解释学提供了丰富的本土资源。关于对环境与资源的保护,何教授认为,这是"天人合一"思想在法律上的体现,我们在立法过程中除了要吸取西方环境与资源保护的先进理念与技术之外,中国古人在"天人合一"思想指导下制定的一整套环境与资源保护法律规范,也应当是我们吸收并利用的重要本土资源。关于尊老爱幼恤废怜疾,其系人伦思想的法律表述,时至今天,我们的刑法基本上都将其继承了下来。至于追求无讼的法律传统,其表达了中国古人寻求自然秩序和谐的努力,表达了人们希望在安宁、稳定的社会环境中生活的善良愿望。

最后,何教授总结,传承中华优秀传统法律文化,最大的价值就是实现法律文化的现代化。核心命题为使公民权利获得保障、政府权力受到限制,良法得到严格遵守,实现社会的公平正义。实现法律文化现代化的途径就是要营造政治、经济、文化现代化的氛围。何教授以广博的知识视野、深厚的理论功底,为与会人员带来了一场充满智慧的盛宴。

分论坛

本次年会共设置了五个分论坛,各分论坛议题分别为"数据的知识产权保护""人工智能挑战与著作权法变革""人工智能挑战与商标法变革""人工智能挑战与专利法变革""人工智能挑战与竞争法变革"。分论坛议题紧扣高质量发展这一时代命题,深入探讨人工智能新技术为知识产权制度带来的机会与挑战。

分论坛一——数据的知识产权保护

分论坛一由北京知识产权法研究会常务副会长兼秘书长、北京理工大学法学院副教授杨华权担任主持人。

北京市海淀区人民法院法官李思顿进行了题为"涉平台数据不正当竞争纠纷的相关探讨"的分享。李思顿法官从纠纷特点和审理要点两大方面展开剖析。就纠纷特点来看,涉平台数据不正当竞争纠纷具有原告主张保护对象系其平台数据集合，被诉行为方式表现多样，双方争议较大、对抗激烈等特点。就审理要点来看，一是保护路径的选择，通常包括商业秘密保护和《反不正当竞争法》其他具体条款或一般条款保护两种保护路径；二是权益归属的判断，需对信息和数据进行区分；三是行为正当性的认定，应关注价值考量与利益平衡。关于价值考量与利益平衡，具体而言：第一，鼓励数据流通不代表可以肆意抓取其他经营者的平台数据；第二，数据权益主体因被诉行为受到损害，并不是《反不正当竞争法》介入对其加以保护的充分条件；第三，平台经营者对他人抓取其公开数据负有一定的容忍义务。最后，李思颐法官从实务角度分析了损害赔偿确定这一重要问题。

天津大学法学院副教授、博士生导师管荣齐进行了题为"数据公开的法律保护"的分享。管荣齐副教授从数据保护是否应以公开为要件、未公开数据的法律保护、已公开数据的法律保护以及数据公开对数据保护的影响四个方面展开讨论。通过对国内外立法、执法、司法实践的总结，对现有学说进行梳理，管荣齐副教授认为，数据保护的未公开要件并非必要。对于未公开数据，可以通过商业秘密、版权技术措施及《反不正当竞争法》第二条等多元路径予以保护；而对于"已公开"数据的保护，要旨在于确立数据"以公开换保护"原则，"公开"并非一定"充分公开"，也包括"有限公开"。已公开数据保护价值在于两点，一是更加有利于保障数据的权益，二是更加有利于促进数据的流通。

哔哩哔哩法务部法务主管李润泽进行题为"企业衍生数据的利用与保护"的分享。他认为，企业衍生数据是企业基于合法获得的原生数据，利用数据挖掘、算法等数据处理技术，并进行脱敏化加工处理后形成的全新的数据产品，具有规律性、价值性、特定性、脱敏性的特点。在实际运用中，企业衍生数据发挥了数据分析与决策支持、作为大语言模型优质素材、降低企业成本和合规风险等作用。他提到，当前数据司法保护还依靠行为规制模式，从企业衍生数据的特性出发，应尝试以权利理论和知识产权理论为法理基础，明确企业衍生数据属于新型知识产权客体，并且通过专门立法方式单独创设企业衍生数据权，进一步构建数据知识产权保护规则。

北京知识产权法研究会信息网络与数据法委员会秘书长、中国人民大学法学院副教授、博士生导师、中国人民大学未来法治研究院执行院长张吉豫进行题为"数据来源者权及其误区"的分享。中共中央、国务院印发的《关于构建数据基础制度更好发挥数据要素作用的意见》提到了应保障数据来源者享有获取或复制转移由其促成产生数据的权益,而关于数据来源者权具体制度的建构,学界当前有不同的观点,如以约定为主、个人信息权益以及对于已公开互联的数据的访问权、较全面的数据财产权等。她认为,未来讨论的数据应指向符号层,这与知识产权的基础一致,应考虑知识产权制度关于"促进创新,促进传播"的典型目标。创建数据来源者权的主要目标包括数据的公平使用和促进流通和利用,而更应关注后者,应着重缓解"数据孤岛"现象,不应将数据来源者权建构为一种排他性的财产权。

腾讯集团资深专家法律顾问乔晶进行了题为"数据知识产权保护难点问题探讨"的分享。乔晶女士通过大量、翔实的实务案例,分享了当前对于数据知识产权的著作权、商业秘密、反不正当竞争三种保护路径。她认为,第一,公开数据应与非公开数据受同等保护,这是因为公开数据并不代表对平台放弃或让渡对该数据的控制权,而公开数据并不等同于公共数据,仍具有私人财产属性;第二,爬虫爬取平台数据应遵守平台 Robots 协议,这既符合行业惯例,也有相关司法案例予以判例支持;第三,加强平台数据保护并不会妨碍信息自由流动,相反,促进数据依法流通会促进企业投入与创新,最终促进数字经济健康有序发展;最后,开放共享应当被界定为网络生态的宏观演化方向,而不至成为绝对的法律规则,数据互联互通应当坚持依法、审慎的原则,应当充分认可、尊重平台企业数据权益。

北京知识产权法院法官兰国红进行了题为"数据知识产权保护的司法实践及路径探索"的分享。首先,兰国红法官对现行知识产权体系下数据多元保护路径进行了全面的介绍,主要包括《著作权法》保护路径、《反不正当竞争法》保护路径和《反垄断法》保护路径。其次,兰国红法官深入剖析了数据知识产权保护面临的问题:一是现行法保护作用有限,二是可保护数据权益种类及其归属认定成为难点,三是原则性条款广泛适用隐藏着数据权利泛化风险。最后,兰国红法官认为,针对目前热议的数据赋权问题,应妥善处理好"权利保护与权利限制""数据保护对象不确定性与法律赋权权项的确定性""个人信息保护、企业创新发展与社会公共利益""现行法律体系与数据赋权立法"这四大关系,按"三步走"战略谨慎有序有限赋权。具体而言:第一,提炼司法裁判规则,明确现行法律依据;第二,创设《反不正当竞争法》数据专章,完善数据法律制度;第三,明确赋权制度设计，审慎有序有限赋权。

分论坛一由北京知识产权法研究会副会长、新浪集团法务总经理谷海燕，北京知识产权法研究会常务理事、北京知识产权法研究会信息网络与数据法委员会主任、北京市天元律师事务所高级合伙人孙彦分别进行评析与谈。

谷海燕女士逐一评析了分论坛各位嘉宾的发言，她认为，此次分论坛的各位嘉宾，视角全面丰富地关注了当前数据保护的诸多现实问题。谷海燕女士认为：第一，数据来源者权是一种财产性权益，而当前法律尚不健全，数据方面的维权很难基于传统的请求权基础确认企业数据权益的保护路径；第二，平台加强数据保护并不会阻碍数据的流通，反而是通过对企业投入产出的保护，更加确定了流通的商业性，保护对价更是促进了数据生态的健康发展；第三，谷海燕女士讨论了获取行为是否合法和使用行为是否正当的关系，认为应树立行业生态规则，关注个人信息保护、科技创新发展和社会的整体福祉之间的动态平衡。

孙彦律师对分论坛嘉宾的主要观点进行了回应。孙彦律师认为：首先，当前对于数据保护的讨论，并非基于知识产权的框架，而是寻求财产权权益的保护，当前《反不正当竞争法》已经成为保护主力，能够解决当前主要诉求，不应急于立法；其次，对数据实施管理行为并不能构成限制数据访问、使用的充分必要条件；再次，关注到企业衍生数据巨大的劳动投入，应对其加大保护力度；最后，关于数据保护的单独立法应慎之又慎，单纯依靠立法并不能解决全部需求。孙彦律师总结，应该在财产权权益的基础上，基于公平的原则，来促进数据的利用和流通，这更符合数据保护的本意。

分论坛二——人工智能挑战与著作权法变革

分论坛二由北京知识产权法研究会副会长，中国政法大学民商经济法学院教授刘瑛担任主持人。

北京互联网法院综合审判一庭负责人朱阁进行了题为"AI文生图著作权案的审理思路与路径选择"的分享。朱阁法官首先介绍了我国首例AI生成图片著作权侵权纠纷案的案件事实和审理思路，对于涉案图片是否构成作品、权利归属、责任承担等主要争议点进行了深入浅出的梳理。该案中，法院认为，涉案图片体现出原告的独创性智力投入，故被认定为作品，同时人工智能大模型不是民事主体，只是创作工具，相关著作权应归属于原告。但是，利用人工智能生成的内容，是否构成作品，需要结合个案判断，不能一概而论。朱阁法官认为，在我国人工智能产业迅猛发展之际，司法应立足于我国具体实际，立足于我国的价值共识，服务和保障产业健康高效发展。司法裁判需与立法者的价值选择一致，契合鼓励创作和传播的《著作权法》立法目的，基于对国家、社会、个人等各个维度的价值衡量，推动人工智能技术的创新发展和应用。

北京知识产权法研究会信息网络与数据法委员会副秘书长、北京市融泰律师事务所管理合伙人吴凡进行了题为"人工智能模型训练阶段的著作权法之辩"的分享。吴凡律师认为，人工智能模型训练阶段是一系列行为的组合，需要逐一讨论，期间可能会涉及复制权、信息网络传播权等权利。而当前存在三种解决人工智能模型训练阶段著作权问题的思路，分别是授权许可使用、法定许可使用和合理使用。结合我国《著作权法》制度设计、模型训练技术特征，以及全球科技竞争的宏观背景，吴凡律师认为，合理使用制度是解决人工智能模型训练阶段的著作权问题的合理路径，同时应考虑吸收和借鉴转换性使用的理论内涵和智慧，以促进技术和法律的良性互动、协同发展。

北京知识产权法研究会著作权法委员会副主任、中央民族大学法学院副教授熊文聪进行了题为"生成式人工智能版权问题的法理思考"的分享。他主要从"人工智能生成内容的可版权性问题""人工智能抓取改编数据的侵权问题""AI对文艺创作的影响及其法律因应"三个方面展开分享。他认为，只有当保护涉案智力成果的社会总收益明显大于社会总成本时，智力成果才需要和应当被保护，这一过程需要使用"后果主义考量＋经济分析"的方法进行价值权衡。而对于独创性的有无，应从稀缺性的视角进行认定。关于人工智能抓取改编数据的侵权问题，他指出，应综合考虑合理使用制度，合理分配平台的注意义务。最后，他认为，艺术是创作者和观赏者之间的情感共鸣，在需要承担标识义务的前提下，进行艺术创作的人并不会被AI所取代，而法律也不能解决一切问题。

优酷信息技术（北京）有限公司版权管理负责人刘欣悦进行了题为"算法推荐技术应用于视频平台的争议和展望"的分享。首先，刘欣悦女士介绍了整个算法推荐技术的链路在运营实践中的三大部分，即建推荐池、算法排序、坑位展示（用户交互）。随着算法技术走到应用端，其已经从科学演变成了一种工程技术，这一过程势必伴随着人工干预，难谈"技术中立"。其次，刘欣悦女士认为，平台作为从算法推荐中获得更优分发效率、更多网络流量和更多经济效益的服务提供者，理应承担更高的义务。最后，刘欣悦女士基于产业发展现状，提出关于视频平台算法推荐服务保障措施的展望：一是构建推荐池准入机制，设置事前门槛；二是通过版权过滤和版权"白名单"搭建事中保障系统；三是平台应不断纠偏、设计、监督并管理算法模型以及加入人工审查，实现事后保障。

北京知识产权法研究会常务理事、著作权法委员会副主任、未来电视有限公司首席法务顾问、知识产权与法务中心总经理杨幸芳进行了题为"人工智能视角下版权避风港规则的审视与新构"的分享。AIGC人工智能生成内容的蓬勃发展及算法等人工智能技术在版权领域的运用，使视听作品创作和传播的生态越来越复杂。通过分析算法推荐的技术原理和侵权作品传播链，杨幸芳女士认为，以算法技术推荐侵权内容，"避风港"规则一般不再具有适用空间。算法推荐是同一平台内的一种链接共享与分享，属于内容分发服务，在平台对一定情形的算法技术运用具有现实把控能力的前提下，应当认为平台是相应侵权行为的直接实施者，应承担直接侵权的责任。最后，她指出，对于"避风港"规则的阐释需要关注人工智能的进展，既要在该严的地方保持严谨，也要采取审慎包容的态度来保护产业的发展，不宜过度加重涉AIGC产业的平台责任，并为AIGC平台这种新兴网络服务平台确立妥当的"避风港"规则。

分论坛二由北京知识产权法研究会常务理事、全国审判业务专家陈锦川，北京知识产权法研究会常务理事、江苏省高级人民法院审判委员会原委员、知识产权审判庭原庭长宋健分别进行评析与总结。

陈锦川老师总结，当前关于人工智能的讨论存在两种倾向。一是把学理研究和法律适用混在一起。比如，对于北京互联网法院审判的全国首例涉及AI文生图的著作权案件，有的专家从法律角度出发进行讨论，有的学者从学理角度超出现行《著作权法》的规定进行分析。二是大家在对这个问题进行讨论的时候，很多基本概念、基本理论、基本规则仍不一致。比如，对于独创性问题的讨论，有些对独创性采取客观主义观点，有的则认为应采用主观主义观点，有的讨论了独创性高低、有无的问题等。陈锦川老师认为，关于法律适用问题，应深入辨析《中华人民共和国著作权法实施条例》第三条规定的"直接产生"如何界定；此外，还应考虑人工智能提示词、参数与所产生内容的关系、是否构成委托创作等。

宋健老师首先总结了当前关于人工智能生产物的共识：对完全使用人工智

能且没有使用者参与形成的人工智能生成物不予以保护，但对有使用者参与的生成物是否应当给予著作权保护，目前的讨论基本朝着两个方向进行。宋健老师认为，一方面，人工智能发展到当下阶段，目前出现的一些人工智能工具，更像是为人类艺术创作服务提供的超级工具，而不论是否给予人工智能生成物著作权保护，事实上这些超级工具已经深刻嵌入了艺术创作的每一个环节；另一方面，该问题在当前阶段涉及更多的是公共政策的选择，需要平衡人类艺术创作从业者的利益。最后，宋健老师提出，人工智能超级工具的发明与应用，最主要的目的还是为人类艺术创作服务，即为艺术创作产业服务，提高创作效率，减少从业者的重复性劳动。因此，在艺术创作领域，超级人工智能工具的使用，最终一定是与人类艺术创作的具体实践过程相结合的。

分论坛三——人工智能挑战与商标法变革

分论坛三由北京知识产权法研究会监事、商标法委员会主任，国际关系学院法学院院长、教授郝敏担任主持人。

温州市中级人民法院法官陈律进行了题为"商标权滥用的司法审查及应对"的分享。陈律法官首先梳理了相关政策文件、法律和司法解释的脉络，指出完善知识产权滥用行为规制体系是当前的客观需求。其次，陈律法官认为，就司法实务而言，商标权滥用的司法规制主要包括商标侵权诉讼中的权利滥用抗辩以及权利滥用赔偿诉讼两种方式。关于权利滥用抗辩，其核心要素在于行为人具有主观恶意，需要综合考虑权利基础、在先诉讼、行政程序、行为表现（目的）、诚实信用原则等因素。关于权利滥用赔偿，当前司法已经在案例中进行了有益探索，如"山东比特智能科技股份有限公司与江苏中讯数码电子有限公司因恶意提起知识产权诉讼损害责任纠纷案"。[2] 最后，陈律法官就商标权滥用规制做出几点展望：一是细化权利滥用的反赔制度，二是参照专利侵权诉讼的实体与程序处理，三是引入信用监管及惩戒机制。

北京市铭盾律师事务所主任刘金柱进行了题为"对人工智能与商标法发展的一些思考"的分享。刘金柱律师认为，无论是当前的生成式人工智能发展阶段，还是未来的强人工智能阶段，人工智能都不会脱离人类的控制和监管，不会颠覆

---

2 最高人民法院（2019）最高法民申 366 号民事裁定书。

商标法的制度。相反，人工智能能够促进商标法运行的诸多环节，并产生积极作用。就商标设计而言，人工智能产品降低了商标设计成本，有益于中小企业提高自己商标的显著性；就商标近似判断而言，人工智能作为先进工具辅助进行近似性判断，可以提高商标近似性判断的客观性；就制止商标侵权而言，人工智能对侵权线索的检索、具体实施维权活动都能起到积极影响。

厦门大学知识产权研究院副教授朱冬进行了题为"人工智能时代商标法面临的挑战"的分享。朱冬副教授首先回溯了商标法的理论基础，即降低消费者搜寻成本。但随着人工智能成为辅助消费者决策的工具，其对于消费者认知产生何种影响成为当前人们关注的问题。其次，朱冬副教授介绍了"亚马逊作为搜索引擎自动补全搜索词"的案例，欧洲法院认为补全搜索词的行为构成商标使用，侵害了商标的指示来源、广告和投资功能；[3] 相反，美国法院认为不存在混淆可能性。[4] 朱冬副教授认为，两种不同的裁判观点反映了欧洲和美国对于人工智能是否影响消费者决策权的判断。最后，朱冬副教授讨论了AI环境下商标保护面临的挑战，当前存在"完全替代""部分替代""毫无影响"等不同观点，但是这一结论是开放的，有待进一步观察和讨论。

北京韬安律师事务所高级顾问李燕蓉进行了题为"人工智能发展对商标制度冲击及应对"的分享。李燕蓉女士认为，商标的本质就是避免混淆，识别来源，最主要的特征就是显著性。而人工智能能够在商标的设计、判断、监控等各个环节提供辅助。她从经营主体、代理机构与律师、主管机关和社会公众等不同主体角度分析了人工智能在商标法领域的积极和消极影响。积极的影响是，人工智能普遍为各主体提高了效率、降低了成本；消极的影响是，人工智能也存在增加维权难度、增强不确定性等问题。李燕蓉女士提出了几个应对方式：一是迎接变革，稳健应对；二是全面布局，趋利避害；三是统一标准，严格执法；四是发挥审查员、法官的主观能动性，进行个案调整。

北京市中伦文德律师事务所合伙人王珂进行了题为"人工智能辅助消费决策的商标侵权问题"的分享。王珂律师从功能、原理、应用场景等角度区分了决策式人工智能和生成式人工智能。聚焦于决策式人工智能，其应用场景主要包括智能推荐、智能对比和虚拟场景。就智能推荐而言，主要涉及两个问题：一是商标

3　See *Lush v. Amazon*，[2014] EWHC (Ch) 181.
4　See *Multi Time Machine v. Amazon*，804 F 3 d 930 (9th Cir. 2015).

在推荐商品的信息中属于"明显可感知",人工智能推荐侵权产品如何定责;二是对网络平台在商标侵权方面的注意义务和审查义务,是否需要基于人工智能技术的发展重新考量。关于智能对比,王珂律师讨论了"对比是否侵权""对比时能否使用对方的商标"以及"主动推送其他品牌的对比商品是否侵权"等问题。关于虚拟商品,王珂律师结合"通用公司起诉暴雪公司"[5] "耐克公司起诉 StockX 公司"[6] 等经典案例,讨论了在虚拟商品上使用商标标识是否属于商标法意义的商标使用、当虚拟商品与现实商品挂钩的时候如何去分类等热点问题。

北京知识产权法研究会商标法委员会秘书长、北京化工大学文法学院教授余俊进行了题为"因应人工智能挑战的理论范式变革"的分享。第一,余俊教授探讨了当前应对人工智能挑战的理论范式。通过梳理分析既有裁判案例,他指出,无论是强调差异性(主体),还是强调共同性(客体),都是源于对智力成果属性的关注。第二,余俊教授认为智力成果思维已难以消解当前的困境。如果采用以主体为出发点的概念化的思维方式,会导致无差别保护,而以客体为出发点的类似化思维方式则会导致不公平的保护。第三,他提出了因应人工智能挑战的新理论范式。他指出,知识产权和人工智能的底层逻辑截然相反,知识产权通过改变分配关系促进知识的生产,而人工智能技术以海量的生产满足知识分配的需求。对于人工智能生成的内容,最重要的不是署名问题,而是标志权问题,商标法在这里大有用武之地。

北京市朝阳区人民法院知识产权审判庭庭长罗曼进行了题为"标识类权益侵权纠纷中请求权聚合的责任认定"的分享。罗曼法官认为,受知识产权、标表型人格权、竞争利益无形性的影响,知识产权侵权责任聚合问题是知识产权侵权领域较为突出的问题。区别于民事责任竞合,民事责任聚合指同一主体,因同一事实,发生的绝对权性质或权能不同,或发生的相对权标的不重叠,可以并存。现代民事立法总是在尽力避免发生规范聚合的情形,但是由于无形财产权益的边界容易发生重叠,以及受立法技术发展水平的限制,不可能完成避免规范聚合的问题。目前不同类型的法律责任之间缺乏必要的归责融合与关联机制,在司法实务

---

[5] *AM General LLC v. Activision Blizzard, Inc., Activision Publishing, Inc., and Major League Gaming Corp.* Case 1:17-cv-08644-GBD-JLC Document 218 Filed 03/31/20.

[6] Nike, Inc. v. Stockx LLC, filed on February 3, 2022, in U. S. District Court in the Southern District of New York with Judge Valerie E. Caproni presiding.

中处理多重法律责任、确定权利位阶、侵权范围等可能是可行的探索，但仍需进一步讨论。

分论坛三的与谈环节，北京知识产权法研究会监事长、中国人民大学法学院教授、博士生导师张广良，北京知识产权法研究会常务理事、北京大学法学院教授、博士生导师杨明进行剖析与谈。

张广良教授在与谈中表示，几位发言人从不同的视角分享观点，发言充实，有较强的针对性。张广良教授认为，对于人工智能这一新的现象，应基于法律的原理，包括现行的法律规定进行客观的评判。在商标法层面，第一，人工智能可能为商标制度带来一些新兴问题，但并未动摇商标法法理。人工智能不能构成商标权的主体，也不会影响商标的标明商品和服务来源的功能，更不会导致商标法的消亡；第二，人工智能可能有助于商标权的行使，例如提高判断侵权的效率和便利性，但是在判断被控侵权的标识和注册商标是否导致混淆的时候，作出判断的主体仍应是相关公众，而非人工智能。

杨明教授逐一评述了各位嘉宾的发言，包含如下要点。第一，在规制滥用的问题上需要谨慎，以《商标法》本身治理滥用并非合理路径；第二，关于人工智能对商标各环节的影响，杨明教授认为，人工智能在提高审查效率的同时，也会出现不断报警、判断有误等问题；第三，人工智能技术的介入，改变了传统商标法纠纷的主体关系，竞争者之间的纠纷转变为平台与商标权人之间的纠纷；第四，关于人工智能辅助判断商标侵权，随着人工智能的引入，侵权标准的问题变成了模型的搭建和训练的问题，但在这一过程中，技术是表象，仍应关注真正的责任主体；第五，人工智能使市场结构发生了变化，用什么样的规则去解决虚拟商品是否侵权的问题仍有待进一步探索；第六，关于知识产权与人工智能的双重二元结构的讨论，应进一步思考二者是否存在内在的联系，纵览知识产权交易全貌，消费行为和前期的生产行为并非割裂的；最后，竞合与聚合并不相同，竞合是找相应的规则处理，聚合是存在两种法律关系。

分论坛四——人工智能挑战与专利法变革

分论坛四由北京知识产权法研究会常务理事、北京知识产权法研究会专利法委员会主任、北京市维诗律师事务所执行合伙人杨安进担任分论坛主持人。

深圳市中级人民法院知识产权法庭法官叶艳进行了题为"GenAI 与 AIGC

对专利法的影响：挑战与观点"的分享。叶艳法官认为，人工智能对专利法的挑战是多层次、多角度、全方位的。第一，关于发明主体和权属安排，叶艳法官认为，应解耦"发明者"与"权利人"，即承认人工智能系统的发明者地位，但不承认其可以作为权利主体；权利的归属应取决于贡献程度，AI技术的开发者负有更重要的举证责任。第二，关于人工智能生成物的可专利性，对于预训练模型，叶艳法官建议在专利制度中增加保护客体，对数据结构（模型结构与参数值的结合）加以保护；对于使用预训练模型得到的技术方案，形式化专利文本问题的解决依赖于更为合理的专利审查制度。第三，关于"本领域普通技术人员"的概念，叶艳法官认为，未来专利制度的变革方向是要把人工智能作为本领域普通技术人员的法律拟制物，但仍需进一步的理论研究和实践探索。最后，关于人工智能新业态下的专利侵权认定，多主体实施、跨法域配合的侵权带来了责任配置难题，应完善共同侵权和间接侵权理论，提供制度供给。

天津大学法学院副教授李春晖进行了题为"AI时代专利和技术秘密的制度选择：挑战与反思"的分享。李春晖副教授首先介绍了目前知识产权领域基于客体、主体问题的典型论述并进行了归谬。随后，他回顾了建立知识产权制度的初衷，即由于创新的稀缺性，通过知识产权制度来激励创新者，促进信息、知识的流通；而在人工智能时代，创新的稀缺性降低，知识和信息的营利模式也发生了变化。此外，他还提出了"专利法不承认AI的发明创造而技术秘密制度却并不受影响""权利属于AI（服务）提供者""权利属于AI使用者"三种假设，并逐一分析制度影响。最后，他提出了其认可的问题解决路径。就理念而言，人工智能本身作为基础设施而非纯粹私有财产，使用过程就是创造过程，应构建面向使用者的产权秩序；就制度而言，一是在主体上应进行分层设计，以区别基础设施提供者与使用者，二是在权利内容上，应构建某种程度上物权化的知识产权，三是应区分人工智能与自然人的创造。

北京市炜衡律师事务所律师董烨飞进行了题为"人工智能对专利审查的影响及建议"的分享。董烨飞律师结合多个真实的测试，就人工智能对专利审查的影响展开了讨论。关于"非正常申请"，董烨飞律师总结，人工智能生成的专利申请文件在审查中较难分辨，但仍然存在着字数较短、细节描述相对较差的问题，可能是非正常申请问题。随后，董烨飞律师分别就"对技术特征的相同或相似的判断""对授权技术方案的AI分析""对被驳回技术方案的AI分析"的角度展开讨论并得出结论，人工智能具有专利创造性审查中的"本领域普通技术人员"的特性，目前的专利审查能够发挥辅助功能。虽然目前并不能替代人类进行决策，但其提高了审查的客观性和审查效率，因此我们应拥抱人工智能技术。

中国人民大学法学院博士研究生袁鹏飞进行了题为"颠覆性创新下的专利法——为何变革？如何变革？"的分享。袁鹏飞博士首先介绍了人工智能发展及其带来的挑战，主要包括"人工智能生成的技术方案有无发明人以及何者为发明人"以及"技术方案是否有创造性"两个问题。关于"发明人"，袁鹏飞博士认为，使用工具作为思想延伸的人，应被视为构思并通过使用工具创造技术方案的发明人。关于"创造性"，在人工智能的推动下，曾经假设的人类普通技术人员，可能逐渐转变为认知被增强的"人类＋AI"混合技术员，在今后的专利制度构建中，可以考虑鼓励或要求使用人工智能创新的企业，在提交专利申请时披露人工智能的使用情况。最后，袁鹏飞博士总结，颠覆技术时，不必然颠覆制度，应借助法律的解释方法，在应对冲击时更新和丰富专利法基本概念和重要规则的解释，尽可能保证其稳定性。

北京知识产权法研究会副会长、中国科学院大学知识产权学院副教授尹锋林进行了题为"人工智能与专利制度的完善"的分享。尹锋林副教授首先介绍了人工智能的概念及基本事实。他认为，人工智能的核心是人工神经网络或机器学习系统，而人工智能的竞争关键是算法的竞争，以及基础设施的竞争。尹锋林副教授从三个方面对人工智能与专利制度面临的挑战和机遇展开分析。一是人工智能技术的发明创造的可专利性问题、创造性判断标准问题，应关注单纯算法与算法加应用的分野；二是人工智能系统辅助发明创造的权利主体问题、创造性判断标准问题，在判断创造性时，应重点考虑人的创造，并考虑公众可接触的人工智能系统的能力；三是人工智能系统对专利审查制度的影响，应对专利申请文件格式进行改进，使自动化系统或人工智能系统对专利申请文件进行处理时更加适用。

在分论坛四的与谈环节中，北京知识产权法研究会常务副会长、北京航空航天大学法学院教授、博士生导师孙国瑞，北京知识产权法研究会常务理事、北京大学法学院教授、博士生导师刘银良进行了评析与谈。

孙国瑞教授总结，各位发言嘉宾就人工智能与专利法关系展开了多角度、全方位的讨论分享。随后，孙国瑞教授旁征博引，结合实践就人工智能与专利制度分享了个人体会。孙国瑞教授认为，创新技术边界和专利权利的边界，是否因为人工智能而变得难以确定，这需要进一步观察和讨论。但人工智能是辅助工具，是为人类服务的，法律人需保持理智和清醒。

刘银良教授总结了各位嘉宾的观点，并就分论坛主题分享了自己的见解。刘银良教授简要分析了农业时代、工业时代、人工智能时代的特征，指出当今社会存在着多样、复杂的法律命题，专利制度建立在创新稀缺以及激励创新的需求之上，当创新不再稀缺时，专利制度并非不可颠覆。对于人工智能技术变革，应秉持开放的心态，欢迎挑战，也相信人类有智慧去应对挑战。

分论坛五——人工智能挑战与竞争法变革

分论坛五由北京知识产权法研究会副秘书长，北京知识产权法研究会竞争法委员会副主任，北京理工大学法学院助理教授、院长助理裴轶担任分论坛主持人。

北京市石景山区人民法院行政审判庭（知识产权审判庭）副庭长易珍春进行了题为"现有竞争法框架下对于人工智能的保护及其挑战"的分享。易珍春法官首先介绍了当前竞争法的保护范围及相关法律条款，随后探讨了现有竞争法框架下人工智能保护面临的困境：一是人工智能的概念不清，二是现行法律规定的针对性不强，三是涉及人工智能领域的商业道德有待构建，四是对于不同主体法律责任的认定存在难点。对此，易珍春法官总结：第一，面对日新月异的人工智能，在司法活动中应秉持审慎态度；第二，针对数据权益增设专门条款，或者通过司法解释进一步细化《反不正当竞争法》第十二条第四项的规定；第三，当数据抓取行为难以适用互联网专条，需适用原则性条款时，应避免商业道德泛化问题；第四，确定法律责任主体时，应秉持利益平衡原则，既要保护好权利人的合法权益，同时又要避免给人工智能相关方科以过高的注意义务。

爱奇艺法律部法务经理翁尔刚进行了题为"从竞争法角度思考人工智能对互联网行业的影响"的分享。翁尔刚先生回顾了人工智能的发展历程并介绍了人工智能在视频内容制作、图片素材设计、文字内容创新等方面的产业应用。他认为，人工智能对互联网产业的影响主要包括提升生产效率、创新服务模式、竞争格局变化等，而在法律视角下考量人工智能，我们会发现，人工智能的缺陷和不正当利用带来了人工智能的幻觉、人工智能技术的恶意使用、人工智能的道德困境等现实问题。最后，翁尔刚先生总结，伴随着知识积累与爆发性增长、技术门槛降低、AIGC的兴起和影响增强，法律应进一步适应技术发展趋势，更新法律框架，在实践探索与理论争鸣中解决现实问题。

北京理工大学法学院助理教授黎华献进行了题为"生成式人工智能与商业秘密保护"的分享。黎华献老师认为，生成式人工智能和商业秘密之间的关系总体上可以归纳为两种：一方面，生成式人工智能可以创造商业秘密；另一方面，生成式人工智能加速了商业秘密的传播。而关于生成式人工智能对商业秘密的影响，黎华献老师认为，其改变了传统商业秘密保护体系，同时也可能引发商业秘密泄露问题，产生不正当竞争风险。最后，黎华献老师分享了自己的相关思考：一是采取合理的保密措施保护人工智能商业秘密；二是在生成式人工智能的开发、使用和运营过程中，涉及商业秘密的各相关方可以通过合同约定保密义务；三是生成式人工智能商业秘密保护的诉求应当与信息安全监管法律中的技术公平性和透明性要求兼容；四是披露算法规则时，应注意避免涉及商业秘密的细节，可通过示例、流程图等方式告知用户其满足相关要求。

北京市盈科律师事务所全球总部合伙人王俊林进行了题为"人工智能与竞争法规制路径"的分享。首先，王俊林律师从人工智能的技术特征、规制历程、产业链等角度厘清了人工智能的相关概念。其次，他结合新兴案例，剖析了人工智能在强化科技巨头的垄断、训练数据、算法研发、算力提供、应用服务等方面为市场竞争带来的风险。在此基础上，他结合欧盟和美国的相关立法情况分析了我国《反不正当竞争法》和《反垄断法》对人工智能的规制路径。最后，他作出如下总结：第一，当下人工智能领域和相关立法都在发生着变化，防范侵害市场竞争的行为，并保护人工智能领域的创新是核心问题；第二，无论是在国内还是在国外的人工智能法律规制路径中，均可以看到立法机关对市场竞争秩序的重视；第三，人工智能提高了反不正当竞争和反垄断行为的复杂性以及应对相关行为的难度，但同时人工智能也可以成为司法机构的工具，提高执法、分析的效率，可以说挑战与机遇并存。

北京市海淀区人民法院知识产权审判庭庭长杨德嘉进行了题为"人工智能时代反不正当竞争法的变与不变"的分享。他认为，当前国内人工智能尚处于起步阶段，我们探讨相关法律问题时，需要对"规制"二字尤为慎重，特别是对规制举措方面的创新，更要慎之又慎。具体到生成式人工智能，杨庭长认为：第一，对于大模型的数据训练和内容输出这"一前一后"两个问题，宜采取"前松后紧"的侵权认定态度，即对于大模型的数据训练行为的侵权认定，宜采取相对宽松包容的态度，而对于大模型输出内容的侵权认定，则宜采取相对从严的态度，通过"宽严相济"实现发展与保护的平衡；第二，对生成内容的可版权性问题，不应"一刀切"地采取"全是或全否""全有或全无"式认定，而是要回归本源，综合考察用户对生成结果具体的智力创作投入、独创性贡献等因素，从"含人量"的角度，根据个案作出具体判断。而对于数据保护问题，以专门法、权利法的模式进行数据保护面临着重重难题，应首先考虑把因数据引发的新现象、新问题尽量纳入现有法律框架去考量，对于那些通过对既有规范进行补充、拓展、升级即可解决的问题，似乎没有必要耗费大量的社会资源去另行立法、另立规则。在现有的情况下，《反不正当竞争法》能够起到不可替代的重要作用，特别是该法的一般条款，在面对当前的新领域、新问题时，对其的正确适用，能够发挥出积累经验、厘清规则的功能，为将来《反不正当竞争法》第二章数据专条的制定，打下坚实的实践基础。

中国人民大学法学院教授、博士生导师，中国人民大学亚太法学研究院副院长孟雁北进行了题为"人工智能开发和应用中的竞争法关注"的分享。孟雁北老师首先分析了人工智能视野下的《反不正当竞争法》，他认为在数字市场的竞争中，数据系重要要素，对数据的赋权仍宜保持审慎态度，而在诸多数据争议中凸显了《反不正当竞争法》的独特价值。适逢《反不正当竞争法》第三次修订，有必要设立涉及数据不正当竞争的专门条款，此外，宜基于人工智能伦理确认公认的商业道德。其次，孟雁北老师讨论了人工智能视野下的反垄断法，他指出，各种新兴现象的实质问题在于新兴技术引发了怎样的竞争损害关注。再次，他讨论了人工智能视野下知识产权与竞争的关系，这一问题的核心关注系数据赋权的知识产权路径对《反不正当竞争法》、对涉数据不正当竞争的影响。最后，关于人工智能视野下反垄断监管与数字市场管制的关系，孟雁北老师总结了域外不同的路径选择，既包括出台数字市场管制的专门立法，使《反垄断法》回归审慎和保守，也包括在无专门立法的情况下赋予《反垄断法》解决问题、应对挑战的更多可能。

在分论坛五的与谈环节中，北京市金杜律师事务所合伙人、中国互联网协会法制工作委员会副秘书长吴涵，北京知识产权法研究会竞争法委员会主任、广西大学法学院院长、教授、博士生导师许光耀分别进行了评析与谈。

吴涵律师回顾了分论坛各位嘉宾的精彩发言并分享了自己的观点。吴涵律师从数据、算法、算力和知识图谱四个方面讨论了人工智能与竞争法的关系。就数据而言，可以尝试建立具有共识性的商业伦理，确定数据模型训练合理使用的范围，在考虑数据确权中企业利益平衡的同时，合理考量个人信息主体权益。就算法而言，对通用人工智能进行算法审计的可能性较低，通过竞争法对最终行为进行规制具有可行性，此外，应重点关注垂类人工智能模型耦合问题；就算力而言，算力竞争当前迫在眉睫，需予以关注和讨论；就知识图谱而言，吴涵律师认为人工智能领域除了通用型人工智能以外，未来的垂类模型依然依赖于大量的专家系统，而专家系统里面的知识图谱构成核心的商业秘密。最后，吴涵律师总结，人工智能本身降低了知识准入的门槛，但会拉大竞争的差距。

许光耀教授逐一回顾、评析了各位嘉宾的精彩发言，认为各位嘉宾就人工智能与竞争法进行了全面的分享，体现了严谨审慎的治学态度。随后，许光耀教授就相关问题分享了自己的观点。许光耀教授认为，探讨反垄断法领域的前沿问题应回归反垄断法的基本规则与基本法理，而对具体行为的研究则需要细致审慎地解剖行为的运行方式与过程，对于不同概念的组合应进一步讨论其间的关联性，如数字经济、平台等概念及其组合。许光耀教授回溯了平台经济的理论渊源和现实分类，认为商场式"平台"并不具备双边市场等特点。最后，许光耀教授认为，对于人工智能影响的分析及相关法律回应需要紧密依托传统法理与规则，在此基础上针对新型现象的特殊性，探索具体的解决方案，而不宜停留在概念层面。

本次会议紧扣当今知识产权领域理论与实践的重点、前沿问题，与当下中国推动新质生产力发展的总要求高度契合。共三十九位专家进行了主题分享，十位专家进行了评析与谈，各分论坛分享嘉宾均涵盖学者、法官、律师、产业代表，结构合理，视角丰富。与会嘉宾梳理理论脉络、探讨产业需求、剖析司法难点，不乏思想的交锋和观点的碰撞。来自知识产权领域的各界人士热情参会，现场座无虚席。本次会议体现了北京知识产权法研究会始终坚持紧紧围绕服务党和国家工作大局，搭建交流沟通平台，为推进知识产权强国建设、提升知识产权保护水平添砖加瓦、献言献策的使命担当。

知识产权转化运用促进高质量发展
——第五届北洋知识产权校友论坛

国家知识产权战略实施（天津大学）研究基地[1]

目次：

主旨分享

  天津知识产权高质量发展的几点思考

  知识产权赋能"力神"高质量发展

  积极推进先进概念验证技术应用，努力推动天大科技成果高质量转化

  科技金融与科创企业融资

圆桌讨论

总结和闭幕致辞

---

[1] 整理：王一博，天津大学法学院硕士研究生。

2024年4月5日，国家知识产权战略实施（天津大学）研究基地联合中国管理现代化研究会知识产权管理专业委员会、天津市科技创新智库（天津大学），在天津大学（简称天大）卫津路校区举办"春回天大——赏海棠·话知产"第五届北洋知识产权校友论坛，本届论坛的主题是"知识产权转化运用促进高质量发展"。来自科技企业、政府机关、科研院所、技术转移律所等各行各业的四十余位校友和嘉宾参加了本届论坛。论坛由天津大学公共管理学院副院长、国家知识产权战略实施（天津大学）研究基地副主任刘大勇主持。

天津大学讲席教授、国家知识产权战略实施（天津大学）研究基地主任张维致开幕辞。张主任回顾了北洋知识产权校友论坛走过的五年历程，表示在以科技创新为引领的高质量发展关键时期，就知识产权转化运用进行跨界交流恰逢其时，希望通过本届校友论坛，与大家一道，伴随着海棠花的芬芳，围绕知识产权的研究与应用交流思想、碰撞智慧、乘兴而来、满载而归。

主旨分享

天津知识产权高质量发展的几点思考

马虎兆　天津市科学技术发展战略研究院党委委员、副院长

我国已经进入知识产权强国建设新阶段，处于从知识产权引进大国向知识产权创造大国转变、知识产权工作从追求数量向提高质量转型的阶段，同时党的二十大报告里也要求加强知识产权法治保障，形成支持全面创新的基础制度，近期大家都学习了新质生产力的相关内容，这与今天所分享的内容密切相关。对于天津知识产权高质量发展，要强化"四个协同"。

第一个"协同"，盘活存量，要强化知识产权与产业链协同，聚焦重点产业链，争取"六个一"：一个联盟，一个综合体，一批园区，一个专利池，一个图谱，一个运营中心。第一，建立重点产业（链）知识联盟。要及时将科技创新成果应用到具体产业和产业链上。要创新产业组织形态以及知识产权组织形态，做实运行机制，目前已成立了20家创新联合体，覆盖了全市10个重点产业链，可

以作为依托力量，借鉴我市十大产业人才创新创业联盟的方式，借鉴温州经验"做实"，由科技领军企业、产业链链主企业牵头，整合高校院所以及上下游企业等开展联合攻关。第二，建设重点产业链知识产权服务综合体。打造知识产权代理、法律、信息、商用化咨询和培训等"一条龙"服务，形成全链条服务模式。在知识产权金融方面，要破解评估难、授信难、处置难等难题，形成全系列知识产权金融支持，打造知识产权金融服务生态。同时，深化"科创中国"知识产权生态产业园建设，打造知识产权全链条一站式服务平台；完善天津知识产权交易平台，构建知识产权交易全链条服务生态，鼓励评估机构开发智能化知识产权评估工具，积极探索专利开放许可制度实施办法与实施路径，促进专利向产业链中小企业转化。第三，围绕重点产业链建设知识产权园区。建设主题园区，坚持园在链上、链在园里，发挥龙头企业引领作用，推动重点产业成龙配套、成链成群。目前已累计认定32个市级产业主题园区，覆盖我市12个区，预计到2027年，全市将建成50个特色鲜明的产业主题园区。聚焦主题园区，加强知识产权赋能主导产业发展和优化区域营商环境，推动完善知识产权创造、保护和运用服务体系建设，推进知识产权示范园区建设。第四，支持重点产业链的制造业创新中心等机构建立重点领域专利池。专利池可以形成知识产权合作新模式，聚焦产业共性技术，强化大中小企业、产学研协同的知识产权融合发展，尤其对于制造业有重要意义。第五，强化产业链知识产权安全监测、重点产业链专利导航和知识产权图谱，绘制重点产业、未来产业知识产权图谱。第六，推进重点产业链的产业知识产权运营中心建设。探索产业知识产权运营新模式，将中汽汽车产业知识产权运用促进中心、中国科学院天津工业生物技术研究所合成生物产业知识产权运营中心等模式进行推广，要推动驻津院所等复制工作，打通从高质量专利到专利密集型产品、专利密集型产业的转化之道。

第二个"协同"，提升质量，要强化知识产权与创新链协同，聚焦六个重点领域。第一，聚焦重大科技创新平台。对接海河实验室、全国重点实验室、重大创新平台等国家战略科技力量，强化这些机构的关键核心技术知识产权攻关能力，特别是发挥高价值专利的引领作用。第二，聚焦重大科技项目。关注我市承担的国家科技重大专项、国家重点研发计划等重大任务以及天津市重大科技专项，建立重大项目知识产权全流程管理机制，开展高价值专利挖掘，助力核心技术攻关和专利转化运用。第三，聚焦重点科研机构。目前在津的国家级大院大所共有 62 家，要发挥科技创新"国家队"的带动作用，着力打造高价值专利培育中心。第四，聚焦重点创业载体。强化众创空间、孵化器等各类创业载体的知识产权创造运用能力，完善知识产权支撑服务体系，将之打造成为高价值专利培育中心。第五，聚焦重点临床医学机构。我市医学资源较为发达，拥有三甲医院 52 家，国家临床医学研究中心的数量位居全国前列。调研发现，医院有很多科技成果，但是还没有转化为专利，没有进行科技成果转化，这是一个重要且薄弱的领域，可以打造一批高价值专利培育中心。第六，聚焦重点科技人才，我市院士、杰出人才等领军人才、留学回国人员、工程技术人才等人才，特别是国家级人才较为富集，目前已依托重大创新平台建设 4 家顶尖科学家工作室，强化知识产权服务对接，形成高价值专利培育中心。

第三个"协同"，培育增量，要强化京津冀知识产权协同。强化京津冀知识产权协同包括以下六方面工作：引育结合，培育旗舰型、规模化知识产权服务机构；有组织地引入北京的知识产权成果；探索知识产权服务业集聚区联合建设，把北京的知识产权服务机构规模化吸引过来；推广"金桥焊材"等典型案例经验，深化京津冀知识产权行政执法协作；强化京津冀知识产权金融合作，引进北京品牌知识产权金融服务机构落户；探索建设滨海中关村科技园区等高地，推动企业落地、成果落地和专利落地并重，逐步由生产制造基地转变为知识产权高地。

第四个"协同"，催生变量，要强化知识产权与天开高教科创园（简称天开园）协同。目前天开园取得了明显的进展和良好的成效。按照《天开高教科创园建设规划方案》要求，"科研成果孵化器"是天开园三大功能定位之一，鼓励高校成果转化、助力师生创业孵化是关键，其中开展职务科技成果赋权改革是"关键中的关键"。学习重点省市赋权改革经验做法，我市职务科技成果知识产权改革取得显著进展，但有不足之处仍待改进。为此，一要健全政策法规体系的系统推进。适时修订《天津市促进科技成果转化条例》，明确科技成果赋权改革，加强法治保障；制定专项政策，及时出台天津市赋予科研人员职务科技成果所有权或长期使用权试点改革的实施方案，聚焦赋权改革、国有资产管理等探索实践，健全专利等科技成果转化的尽职免责和容错机制，如在建立管理和监管机制的前提下，不再将职务科技成果的无形资产纳入国有资产管理体系，以作价入股等方式转化职务科技成果形成国有资产的减值及破产清算，不纳入国有资产保值增值管理考核范围等，释放科研人员的积极性，切实解决"不敢转"问题。二要先行先试，大胆创新，试点推动。依托天开园，打造"体制机制改革创新高地"，改革优先在园区试点和推行，积极探索知识产权权属改革、无形资产单列管理等改革措施。特别是应出台天开园落实细则，如允许试点单位对科研人员自办企业进行合规整改，鼓励和支持科研人员携赋权科技成果在天开园创办企业，形成"科学家敢干、资本敢投、企业敢闯、政府敢支持"的局面。三要制定配套落实文件并确保落地。出台操作指引，借鉴上海等地经验，制定知识产权权属改革、无形资产单列管理等操作细则和指引，如制定"职务科技成果单列管理操作指引"，针对科技成果的"记账"问题，明确台账管理、研究阶段和开发阶段分类、包容监管机制等具体做法。打造科技成果赋权改革平台，借鉴浙江"安心屋"等经验做法，依托我市科技成果展示交易运营中心，实现成果转化在线申请、转化合同在线审批、合同登记和免税登记在线受理、收益分配在线登记、科技成果在线赋权等功能，支持我市高校院所、医疗卫生机构等将职务科技成果单列管理。四要加强多部门协调，审慎监管。建立尽职免责和负面清单，制定"天津赋权试点尽职免责制度指引"，完善纪检、审计、财政等部门的监督检查机制；加大政策协同力度，借鉴"浙江经验"，推动各级科技部门与相关部门建立常态化工作会商机制，联合出台相关政策文件，为科技成果转化政策制度设计提供法律支持、司法建议和案例指导；共同建立科技成果转化专家队伍，整合技术专家、法律专家等资源，健全常态化审判技术专家库共享、选任机制，由相关专家对各地各单位涉职务科技成果及知识产权纠纷处理、调查取证给予技术指导或提供鉴定、咨询等服务。

知识产权赋能"力神"高质量发展

金慧芬　天津力神电池股份有限公司党委办公室主任兼技术委员会主任

近年，力神公司建立了院士工作站，不断提升技术创新能力。力神公司意识到人才的重要性，近年来加大了人才引进和培养力度，有效缓解了人才流失的问题。在研发实力上，知识产权是创新成果的重要体现。高校与企业在科研与产业化中的角色有所不同，高校负责理论探索和技术验证（0～1阶段），而企业则负责后续的产业化（1～1000阶段）。在科研成果转化的过程中，需要多方协同合作，共同解决技术、工程和操作层面的问题。目前，力神公司研发团队规模庞大，其中包括许多来自天津大学的优秀人才。在推广与营销方面，科学家往往更关注自己的研究成果，而不愿过多涉足商业推广。但企业家需要更加主动地寻求市场机会。因此，力神公司正在努力打破这种壁垒，将技术与市场紧密结合，形成科技创新的闭环。在研发投入方面，力神公司一直保持较高水平，尽管近年来成本有所下降，但研发投入占比仍然较大。同时，也注重知识产权的管理与保护，目前拥有授权专利2000余项。此外，力神公司积极参与国家重点研发计划等重大科研项目。在产学研合作方面，力神公司与天津大学等高校保持着紧密的合作关系，共同推动技术创新与成果转化。同时，力神公司也正在考虑如何利用天开园等孵化平台，推动初创企业的成长与发展。力神公司通过整合资源、优化布局，进一步激发企业创新活力、提升产业竞争力。

关于知识产权话题，金主任颇有体会。她认为知识产权的价值，在于其构筑的壁垒与保护机制。当企业处于技术落后地位时，往往渴望打破壁垒，快速吸收外部技术；而一旦领先，则希望构建坚固的防线，守护创新成果。这一逻辑，亦适用于国家层面的科技发展策略。中国正迈向世界舞台中央，追求高技术发展与高质量增长，新质生产力的涌现急需知识产权的保驾护航。在此背景下，国家政策具有一定的高度与远见，有关战略部署在推动科技创新与知识产权保护方面的成果有目共睹。作为政策的执行者与应用者，更应思考如何更好地服务于企业，促进科技成果的转化与应用。具体到实践方面，力神公司曾在中海油控股时期，联合央企联盟与行业协会，成功应对了一项关键技术的国际挑战——关于磷酸铁锂材料的碳包覆技术。这一技术的有效应对，避免了我国重蹈DVD、VCD产业受制于人的覆辙，保障了我国储能等行业的健康发展。这一案例深刻说明了知识产权在产业安全与发展中的重要作用。

在内部管理上，力神公司构建了完善的研发与管理体系，包括研发中心、科研管理部、标准组、项目组及知识产权组等，以确保各子公司间的协同作战与资源共享。金主任指出，高价值论文与专利的产出，不仅是科研人员的职责所在，更是衡量其创新能力的重要指标。因此，公司鼓励科研人员积极撰写论文与申请专利，同时注重与高校的深度合作，共同探索理论与实践的结合点。然而，从理论到产品的转化过程并非一帆风顺，其中涉及诸多技术难题与工程挑战。力神公司为此不断优化管理流程，加强专利挖掘与分析布局，确保每一项创新成果都能得到有效保护与应用。尤其是在制定技术标准的同时，必须注重专利的挖掘和布局，以确保企业在技术领域的领先地位。关于知识产权工作，力神公司已着手布局，侧重于将其转化为实际应用并积极拓展海外市场。在内部管理强化过程中，力神公司注重对标同行业企业与进行自我审视，避免自我陶醉的误区。知识产权受到了公司管理层的重视，被认为是融资与科研人才留用的关键。为此，力神公司计划引入更多基金，并打造多个初创平台，以吸引并留住优秀人才。同时，力神公司也认识到过去在科研与商业化结合方面的不足，正努力改进，以确保科研成果能够有效转化为市场价值。

积极推进先进概念验证技术应用，努力推动天大科技成果高质量转化

徐新元　天津大学首席技术转移官、天津大学技术转移中心主任、天津大学技术转移有限公司总经理

徐主任以"概念验证技术可以破解转化难题"为切入点讲述了概念验证的起源与发展。从操作环节上看，概念验证主要包括原理或技术可行性研究、原型制造、性能测试、市场竞争分析、知识产权保护策略等。从纵向（技术创新链）上看：技术创新可分为基础研究、概念验证、工作样机、工程化及生产线、产品生产五个阶段。第二到第四阶段属于最困难的部分，被称为"死亡之谷"。概念验证处于基础研究与技术成熟商业化之间比较靠前的环节，它既是跨越"死亡谷"的第一步，又是科技成果转化亟须突破的"最初一公里"。然后，徐主任对赋能高校成果转化进行了分享，以天津大学为例，其尽管拥有庞大的发明专利库存，存量和增量均十分惊人，但面临的主要挑战是如何提高科技成果的转化效率和速度。概念验证在这一过程中可以发挥重要作用，它是贯穿全过程创新的关键环节，包括原理或技术可行性研究、原型制造、性能测试、市场竞争分析、知识产权保护策略等。通过概念验证工作，可以更客观、公正、专业、高效地筛选校内的科技成果转化项目。作为技术创新链中的一个阶段，不仅是跨越"死亡谷"的"最初一公里"，还是科技成果转化亟须突破的"最关键一公里"。

最后，徐主任分享了天津打造概念验证先锋城市的目标展望与建设举措。天津市围绕"十项行动"，建设概念验证先锋城市着眼于服务京津冀协同发展、服

务先进制造研发基地和天开园高水平建设；聚焦校企合作共建与科研成果转化，研究概念验证中心、中试平台建设总体布局、重点建设行业和相关配套支持政策；为概念验证中心、中试平台的规范化和标准化建设与运营提供权威的决策咨询服务；推动承接及服务高校成果转化项目的概念验证中心及中试基地建设，带动创新主体走概念验证促进科技成果转化之路，通过集聚人才、技术、资本、信息等多元创新要素，推动科技、教育、经济的融通创新，助力提升科技成果转化效能，营造一流创新创业生态，为高质量发展提供智力支撑。

科技金融与科创企业融资

张　维　天津大学讲席教授、国家知识产权战略实施（天津大学）研究基地主任

张维教授指出，科技创新是推动发展的关键力量，而这一过程离不开资金的助力。从金融视角审视，近年来，无论是2023年的中央金融工作会议还是2024年"两会"的政府工作报告，均着重强调了金融领域的五大篇章，其中首篇即为"科技金融"。成思危先生曾说，如果没有风险投资，创新国家很难实现。作为支持科技创新的一种特殊形式，风险（创业）投资正日益受到国家的重视。回顾历史，成思危先生被誉为"中国风险投资之父"，他在1998年"两会"期间提出的关于风险投资的提案，至今仍具有深远影响，被誉为"一号提案"，足见其重要性。

时至今日，风险投资在中国已发展至相当大的规模，从金融视角来看，它本质上是一种金融投资活动。这种活动可以根据投资对象、投资工具以及投资方式等维度进行划分。张维教授从以下三个核心维度进行了阐述。具体而言，投资工具包括权益投资（如股权）、债权投资等；投资方式则涵盖直接投资与间接投资；投资对象可能是普通企业或是科技创新型企业。若将这三个维度形成组合，就可以得出八种不同的组合。其中，风险最高的是采用权益投资方式直接投资于科技创新型企业，这种策略在初创企业阶段尤为重要。与之相对照，在中国当前的金融环境下，间接投资主要通过银行体系进行，但这种方式更多被视为传统金融手段，而非风险投资的核心。

他指出，当前风险投资面临的主要挑战在于"死亡之谷"现象，即资金供给

方（投资者）的风险偏好与资金需求方（尤其是高科技创新企业）的风险状态之间存在严重不匹配。高科技创新企业通常具有较高的风险；而投资者（尤其是传统文化背景下的投资者），往往倾向于较低风险的投资。这种供需之间的不匹配导致了融资困难。从金融学的角度来看，这是市场运行的基本规律，不可忽视。从金融学的专业角度分析，过去那种试图通过行政手段强制银行向小企业贷款的做法是存在问题的。因此，需要更加深入地理解并应对这一挑战，以促进风险投资的健康发展。

最后，张维教授总结道，有三条基本思路值得探讨：一是降低融资者的风险，这包括通过信息透明化等手段减少认知风险；二是通过创新金融工具和环境，吸引更多具有高风险承受能力的投资者进入市场；三是设计风险分担机制，以分散融资过程中可能产生的风险。

他认为，在降低融资者风险的层面，可以将风险细分为认知风险和实质性风险两类。认知风险主要源于信息不对称，即投资者难以准确评估企业的真实价值和潜力。为此，需要采取措施减少这种信息不对称，如通过技术验证、市场调研等手段，帮助企业展现其真实面貌，从而吸引投资者的关注。而实质性风险则主要源于企业自身的经营不确定性，特别是现金流的不稳定性。针对这一问题，可以借助政府补贴、设备共享、税收优惠等多种形式的支持措施，帮助企业缓解资金压力，稳定现金流，从而降低投资风险。这些措施既可以是直接的现金支持，也可以是间接的非现金援助，如提供技术服务支持、市场拓展服务等增值服务。

张维教授观察到，在成都有一种实践中创新的金融模式，其核心理念在于减少信息不对称。传统上硅谷银行的做法被称为"投贷联动"，即先进行高风险的股权投资，待企业成长、风险降低后再进行贷款，以此实现风险与收益的平衡。在此模式下，银行先向小企业或科创企业提供贷款，然后其会利用自身已有的客户资源和数据分析能力，构建出初始评估模型。通过该模型，银行在新的目标企业中筛选出可能具有潜力的企业，并为其提供贷款支持。尽管在大量这类贷款中可能存在一定的、较正常贷高的坏账率，但银行认为这部分损失可以被视为收集新企业数据的成本，并通过不断的迭代优化来提升评估模型的准确性。这些企业在成长过程中积累的数据越来越多，进一步吸引了风险投资家的关注。因为银行已经掌握了这些企业的详细信息，风险投资家可以更加高效地筛选出合适的投资对象，从而节省了寻找项目的成本和时间。此外，这种模式成功的一个特殊条件是，在中国特定的市场环境下，银行发现了在100万～300万元资金缺口区间内的小企业往往难以获得外部融资支持，故这种"贷—服—投"模式填补了这一段市场空白。

张维教授提到，关于风险承担的问题，需要吸引更多风险承受能力大的投资者进入市场，这包括通过发展多层次资本市场，特别是高风险的二级市场来增加高风险投资的供给。同时，政府资金在风险承担方面也扮演着重要角色，其性质与天使基金有相似之处，都具备较大的风险承受能力和较宽广的长期投资视野。值得注意的是，政府资金在科研投入方面发挥着关键作用。据估算，政府投入的资金中约有16%（过去可能占比更大）用于支持各类研究与发展项目。其中，应用研究和技术推广占了一定的比例（约占16%中的1/10），这表明政府在推动科技创新方面扮演着不可或缺的角色。实际上，技术研发与推广的核心在于如何有效运用市场机制，特别是如何高效利用政府资金以符合市场规律的方式推动这些活动。尽管如今已拥有一些园区和平台，但如何最大化其效用仍是一个挑战，这需要进行精心的设计和规划。这些探讨对未来可能具有重要的启示作用。

关于风险分担，张教授指出，关键在于如何将科创企业的高风险分散给不同风险偏好的投资者。他提到美国小企业管理局的做法提供了一个有趣的范例——通过发放牌照的方式，允许私人资本成立投资公司，并为其提供联邦政府的低息贷款支持和在债券市场上的发行便利。这些措施实质上降低了私人资本的投资风险，从而激励了更多资金进入科创领域。这种风险分担机制不仅减轻了政府的财政压力，还增强了市场的活力。在深圳，政府部门也采取了类似的分层担保模式来支持科创企业。总的来说，科创企业的风险应由企业自身、高风险投资者、其他风险投资者以及政府共同承担。这种分担机制需要通过法规来明确各方权责，而具体条款构成了风险定价的基础。

综上所述，张教授认为，要有效解决当前金融市场在支持小企业与科技创新型企业时面临的难题，需要综合运用多种金融工程手段和创新思维，从降低风险、吸引高风险投资者、设计风险分担机制等多个方面入手，共同推动金融市场的健康发展。

圆桌讨论

张俊艳　吴挺　刘宁　徐新元　李永波

国家知识产权战略实施（天津大学）研究基地常务副主任张俊艳教授主持圆桌讨论。

张俊艳：我们今天有幸请到天津市知识产权局原党组书记、局长吴挺，天津大学校长助理、资产公司党委书记、董事长刘宁教授，天津大学首席技术转移官、天津大学技术转移中心主任、天津大学技术转移有限公司总经理徐新元，以及集佳律师事务所高级合伙人李永波律师，在这个圆桌讨论环节发表真知灼见。

首先我有一个问题，相较其他兄弟省份，为什么天津市知识产权转化率不够高，具有重要影响力的科技企业比较少？

吴挺：在探讨教育与产权改革、企业激励机制及科技创新的重要性时，核心应聚焦于几个关键点。首先，教育领域的变革旨在通过赋予个人更多权益，如将教育资源的使用权转移至个人层面，如同美国模式中的自主选择性，尽管实施中面临产权界定与调动积极性的挑战。其次，对于企业管理而言，改革触及的不仅是流程优化，更是产权和激励机制的根本，即如何有效调动管理者与员工的积极性，确保创新与效率并存。所谓的"老本本变绿本本"，象征着从固定分配向可交易资源的转变，标志着一种进步，但也伴随着消费者权益保障、所有权清晰界定的新问题。再次，以教育机构为例，若教职员工利用学校资源创业，其成果归属成为争议焦点，凸显了产权明晰对于激发创新与创业活力的重要性。联想等企业的实践，揭示了产业激励机制缺失可能导致的风险与局限性，尤其是在国有企业体系内，相较于民企占比大的南方地区，天津等地以国企为主导的经济结构可能限制了市场活力与技术创新的动力。天津夏利汽车的兴衰就凸显了缺乏持续科技创新投入的后果，而在发展高峰期，企业更容易产生忽视技术研发的行为。作为对比，吉利汽车成功收购国际品牌，显示出科技创新作为核心竞争力的关键作用。习近平总书记强调的"创新驱动发展战略"再次印证了这一点，即先进生产力的本质在于创新，这对于推动新型工业化进程、培育世界级企业至关重要。综上所述，产权清晰、有效的激励机制以及持续的科技创新，是促进企业成长、提升国家竞争力的根本所在。

张俊艳：理工科优势显著的高等教育机构，如天津大学，在科技成果转化过程中，除却传统的专利转让与许可途径外，孵化本土科技型中小企业成为促进科技成果落地的关键一环。鉴于此，想请教刘宁校助，在天津大学这样理工科底蕴深厚的背景下，培养未来企业家的过程中面临哪些挑战？

刘宁：近几年，天大在培养企业家方面做了一些尝试。天大是工科强校，在工程师培养方面成果显著。在国家工程师表彰中，天大毕业生数量能排到第二。但是，工程师和企业家有很大区别，之前几位演讲者也都提到了这一点。比如，工程师往往不愿意冒风险，工程师设计一个零件并制作出来，必须确保不能出问题，不能冒任何风险。记得刚工作时，我为了确定在试验台上安装的一个螺栓该用什么材料，螺栓的直径、强度等，在图书馆蹲了一天，查阅了各行业关于螺栓的手册，就是为了不出任何问题。而企业家恰恰需要冒风险，需要把握预期。现在投资不积极，就是因为没有预期。所以在保证专业的严谨性外，还要培养具有冒险精神和市场意识的人才。这些年学校在创新创业教育方面做了一些事情，比如校方、学院、校友基金都加入了创新创业教育，书记、校长提出要让100%的学生受到创业氛围的熏陶，即让大家了解创新创业，10%的学生有机会学习创新创业课程，5%的学生能接受创新创业导师们的指导并参加各种实践锻炼，最后有1%的学生毕业以后有信心进行创业，其中一部分人取得成功。之前张维主任也提到过，不鼓励学生上学期间创业，但如果毕业的学生在上学期间接受过创业教育或有过创业实践，那么将来他们会有大量机会进入中小企业。在我们看来，学校输出的最有价值的是人，毕业生本身是最被社会看重的，而不是他们所谓的成果。所以如果有很多学生能留在天津创业，会对天津的小企业、科技企业发展壮大做出更多贡献。

张俊艳：非常感谢刘宁教授的分享。关于企业家精神的培养，这是一个复杂而系统的任务。先前徐新元主任在阐述概念验证中心职能时，强调了对科技成果及专利实施精细化管理的重要性，即甄别出具有高价值的"钻石级"成果，此类成果和专利通常由学校保留所有权；而对于潜在价值较低的，则考虑通过授权等方式，鼓励教师、研究团队或学院自行推进其市场化转化。知识产权的灵活运用，包括作价入股等机制，对于辅助校友和应届毕业生创立大学衍生企业或学科性公司尤为关键。在此背景下，概念验证中心扮演着加速成果转化与促进企业孵化的核心角色。因此，我想了解徐主任今年是否设定了具体的小目标，以及在推动这一进程时，您认为您所面临的最大困难是什么？

徐新元：英国萨里大学与牛津大学合作推动的小型汽车技术成果转化案例的成功，表明了高校技术转移机构在成果转化过程中的重要性，其能够通过与企业、政府协同创新而促进科技成果转化。

我们要实现技术转移工作成绩的突破，仍需要得到学校、政府、企业等多方的支持。第一，不断优化科技成果管理体系。强化校内科技成果梳理与筛选工作，完善职务科技成果披露与管理制度，整合相关领域专利存量，建立重点产业"专利池"，着力构建高校优势学科科技成果转化布局。第二，打造专业化技术转移服务团队。依托校内外丰富的人才资源，培养专业的技术转移服务团队，打造专业的技术转移官团队服务校内的技术发明人团队，提高成果转化的效率。第三，健全绩效激励与评价机制。建立健全市场化技术转移官薪酬体系，探索以业绩奖金为主的强激励绩效机制，进一步提升技术转移官岗位市场竞争力。

张俊艳：感谢徐主任的分享，这些小目标令人印象深刻，涵盖从短期的逐步增长（20%～50%）至中期的显著提升（2～3倍），乃至远期更为宏伟的增长目标（3～10倍）。徐主任的阐述指出了知识产权转化与应用不限于简单的专利转移或授权，而是一个涉及作价入股、支持校友及学生成立衍生企业等多维度、多层次的综合过程，旨在促进科技成果的高质量转化与发展。他特别强调了"专利池"与"生态"概念的重要性，指出知识产权的有效运用应置于更广阔的视角下考虑，即整合资源、动态管理，而非孤立地看待每一项专利或局限于单一学科。近期与业界的研讨显示，我国部分战略新兴产业领域正遭遇严峻的知识产权挑战，尤其是在通信标准必要专利方面，国际企业如Avanci、诺基亚等已经储备了大量的4G、5G标准必要专利，对我国智能网联汽车等物联网产业产生巨大威胁。鉴于复杂的国际知识产权环境与国内产业发展现状，如何从人才培养角度出发，培养出能有效应对国际知识产权趋势变化及满足国内产业升级需求的专业人才，是当前亟待探讨的问题。这个问题想请教一下李永波律师。

李永波：首先我要强调的是，天津大学法学院和经管学部在知识产权教育方面已经取得了显著成绩。此番成就不仅反映了法学学科建设的成功，也为知识产权人才的培育提供了更加肥沃的土壤。知识产权教育不应局限于法学范畴，尤其是在天津大学这样一所理工科见长的学府，其更应跨越学科边界，成为全校性的基础课程。作为一所理工科与法学并重的综合性大学，我们应该尽力让每位学子——无论其专业背景如何——都具备基本的知识产权意识。这能够使他们以后无论从事企事业单位科研创新、提升研究成果的转化效率，还是从事知识产权法律服务，都更具优势。例如，化学专业的学生若有知识产权的背景，其科研成果便更容易从科学研究转化为有价值的专利，从而获得更强的保护和更广的应用空间。天津大学在知识产权领域已拥有一批杰出的校友及丰富的实践案例。我们发现在实际操作中，许多科研人员仍缺乏足够的知识产权敏感度，未能充分认识到一些小发明或小创新的潜在价值。因此，加强知识产权教育，引导科研工作者挖掘并保护自己的创新成果是当务之急。面对国际知识产权纷争频发的新常态，我们需要认识到，培养能够直面此类挑战的人才并非一蹴而就，而要经历长期、系统的训练与实战积累。例如，我国汽车企业比亚迪在新能源领域的迅速崛起，正面临与昔日手机企业相似的国际专利许可压力，这要求我们不仅在企业层面寻求解决方案，还需国家政策、行业资源的综合协同，共同构建应对机制。对于选择知识产权行业作为职业道路的同学而言，未来五年乃至十年，他们将见证并参与中国知识产权保护体系的持续强化，迎来广阔的职业发展前景。无论是成为专利代理师、诉讼律师，还是在企业内部担任知识产权顾问，甚至是进入国家知识产权局成为审查员，都将成为推动行业发展的关键力量。尤其在全球化背景下，具备跨文化沟通与国际视野的知识产权专家更是稀缺资源，中国企业的国际化进程对此类人才的需求日益增长，为天大学子提供了无限机遇。

张俊艳：马院长提到某些企业每项专利代理服务费约2000元等，反映出他对市场实际状况的关注。同时，他表达了天津天开高教科创园热忱欢迎并致力于吸纳高水平的中介服务机构入驻，携手共促园区的创新发展。鉴于此背景，我们很有兴趣了解集佳在天津市的发展规划与战略部署。请问集佳是否已在天津或计划于近期在天津展开哪些重要布局，以期与天开高教科创园这样的高质量平台形成合作，共同推动地区科技创新与知识产权服务业的繁荣？

李永波：关于天津企业每件专利代理费2000元的情况我有所耳闻，但我们代理的客户中没有这样低的。专利代理师是专业的知识产权从业者，需要经过多年的培养才能够撰写出高质量的专利，如果企业仅仅看低价的代理费用，可能很难找到好的代理师来写出高质量的专利来，从长远来看对企业其实是不利的。我们集佳在天津已经设立了分公司，有幸由一位天津大学校友担任负责人。目前团队规模约 40 人，招聘人员基本上来自天津各大高校。考虑到天津拥有优质的教育资源且人力成本较为合理，我们倾向于在此地加大投入，专注于人才培养与发展。实际上，今日恰逢我们的招聘活动，我们的人力资源部门已积极参与其中，期望能吸引到志同道合的专业人士加入我们的行列，共同拓展业务规模。

我们也期望和天津天开高教科创园这样的高质量平台进行合作，把我们 30 年来积累的知识产权专业知识和管理经验带到这里，共同推动天津科技创新与知识产权服务业的繁荣和发展，为知识产权转化运用和促进高质量发展做出应有的贡献。

张俊艳： 技术经理人角色至关重要，不仅需要具备深厚的技术知识、卓越的管理能力，还需要精通法律并具有国际视野。徐主任所领导的团队在过去不足一年间迅速扩张至 40 多人，这充分体现了这一领域的发展速度和挑战性。然而，高水平的技术经理人往往伴随着高额薪酬，如何在成本控制与人才吸引之间取得平衡，是我们面临的一大难题。

徐新元： 当前行业现状是，拥有 10～15 年工作经验、处于 35～40 岁黄金年龄段的成熟技术经理人，在中国一线城市月薪大约为 5 万元，且这类人才稀缺。尤其值得注意的是，以往此类人才多集中于外资企业，但随着一些外资陆续撤出中国市场，知识产权人才并未在国内重新得到充分配置。因此，从外资企业挖掘人才困难重重，而高校之间对顶尖人才的竞争又推高了薪酬标准，比如浙江大学的技术转移团队规模庞大，优秀成员在激励政策下薪酬颇为可观。我们虽面临一线城市人才引入天津后的薪酬打折问题，但我们会积极采取措施——包括设定激励目标，如未来实现媲美一线城市的薪酬水平，短期目标定为让部分团队成员在未来一两年内达到翻倍的提升等——以确保团队凝聚力。同时，我们也注意到国际上技术经理人群体的多样性，包括来自金融投资、知识产权、法律及大型企业知识产权部门的专业人士。为了适应这一趋势，我们正呼吁法学教育体系能增设与技术转移相关的专业方向，我们为学生提供实习、实践平台，这既有助于学生自身的发展，也能为学校和我们团队不断输送新鲜血液。

最终，我们的核心任务是提升业绩，支撑日益壮大的团队，并实现业务的可持续发展。这要求我们在追求发展速度与实现长远目标之间找到最佳平衡点，法学院的支持在此过程中尤为关键。我们深知前路不易，但坚信通过共同努力，定能克服挑战，推动事业发展。

张俊艳：非常感谢徐主任的分享，尽管李永波律师团队提供的待遇颇具吸引力，但徐主任展现出的强大愿景构建能力同样不可或缺。能够为团队勾勒出共同的宏伟蓝图，激发每位成员的潜力，携手向目标迈进，这本身就是一种宝贵的领导力。刘宁校助先前的发言也让我们深刻认识到，在知识产权领域的人才需求层面，不论是大型企业的知识产权与标准化管理部门，还是高层管理岗位，乃至中介机构，市场需求量都非常巨大。业界人士表示，同时持有律师证与专利代理证的复合型人才在市场上颇为抢手，薪资不菲。

鉴于此，我想请教刘宁校助，针对当前市场需求旺盛而专业人才供给亟待加强的情况，特别是在知识产权领域对于跨学科、交叉学科人才的迫切需求下，我们的教育机构应如何应对？学校在学科设置与专业建设上是否有具体的规划或创新策略，以便更好地服务于社会对新质生产力的高要求以及对综合性新质人才的培养需求？我们是否要考虑通过课程改革、跨院系合作或是其他创新机制，来培养更多能够适应复杂多变市场需求的高素质人才？您的见解对我们来说非常重要，期待您的分享。

刘宁：首先，刚才徐主任提到的事情，让我思考了一个问题：我们理想中的技术转移机构或产业应该是什么样子的？例如，虽然法律很复杂，但当我们遇到法律问题时，我们会自己去读法条、上法庭吗？大多数人不会，而是会去找律师。同样，在技术转移过程中，如果我们能够形成一种产业或模式，让学校的老师、创业者或企业在遇到技术转移问题时，都能够像找律师一样，找到专业的技术转移机构，那么这个行业就能够像律师行业一样，获得很高的收入。但是，律师行业也存在收入差距较大的问题，并不是所有律师都能拿到百万年薪，实习律师甚至可能只是廉价劳动力。我认为，技术转移行业与律师行业有很好的可类比性。就像律师需要具备专业知识一样，技术转移行业的从业者也需要具备专业知识。然而，目前从事技术转移工作的人，最缺乏的就是专业技术知识。他们可能懂法律、金融、工商管理、税务等方面的知识，却不懂技术。这就导致他们在谈投资协议时，将所有的对赌条款都压在了技术持有人员身上，而技术人员往往无法承担这些风险。现在我们培养的人才，专业知识很强，但在法律、金融、市场、管理等方面的知识还比较欠缺。因此，我们需要补足这些方面的知识。我们学校曾经有一个很好的双学位项目，就是经济法专业。我们学校的法学专业建设最早就是从经济法专业开始的，我认为我们可以让学生读一些双学位，比如法学和管理学的双学位。我们学校努力培养工程师或工科学生的经营能力、法律知识和综合素质,在新工科建设上走在了全国的前列。新工科的核心是用创新的技术,包括人工智能、互联网等,改造传统的工程技术。我们学校培养这种人才的方式,也是采用项目制的模式。比如,我们校友设立的海棠基金,在学校开设了一门创新创业的课,招了一个班的学生。每次课都去参观一个校友企业,让企业负责人给学生讲创业过程。这种项目制的体验,给学生营造了创业的氛围,也让他们对创业有了更深的了解。现在,学生们会问一些关于创业的问题,以前从来没有学生问创业的问题,这说明他们对创业有了兴趣。我们学校的创业教育,目前只能容纳 80 人,因为我们开不了那么多课。希望有更多的校友来做我们的创业导师,这样我们就可以开更多的班,让更多的学生感受到创业的氛围。我认为,通过新工科教育,我们学校在未来 5 年到 10 年内,在工科人才培养方面应该是全国领先的。在这个基础上,如果我们再加上创业教育,加上这些素质的教育,我相信我们会培养出一些企业家,甚至是大企业家。

张俊艳:非常感谢刘宁校助的深刻见解。刚才的讨论中,我们触及了一个关键点,即在人才培养模式上的新变化——天津大学在原本"强工、厚理、振文、兴医"的学科布局基础上,与时俱进地融入了"交叉融合"的新理念。知识产权领域正是一个多学科交汇的典范,它要求法学、经济学、管理学与工程学等领域的知识相互渗透,聚焦于问题解决的导向。目前国家已将知识产权专业学位纳入法学门类,标志着该领域教育正式迈入新的发展阶段,为专业人才培养铺设了坚实的基石。在此背景下,我校不仅通过设立双学位项目,还依托知识产权战略研究基地等平台,不断探索和深化人才培养路径。未来,我们计划采取更为灵活多样的形式(如项目制学习、微学位课程),积极响应 5G 时代的需求,探讨创建知识产权研究院或学院的可能性,旨在构建一个全面的知识产权生态系统,为高质量发展赋能。

习近平总书记 2024 年 2 月 2 日视察天津,无疑为这座城市注入了强劲动力,提振了我们的信心,同时也提升了天津的国际知名度。面对知识产权促进高质量发展的新阶段,天津拥有哪些独特的优势与机遇?我们如何在这片充满希望的蓝图中奋力前行?

吴挺:在政府的正确领导下,我们的知识产权工作取得了显著的成效。我们出台了一系列政策和法律法规,其中《天津市知识产权保护条例》是全国省级城市中第一个出台的,这体现了我们对保护创新的重视。

同时,我们还建设了一批设施,其中两个保护中心的建成,使得发明专利的授权数量大幅增加。2021年增幅为40.22%,2022年增幅为59.2%,2023年增幅为22.8%;这些增幅在国内都处于较高水平。

我们的工作获得了国家的大力支持,3年内共争取到中央财政资金4亿元。其中1亿元用于转移转化,这笔资金支持了150多家企业、55家机构、11所高校和若干金融机构。我们的目标是促进企业知识产权融资,加快专利的转移转化。2022年,我们的质押融资额为33.8亿元,2023年为44.3亿元,两年加起来的证券化达到了20亿元。相信在大家的共同努力下,我们的转移转化工作将会取得更好的发展。

总结和闭幕致辞

张俊艳

我们围绕着科技创新链、产业链以及人才链中的关键痛点和卡点,进行了深入的交流。相信通过集众智、聚合力,我们能够破解这些关键问题,为天津的经济高质量发展贡献力量。

在这次活动中,大家围绕"知识产权转化运用促进高质量发展"的主题,奉献了一场丰富的思想盛宴。我们精心安排了五个报告,涵盖了科研院所、企业、服务中介机构等多个领域。从张维主任的科技金融专题报告,到徐新元主任对概念验证的关键作用的强调,再到四位嘉宾针对知识产权转化运用中的关键障碍和痛点提出的深刻观点,这些都让与会的校友和专家深受启发,也将激发我们更深入的思考。

2024年是我校建校129周年,2025年将迎来130周年校庆。同时,2025年也是"十四五"规划的收官之年,在这个关键的历史时期,天津正处于砥砺前行、爬坡过坎的关键阶段,如何支撑城市的高质量发展是我们面临的重要课题。大学与城市是双向奔赴的关系,天津为天津大学赋名,天津大学也为天津不断注入新的活力和色彩。在这个过程中,我们作为知识产权领域的从业者,需要进一步深化"产学研用政"之间的合作,营造一个蓬勃向上的良好生态。

无论是科技创新和产业创新两手一起抓,还是对接科技创新和产业创新之间的衔接点,畅通供给侧和需求侧,或是利用数字经济赋能产业发展,天大知识产权人都需要在各自的岗位上埋头苦干,砥砺前行,贡献天大人的智慧和力量。

Invitation for Papers
《中国科技法律评论》稿约

《中国科技法律评论》（China SciTech Law Review）由北京大学国际知识产权研究中心及天津大学法学院联合主办，由北京大学法学院教授、北京大学国际知识产权研究中心主任易继明担任主编，天津大学法学院副教授李春晖担任执行主编。

当今国际竞争的核心是科技竞争，包括科技政策在内的科技法学学术研究的深入开展和繁荣不可或缺。《中国科技法律评论》愿分担此责任，并热忱邀请法学专家、学者以及实务工作者惠投稿件、共襄盛举。现将有关事宜说明如下：

（1）《中国科技法律评论》系一个具有广泛参与性的开放的法学学术园地，旨在整合私法视阈与公法视阈的研究，做到"公私交融"而不偏废公法抑或私法，以全面反映科技法学发展之全貌。

（2）《中国科技法律评论》收录大家文章与新锐作品。基于前述"公私交融"的定位，本刊广采博收，不限主题，可涉及科技史与科技法史、科技发展与科技政策、科技发展与知识产权、科技安全与科技伦理、科技成果转化与技术转移、技术转移与区域发展和国际关系、数据法与信息权法、前沿科技与法（如人工智能法学），以及法理学研究（尤其是科技法一般理论、知识产权法一般理论）等。

（3）欢迎各相关学科负责人、中青年骨干及青年才俊以及实务界专家之理论实务相结合的论文，亦欢迎案例研究、书评、有影响力的学术会议综述、对境外名著名文的译介等。译介作品中，小语种原作（如德语、法语、意大利语、日语等）优先。

（4）欢迎充分表达深刻而真灼的学术观点，来稿篇幅一般应不低于15000字，不设上限。确实言之有物的高水平文章可以低于15000字。

（5）来稿请附作者简介、联系方式，并附中文内容摘要和关键词；注释体例参见本书"编校规范"及"注释体例"。

（6）所有署名作者向《中国科技法律评论》提交文章发表之行为，视为授权本书在所投稿件发表后，将该文的电子版提交学术期刊光盘版和数据库，以数字化方式复制、汇编、发行、传播全文，并许可《中国科技法律评论》结集出版。

期待您早日惠赐大作！谢谢！

投稿邮箱：yijiming@pku.edu.cn；travis@tju.edu.cn

《中国科技法律评论》编辑部

2024 年 4 月 10 日

Editing Guidelines
《中国科技法律评论》编校规范

一、题名

关注论文题目是否简明、确切，是否有助于关键词的选择；中文题目一般不超过20个汉字；必要时可加副标题；题名中所用的每一实词必须考虑到有助于选定关键词、编制题录、文献索引等二次文献所应提供检索的特定实用信息，题目中避免使用非公知公用的简略语、字符、代号、结构式和公式。若有主标题与副标题，二者之间用"—"连接。此外，原则上不用三重标题，标题内容不用脚注说明。

二、作者简介

以"作者简介"为标识，按：姓名（出生年— ），性别，民族（注：汉族可以不填写），籍贯（包括省市，如江苏南京人），职称（职务），学位（与前一项任选其一），研究方向为××（多方向词以"、"隔开，注意顺序统一；多作者另起行并加分号隔开。实例如下：

> **作者简介：**
> 程××（1956— ），男，汉族（可省略），北京人，高级法官，研

究方向为知识产权法、经济法。

李××（1980— ），女，汉族（可省略），福州人，博士研究生，研究方向为知识产权法、国际法。

作者一般只写主要身份，不写"博士生导师""研究会理事"等；除了在职公务人员，不写行政职务。确有必要表明身份的，一般只写一个；一般只写最高学历，可以具体写上学位授予单位。

作者介绍采用页下脚注方式。

三、摘要

以"摘要"二字作为标识，篇幅300～500字；摘要一般不分段，文字简练、内容概括，不要列举例证、不讲研究过程、不用图表、也不要自我评价等，主要介绍研究目的、研究成果、研究意义及文章创新之处。摘要不使用第一人称（如"我认为"），忌带主观评价。

四、关键词

以"关键词"三个字作为标识。关键词是展现一篇文章的核心词汇，主要来自题目、研究对象、研究方法或研究结论，是文章中的核心词汇，出现频率较高。不使用过分特别、其他研究者想不到的词，也不使用过分普通、没有识别度的语词。避免出现"问题""对策""思考"之类的常用词。一般而言，一篇论文关键词3～5个，最多不超过8个。多词之间用空格分开。关键词一般不带引号、书名号。

五、目次

以"目次"二字作为标识。目次展现一篇文章的基本结构。细化到文章二级标题。一级标题的引言和结语可以有序号，也可以没有。

六、基金项目

只需列项目支持机构、名称（编号），不加标点；多项资金项目应依次列出，中间加分号；以"基金项目"作为标识，注明基金项目名称，放在双引号内，并在圆括号中注明该项目编号，各个基金名称间用分号隔开，实例如下：

基金项目：国家社会科学基金资助项目"企业责任竞争力治理机制研究"（89526419）；教育部 2009 博士点基金"企业责任竞争力治理机制研究"（20093501110001）

刊发的论文与支持项目应当具有关联性。同一论文的项目支持机构原则上只写一家，最多不超过两家。

七、正文部分

正文内容按一、（一）、1、（1）、①顺序编排，可以跳号，不可逆序。

（一）五级标题规定

一、……………………………………………………（单作一行）
　（一）………………………………………………（单作一行）
　　1. ………………………………………………（单作一行）
　　　（1）……………………………………………。（衔接）
　　　　①……………………………………………。（衔接）

（注：各级标题需依次序使用，可跳过某一层次序号，但不能逆序使用）

（二）表

上下空半行至一行，表头黑体；上下线条为实线；注明表×及表标题，居中。一张表一般不分页；一定注意表文一致（文中要说明出处）。

（三）图

上、下空半行至一行，表下注明"图× 图名"。图标题在图的正文下方居中。

八、其他编辑要求

文章严禁使用国家规定禁止使用的词汇；数据区间用"～"连接；年份区间用"—"连接；英文中所用的标点符号应使用英文格式符号。

Note Style
《中国科技法律评论》注释体例

一、脚注

论文采用脚注，每篇论文连续编号，序号依次为：1，2，3，……。注释既可以是对文献应用的说明，也可以是其他补充说明，例如未公开发表的内容，比如某人家信、未公开发表的纪要、补充说明等，或者某个概念的解释。脚注序号在文中以右上标表示，注于引用观点或数据的末尾、标点符号之后。

二、统一基准规格

（一）著作类

◆〔国籍〕主要责任者（两人以上用顿号"、"隔开；以下译者、校订者同）：《文献名称》，译者，校订者，出版社、出版年，页××（或者××—××）。

（二）文章类

◆〔国籍〕主要责任者（两人以上用顿号"、"隔开；以下译者、校订者同）：《文章名称》，《期刊名称》××××年第××期，页××（或者××—××）。

说明：

（1）正式期刊名称之前，不用加"载"；其他集刊、论文集及非正式出版物（如内部资料）等，标明"载×××（编）"或者"载×××（主编）"等。

（2）引征论文刊载在集刊中，需要在集刊之前加入集刊编者或者主编信息，标明"载×××（主编）：《集刊名称》××××年××期（或者辑次、卷次）（总第××期次或者辑次、卷次）"；同时，在页码标示前，如引征著作一样，标明出版年月、版次。

（3）引征论文刊载在论文集中，标示编者或者主编信息，标明"载×××（主编）：《论文集名称》"；同时，在页码标示前，如引征著作一样，标明出版年月、版次。

（4）报纸类文章，页码以报纸版次标示，如标明"第××版"。

（三）网络资料类

◆〔国籍〕主要责任者（两人以上用顿号"、"隔开；以下译者、校订者同）：《资料名称》，载××××（网站、电子刊物等名称，如"人民网"），http://×××××（网址），××××年××月××日发布/更新（若发布时间、更新时间均可考，则载明二者），××××年××月××日访问。

说明：

① 网络资料有迁移性，往往还有删除或者篡改等不确定性因素，因此需要详细标明获取资料的具体网址和时间，包括所获取资料的更新时间与访问时间。

② 网络资料如果能够便捷地获得纸质版，应该尽量引征纸质版的文献。

③ 网络资料应该尽量引征相应的官网平台资源或者大的网络平台资源。

④ 网络资料为PDF格式文档时，需要标明具体的引征页码。

三、外文文种

（1）原则上，各类外文文献的引征，从该文种的注释体例或者注释习惯。

（2）某一文种一旦采用某一种注释体例标示，全文均应该采取相一致的体例表明相关注释内容。

（3）一般来说，英文类文献注释，除著作名称、期刊名称用斜体之外，其他部分用正体；同时，论文名称打引号标明，其他注释内容也可以参照中文基准规格标明。

四、其他说明

（1）原则上，各类文献不论文种、题材及载体如何，所注释的内容以能够详细标明文献的责任人、出处、地点、时间、具体引征部分等信息为要。

（2）引征论文采用论文原文的，原文部分应该用引号标示，注释时径直标明文献责任人后，往下标注即可。

（3）非引用原文，注释前加"参见"；如同时参见其他著述，则再加"又参见"。

（4）引用资料非原始出处，为所引文献引征等，标明"转引自"。

（5）引自同一文献者，同样应完整地注释，不得省略为"见前注"或者"前引"等。

五、参考注释例

（一）著作类

- 〔英〕F. H. 劳森、B. 拉登：《财产法》（第 2 版），施天涛、梅慎实、孔祥俊译，中国大百科全书出版社 1998 年版，页 89—90。
- 魏振瀛：《民法》，北京大学出版社、高等教育出版社 2000 年版，页 90。

（二）期刊和集刊论文类

- 易继明：《评财产权劳动学说》，《法学研究》2000 年第 3 期，页 103—105。
- 谢怀栻：《大陆法国家民法典研究》，载易继明：《私法》第 1 辑·第 1 卷（总第 1 卷），北京大学出版社 2001 年版，页 14。

（三）文集和选集类

- 王泽鉴：《物之瑕疵与不当得利》，载王泽鉴：《民法学说与判例研究》（第 3 册），三民书局 1996 年版，页 113。

- 〔美〕格瑞高瑞·C. 克廷：《意外事故侵权法的社会契约观念》，载〔美〕格瑞尔德·J. 波斯特马（主编）：《哲学与侵权行为法》，陈敏、云建芳译，易继明校，北京大学出版社2005年版，页28。
- 参见〔苏联〕列宁：《关于司法人民委员部在新经济政策条件下的任务——给德·伊·库尔斯基的信》，载〔苏联〕列宁：《列宁全集》（第42卷），人民出版社1987年版，页424—429。

（四）报纸类

- 沈宗灵：《评"法律全球化"理论》，载《人民日报》1999年12月11日，第6版。

（五）古籍、辞书类

- 《管子·牧民第一》卷一。
- 〔清〕沈家本：《沈寄簃先生遗书》甲编，第43卷。
- 《辞海》，上海：上海辞书出版社1979年版，页983。

（六）网络资料

- 蒋安杰、义灿旻：《著作权翻译合理使用条款的公共政策》，载法治日报-法制网，http：//www.legaldaily.com.cn/fxjy/content/2021-09/08/content_8598351.htm，2021年9月8日发布，2024年4月11日访问。

（七）英文类

1. 外文著作

- Robert Gilpin, *Economy of International Relations*, Princeton：Princeton University Press, 1986, p. 5.
- See G. Gordon & P. Miller (ed.), *The Foucault Effect：Studies in Governmentality*, Hemel Hempstead, England：Harvester Wheatsheaf, 1991, pp. 32-35.

2. 论文集论文

• T. M. Scanlon,"Promises and Contract",*in* Peter Benson (ed),*The Theory of Contract Law*. New York: Cambridge University Press, 2001, First Published, p. 88.

3. 期刊论文

• Stacey Dogan,"Principled Standard vs. Boundless Discretion: A Tale of Two Approaches to Intermediary Trademark Liability Online",*Columbia Journal of Law & The Arts* Vol. 37, No. 4, 2014, pp. 505-506.

或者

• Stacey Dogan,*Principled Standard vs. Boundless Discretion: A Tale of Two Approaches to Intermediary Trademark Liability Online*, 37 (4) Columbia Journal of Law & The Arts 503, 505-506 (2014). (说明:文章始于第503页,具体引用第505—506页。)